河北省社会科学基金项目"新时代人民幸福理论的哲学研究"（HB20ZX003）

马克思主义哲学视野中的幸福研究

曹凤珍 ◎ 著

燕山大学出版社

·秦皇岛·

图书在版编目（CIP）数据

马克思主义哲学视野中的幸福研究 / 曹凤珍著. —秦皇岛：燕山大学出版社，2023.5
ISBN 978-7-5761-0327-4

Ⅰ.①马… Ⅱ.①曹… Ⅲ.①幸福－研究－中国 Ⅳ.①B82

中国版本图书馆 CIP 数据核字（2022）第 061199 号

马克思主义哲学视野中的幸福研究
MAKESI ZHUYI ZHEXUE SHIYE ZHONG DE XINGFU YANJIU
曹凤珍 著

出 版 人：陈 玉	
责任编辑：张 蕊	策划编辑：张 蕊
责任印制：吴 波	封面设计：刘馨泽
出版发行：燕山大学出版社	地 址：河北省秦皇岛市河北大街西段 438 号
邮政编码：066004	电 话：0335-8387555
印 刷：廊坊市印艺阁数字科技有限公司	经 销：全国新华书店
开 本：710mm×1000mm 1/16	印 张：14
版 次：2023 年 5 月第 1 版	印 次：2023 年 5 月第 1 次印刷
书 号：ISBN 978-7-5761-0327-4	字 数：216 千字
定 价：62.00 元	

版权所有 侵权必究
如发生印刷、装订质量问题，读者可与出版社联系调换
联系电话：0335-8387718

序

　　追求幸福是人类生活的永恒主题和社会发展的不竭动力，从一定意义上说，人生就是不断追求幸福并实现幸福的过程。由于幸福与主体的认识与感受相关，因而形成了不同的幸福观念和幸福理论。有的学者从社会学角度研究幸福，有的学者从经济学角度研究幸福，还可以从哲学角度研究幸福，这也是本书的角度。

　　马克思主义哲学认为，幸福既不是纯客观的，也不是纯主观的，而是客观条件与主观体验的内在统一，是主体价值追求得到满足后的积极心理体验。幸福是主观体验，对幸福的理解和感受也因人而异。幸福又是客观的，需要一定物质生活条件和精神生活条件来支撑，不具备起码的物质生活条件和精神生活条件就不可能有真实的幸福，或者说是虚假幸福。由于幸福受制于一定社会历史条件和自然条件，因而又是具体的、历史的、发展的，既不能用一把普遍适用和一成不变的"客观"尺子去丈量幸福，也不能完全依照个体的自我感觉评价幸福及其程度。实现个人幸福和社会幸福，提升幸福的质量和层次，既需要不断创造相应的客观条件，也需要不断提升主体对幸福的认知能力和体验能力。

　　作为生命有机体，人首先是自然存在物。要存在，首先必须能够生活，因而人的第一个需求就是生存需求。满足人的生理需求，保持身体健康就成为幸福的第一要素，也是最基本的幸福。

　　与其他生物不同，人是能动的自然存在物，有意识和价值需求，因而人的需求除了生理需求，还有心理需求、精神需求和价值追求。这些需求和追求是人类生存发展的动力，也是幸福赖以发生发展的基础。按照马斯洛的需求层次论，人的需求包括生理需求、安全需求、爱与归属、尊重需求和自我实现需求五个层次。相应地，人的幸福也是多样化、多层次的。

人不但是能动的自然存在物，还是社会存在物。作为社会存在物，人的幸福离不开社会，特别是特定的社会关系，因而个人幸福离不开一定的社会环境和社会发展，也与他人幸福和社会整体幸福密切相关。社会发展和社会幸福是个人幸福的基础和前提，只有在富强民主文明和谐美丽和个人全面发展的社会中，个人才能有全面高质量的幸福生活。个人幸福不能以损害他人幸福和社会幸福为前提。对社会先进分子，特别是共产党人来说，为社会和他人谋幸福也是一种幸福。

劳动是人类社会存在和发展的根本基础，也是幸福的根本基础。因为幸福的生成和实现需要一定物质生活条件和精神生活条件，这些条件不是凭空出现的，也不是主观幻想得到的，而是实践活动，特别是劳动创造的。人是幸福的创造者。创造幸福的活动过程本身也是一种幸福。把幸福与实践活动，特别是劳动创造联系起来，与社会发展，特别是生产力发展和科学技术进步联系起来，将幸福置于客观的现实基础之上，是马克思主义幸福观的独特视角和根本特点。

理论研究是为了推动实践，现阶段研究幸福问题的落脚点在于服务新时代中国特色社会主义事业。全心全意为中国人民和中华民族谋幸福是中国共产党的根本宗旨，也是新时代中国特色社会主义的根本任务。以习近平同志为核心的党中央，把人民对美好生活的向往作为党的奋斗目标，作为新时代党和国家一切工作的出发点和落脚点，科学阐明了什么是新时代人民幸福和如何实现人民幸福，为新时代党和国家的各项工作指明了根本方向。

对于上述问题，作者都从马克思主义哲学视角作了系统深入的研究，提出了一些有价值有新意的观点，为我们开展进一步研究提供了启示和借鉴。

赵理文

2023 年 4 月

目　录

引论 ·· 001

第一章　幸福的本质内涵 ··· 012
第一节　中外思想家对幸福的理解 ··· 013
一、西方著名思想家对幸福的理解 ·· 013
二、中国传统思想家对幸福的理解 ·· 020
三、马克思和恩格斯的幸福思想 ··· 025
第二节　幸福的本质意蕴 ··· 031
一、幸福是合理需要的满足 ·· 032
二、幸福是快乐的心理体验 ·· 035
三、幸福是人际关系的和谐 ·· 039
四、幸福是自由自觉的创造 ·· 041
第三节　幸福的基本特征 ··· 045
一、物质性与精神性的统一 ·· 045
二、价值性与实践性的统一 ·· 048
三、个体性与社会性的统一 ·· 050
四、历史性与现实性的统一 ·· 053

第二章　幸福的实践生成 ··· 056
第一节　幸福的生成要素 ··· 058
一、幸福的主体——现实的人 ··· 058

二、幸福的客体——对象世界 …………………………………061
　　三、幸福的中介——实践活动 …………………………………064
  第二节　幸福的生成机制 …………………………………………068
　　一、需要：幸福生成的内在动力 ………………………………068
　　二、自由：幸福生成的重要前提 ………………………………071
　　三、理性：幸福生成的主体自觉 ………………………………075
　　四、实践：幸福生成的现实基础 ………………………………078

第三章　幸福的现实困境 ……………………………………………081
  第一节　幸福困境的主要表现 ……………………………………081
　　一、幸福缺失 ……………………………………………………081
　　二、幸福悖论 ……………………………………………………085
　　三、幸福异化 ……………………………………………………089
  第二节　幸福困境的主要根源 ……………………………………093
　　一、自然环境的破坏 ……………………………………………094
　　二、社会制度的弊端 ……………………………………………097
　　三、价值观念的扭曲 ……………………………………………102
　　四、异化劳动的遮蔽 ……………………………………………105

第四章　幸福的实现路径 ……………………………………………111
  第一节　夯实幸福的物质基础 ……………………………………111
　　一、发展生产力，奠定幸福根基 ………………………………112
　　二、推动科技创新，提升幸福水平 ……………………………115
  第二节　完善幸福的制度保障 ……………………………………119
　　一、建设有利于幸福的经济制度 ………………………………119
　　二、建设有利于幸福的政治制度 ………………………………123
　　三、建设有利于幸福的文化制度 ………………………………128
　　四、建设有利于幸福的生态制度 ………………………………131
  第三节　提升主体幸福能力 ………………………………………135

一、提高幸福认知能力 ·············· 136
　　二、增强幸福感知能力 ·············· 140
　　三、强化幸福创造能力 ·············· 144

第五章　新时代党的人民幸福思想是马克思主义幸福观的丰富和发展 ·············· 148
第一节　新时代人民幸福的科学内涵 ·············· 148
　　一、"人民美好生活"是新时代人民幸福的本质要义 ·············· 149
　　二、新时代人民幸福是高质量幸福 ·············· 157
第二节　新时代党的人民幸福思想的理论特质 ·············· 163
　　一、人民性：坚持人民立场 ·············· 163
　　二、时代性：立足于新时代 ·············· 169
　　三、实践性：扎根中国现实 ·············· 174
第三节　新时代党的人民幸福思想的当代价值 ·············· 179
　　一、丰富和发展了马克思主义幸福观 ·············· 179
　　二、为实现中国人民幸福提供科学指引 ·············· 184
　　三、为追求整个人类幸福贡献中国方案 ·············· 189

参考文献 ·············· 194

后记 ·············· 215

引　　论

幸福是人类追求的恒久主题。自古以来，人们为实现幸福矢志不渝、不懈努力，留下了许多人类追寻幸福生活的光辉足迹。正如费尔巴哈所言，"生活和幸福原来就是一个东西。一切的追求，至少一切健全的追求都是对于幸福的追求"①。从某种意义上说，人类文明史就是一部人类不断追求幸福生活的历史。因此，随着经济社会的发展，幸福研究依然是当今人类面临的重大课题。

自工业革命以来，科技进步给生产力带来巨大发展，使世界上绝大多数的人摆脱了贫穷和饥饿。很显然，当人们的生存幸福得到基本实现时，他们便转向关注幸福发展的问题。可是，近几十年来，虽然物质财富得到迅猛增长，但是人们的幸福水平却没有得到明显提升。调查显示："1946—2004年将近60年时间里，美国民众的平均幸福指数几乎没有太大波动；欧盟八国民众的平均幸福指数也呈现相同的情形。"②"日本则更加典型，从1960年到1987年，其人均GNP翻了两番，成为工业化国家中人均收入最高的国家之一，但其平均幸福水平却仍然维持在1960年的水平。"③我国也存在类似的情形。伴随着改革开放带来的年平均增长高达9%的经济成就的，是自20世纪

---

① 费尔巴哈：《费尔巴哈哲学著作选集》，荣震华，李金山，等译，商务印书馆，1984，第543页。

② Veenhoven R, "Raising Happiness in Nations 1946-2004: A Reply to Easterlin", Social Indicators Research, 2006 (79): 421-436.

③ Veenhoven R, "Is Happiness a Trait?", Social Indicators Research, 1994(2): 101.

90年代中期以来，国民幸福指数不但没有随之增长，反而逐年下降的令人费解的现象。早在1974年，这种现象就被美国经济学教授理查德·伊斯特林称为"幸福悖论"。如今，这种"幸福悖论"更成为社会发展的一个普遍性问题。这就不得不引起人们的反思：为什么物质财富在增长，而幸福却不能与之同步增长？

从当前现实情况来看，"幸福悖论"的最直接表现是人们的物质生活逐渐富裕，但是人们的精神生活却逐渐陷入困境。其主要体现在以下四个方面：首先，在价值观方面，人们的主流价值观严重遭受拜金主义、利己主义等价值观的侵蚀。其次，在人生观方面，许多人内心迷茫、精神恍惚，根本不知道如何实现人生的真正意义。再次，在道德观方面，人与人之间的情感越来越冷淡、淡漠，内心的道德底线接续出现滑坡。最后，在世界观方面，信仰缺失、信仰危机等问题不断涌现。以上种种情况，其实质都是一种幸福困境。

那么，究竟什么是幸福？怎样才能得到幸福？这就成为人们极为关注的现实问题。要想全面地把握幸福之所在，可以从以下两个方面出发：一方面，从理论角度出发，古今中外思想家对幸福都曾作过精辟的论述，他们独到的见解能够帮助人们去寻求幸福的真谛；另一方面，从现实角度出发，价值危机、道德危机、信仰危机等全球性危机无时无刻不在困扰着人们，反思这些现实问题对人们寻找幸福的实现路径有着深刻的启示。

针对"幸福悖论"等现实问题，在马克思主义的指导下，研究幸福的本质及其实现路径有着重要的理论意义和现实意义。从理论方面来看，其一，有利于推进马克思主义人学的研究。现实的人既是马克思主义人学研究的起点，又是马克思主义人学研究的归宿。无疑，人的自由全面发展便成为马克思主义人学研究的核心内容。而从哲学意义上讲，幸福的本质就是人的自由全面发展，所以，对幸福的研究也就是对人学研究的推进。然而，当今社会，幸福研究的理论体系尚未完全建立，这也就为人学研究保留了广博的探讨空间。深入探讨幸福，有助于更好地把握人的发展规律，掌握人的发展趋向，促进人的全面发展。其二，有利于深化马克思主义幸福观的研究。人们对幸福生活的向往和追求永无止境，特别是全球化背景下的生态危机、社会危机、精神危机等突出问题，更加让人们意识到对幸福的探索研究仍需继续深化发展。也就是说，无论是从理论发展的角度来看，还是从现实问题的角度来看，学者们都应当器重马克思主义幸福理论的研究。然而，当下相比马克思主义其他理论，幸福理论还远未得到应有的重视。为此，本书立足于个人的发展与社会的发展，以幸福的本质内涵为研究对象和逻辑起点，通过深入研究幸福生成和深刻反思幸福困境，试图探索一种合理的幸福实现路径，从而深化对马克思主义幸福观的研究。从现实方面来看，首先，有助于引导人与社会全面健康发展。幸福感是社会心理的晴雨表，社会心理是社会发展的测温仪。不难发现，人的幸福程度直接或间接反衬着社会发展的状况；而同时，社会发展的状况也受人的幸福程度制约。研究幸福的本质及其实现路径能够为现代人提供追求幸福的理论指导，使得人们体悟到幸福的本真意义，寻找到幸福的实现路径，从而更好地引导人与社会全面健康地发展。特别是当一个国家的经济发展到较高水平之后，引导国民树立正确的幸福观就显得尤为重要。其次，有助于解决当前人类面临的共同问题。幸福密切关系着人们的生活和社会的发展。然而，随着近现代工业水平的提高，资源紧缺、环境恶化、心理疾病增加等全人类面临的共同问题无处不在。对幸福的本质及其实现路径进行研究，有助于人们在现代社会发展的新情况下，注重人与自然和谐共生、人与社会和谐发展、人与自身和谐健康，从而有助于解决当前人类所面临的共同问题。最后，有助于国家相关政策的科学制定和有效实施。国家政策与制度是执政者为实现既定利益而制定的规范化标准。合理的国家政策不仅有利于人的积极健康发展，而且有利于社会的稳定有序发展。事实上，幸福既关涉人的发展问题，又关涉社会的发展问题。因此，研究幸福能够为执政者制定国家相关政策提供重要的理论参考，使得社会计划、方针、政策得到科学制定和有效实施。确切地说，是否有利于增进人们的福祉也是衡量一个国家政策制度是否科学有效的重要标准。

关于幸福问题，国内外学者进行了较为深入、细致的探讨，并取得了诸多成果。这些理论成果是本书开展相关研究的重要前提。在国外，古希腊雅典执政官梭伦首次对"幸福"范畴进行理论探讨。其后，诸多西方思想家纷纷开始对幸福这个课题进行研讨。可以说，至今为止，占据主导地位的幸福思想还要当属那些西方思想家的观点。其中，比较典型的著作和观点如下：

第一，罗素在《幸福之路》一书中，用通俗易懂的语言从心理学和哲学的角度出发，深入透彻地阐释了造成不快乐（不幸福）的各种因素，促使快乐（幸福）的源泉以及如何才能做一个幸福的人等问题。他指出："痛苦在很大程度上是由不正确的世界观、伦理观或生活习惯所导致的，这些谬误破坏了人们对尚可的事物与生俱来的兴趣和喜好。而通过进一步分析得出，促使快乐（幸福）的源泉主要有情趣、爱情、家庭、工作、闲情逸致。最后指出获得幸福的方法主要有节制、外向和注重统一性等等。"①

第二，约翰·格雷在《人类幸福论》一书中，讨论了什么是幸福以及如何才能获得幸福的问题。格雷指出："人的需求有两种：一是作为有生命个体的固有需求，该需求表现为人对衣、食和住的欲求；二是作为有理智动物所特有的需求，该需求则表现为人所共有的求知欲。这两种需求在尚未得到满足以前，人就不可能获得幸福。"②而格雷把造成不幸福的原因归结为当时的资本主义制度。他认为在资本主义制度条件下，这两种需要根本不可能得到满足，因而人们都是不幸福的。

第三，弗格森在《幸福的终结》一书中指出："基督教认为上帝是幸福的原因，因而人只能通过接近上帝来获致幸福。但随着偶像惨遭质疑，幸福这一生存方式却日益令人惶恐不安。毫无疑问，人类需要幸福地生活，可这个理想在今天越来越难以兑现。"弗格森认为，既然幸福作为前提不复是固定不变的，则它至少可以借助五种基本模式而被人理解——信心、信念、道德、激情和感官性。他通过对这五种模式的仔细剖析，具体阐释了西方现代社会在宗教社会学层面上的幸福价值观。③

第四，阿兰在《幸福散论》一书中以随笔的形式，分析和阐述了如何攻破烦恼获得幸福。主要观点如下：其一，阿兰认同笛卡儿的看法并指出，人的情绪冲动要通过肢体动作和生理反应两方面来表现，因而人们要是使用理智来控制肢体动作——若生理反应无法控制的话——便实现了对情绪冲动的克制。其二，有些烦恼是不攻自破的，诸如后悔，以及对不可知的未来的畏

---

① 罗素：《幸福之路》，吴默朗，金剑，译，中央编译出版社，2009。
② 约翰·格雷：《人类幸福论》，张草纫，译，商务印书馆，1984。
③ 弗格森：《幸福的终结》，徐志跃，译，中国人民大学出版社，2003。

惧。因为它们纯属想象作用所致，只要想明白了这个道理，那么烦恼也就自然迎刃而解。其三，想象力特别活跃一般是在一个人无所事事的时候，如若人们总是追求或逼近某一现实目标的话，他们便不会把精力耗费在无谓的想象当中。因而只要人们愿意，稍加训练便足以身体力行。也就是说，如果人们能够合理地控制自我，放弃一些无谓的妄想，烦恼将自动烟消云散，幸福也便触手可及。①

此外，近现代西方对幸福的研究主要集中在两大领域：

一是心理学领域。其中，埃德·迪纳（Ed Diener）区分了西方幸福感研究的三个阶段："第一阶段是描述比较阶段，即从人口统计学的维度，描述和比较不同群体的幸福感；第二阶段是理论建构阶段，即着重研究幸福感形成的心理机制，建构自我决定理论、适应理论、认知理论、人格理论、目标理论、活动理论等理论模型；第三阶段是测量发展阶段，即侧重于完善和发展幸福感测量技术，建构幸福感测量指标。"② "英国心理学家卡尔和皮特研究幸福的结构要素，指出真正的幸福涉及生存、个性和高级需求要素，这三者之间存在着必然的内在相关。这种相关可用公式来表达：幸福 =P+5E+3H。其中，P 代表人的个性判断，E 代表生存状态（5E 分别指健康、收入状况、安全、自由和客观条件），H 代表高级需求（3H 分别指自我评价、期望层次、抱负与幽默感）。"③

二是经济学领域。这个领域主要集中对幸福指数、幸福悖论和国民幸福这三个方面进行研究，其主要代表人物有萨缪尔森、伊斯特林、霍布森等。"首先，1948 年，美国著名经济学家萨缪尔森提出了幸福指数概念，他把人们的幸福用一个方程式来表达：幸福 = 效用 / 欲望。假定欲望是既定的，消费的物品越多，所得的效用越大，人们就越幸福。其次，1974 年，美国著名的经济学家伊斯特林在《经济增长能够多大程度地提升人的快乐》一文中提出了著名的'伊斯特林悖论'亦即'幸福悖论'，指出经济增长不一定导致快乐

---

① 阿兰：《幸福散论》，施康强，译，中央编译出版社，1999。

② Ed Diener, EunkookSuh, Shigehiro Oishi, "Recent Findings on Subjective Well-Being", Indian Journal of Clinical Psychology, 1997(3):25-41.

③ 丁心镜：《幸福心理学》，郑州大学出版社，2010，第 39 页。

增加。最后,还有一些学者关注国民幸福与经济发展之间的关系,例如,杰文斯和门格尔的边际效用理论,霍布森的福利经济学理论等。"①

在国内,近些年来,价值危机、信仰危机以及精神危机等问题受到学者关注,人们开始以更宽广的视野对幸福进行研究。集中来看,其研究方向主要分布在以下几个学科。

第一,部分学者从伦理学、哲学角度出发,研究的具体问题包括幸福是什么、幸福与人生、幸福的实现等。这一方面的学术著作和学术论文主要有:孙英的《幸福论》;陈瑛的《人生幸福论》;冯俊科的《西方幸福论》;陈根法、吴仁杰的合著《幸福论》;江畅的《幸福之路:伦理学启示录》《走向优雅生存:21世纪中国社会价值选择研究》《幸福之路》《幸福与优雅》《人民幸福与中国社会发展》;高兆明的《幸福论》;高恒天的《道德与人的幸福》;毕昌萍的《中国传统文化的幸福思想及当代价值》;邓先奇的《社会幸福论》;王艺的《幸福转型论》;龙运杰的《幸福论》;贺来的《有尊严的幸福生活何以可能》;罗敏的《幸福三论》;林剑的《幸福论七题——兼与罗敏同志商榷》;张方玉的《生活何以更加幸福:儒家传统幸福观及其现代启示》;高延春的《"以人为本"的幸福维度》《马克思幸福观的人民向度》《习近平幸福观的人学透视》;徐宗良的《幸福问题的伦理思考》;万俊人的《什么是幸福》;李荣梅、陈湘舸的《论马克思主义的幸福本质与幸福构建》;章建明、巢传宣的《幸福的本质——马克思人的幸福本质的阐述》;皮家胜的《论幸福是人生的终极目的》;俞吾金的《幸福三论》;杨楹的《马克思哲学的最高价值诉求:"人民的现实幸福"》;陈云的《习近平幸福观的历史唯物主义维度》;肖贵清的《中国共产党人的初心和使命》;俞光华、黄瑞雄的《论新时代人民幸福思想的内在逻辑》;颜军的《马克思幸福思想研究》《马克思幸福社会图景的异化批判逻辑及其价值意蕴》《马克思恩格斯共享发展思想及其当代价值——以〈共产党宣言〉为研究中心》《马克思幸福思想斗争意涵的生成理路及其价值旨归》《对习近平关于人民美好生活重要论述的深入思考》《历史唯物主义:马克思幸福思想的理论出场》;丰子义的《人学视域中的"美好生活需要"》;

---

① 邓先奇:《社会幸福论》,中国社会科学出版社,2014,第15~20页。

黄明哲的《幸福都是奋斗出来的》；顾保国的《幸福论：中国共产党人始终不变的初心和使命》；黑龙江大学王刚的博士学位论文《中国传统幸福观的历史嬗变及其现代价值》；吉林大学于晓权的博士学位论文《马克思幸福观的哲学意蕴》；中共中央党校万庆的博士学位论文《马克思幸福思想研究》；吉林大学衣永红的博士学位论文《追求人的现实幸福——"共在论"视野中的马克思幸福观研究》；中国石油大学郭曰铎的博士论文《习近平人民幸福思想研究》等。

第二，有的学者从心理学视角出发，主要侧重于个体的幸福感研究。因为幸福感是指个体的内心主观感受，所以势必要成为心理学的研究对象。幸福感研究的主要内容包括：（1）幸福感的含义及其本质；（2）幸福感的来源及其影响因素；（3）幸福感的生成及其心理机制；（4）幸福感的测量及其评定；（5）幸福感的改善与提高。这方面的著作有：邢占军的《测量幸福——主观幸福感测量研究》《城市幸福感》《西方哲学史上的两种主要幸福观与当代主观幸福感研究》《国民幸福：执政理念与评价指标》等；孙凤的《和谐社会与主观幸福感》；方纲的《和谐社会视野下的城乡居民主观幸福差异研究》；李维的《风险社会与主观幸福：主观幸福社会心理学研究》；郑雪的《幸福心理学》；康君的《幸福涵义与度量要素》等。

第三，有些学者从经济学视角出发，主要研究经济的发展与幸福的增长关系问题，阐发社会经济领域中幸福的变化发展规律。这方面的著作主要有：董耀会的《幸福悖论》；奚恺元的《撬动幸福》《幸福的学问——经济学发展的新方向》等；陈惠雄的《经济社会发展与国民幸福》《快乐原则——人类经济行为的分析》等；孙希有的《面向幸福的经济社会发展导论》；陈湘舸、王艺的《论经济学的"幸福革命"》；袁凌新的《幸福与国民幸福指数》；杨雪峰的《幸福经济学研究述评》；王琴的《"幸福悖论"之我见》；田国强、杨立岩的《对"幸福——收入之谜"的一个解答：理论与实证》等。

第四，有些学者从教育学视角出发，着重探索教育过程与幸福的关系问题。在国内，学者们对这方面的研究既有思辨研究也有实证研究。从思辨研究出发，学者们主要围绕幸福与教育的辩证关系展开不同视角的阐释，并对如何通过教育来获得幸福提出自己的观点。代表性著作主要有：刘次林的

《幸福教育论》；陈艳华的《论教师的幸福》；高延春的《谈教师幸福的特点及其实现》等。从实证研究出发，学者主要通过分析具体事例对教育与幸福的关系进行实证研究。代表性著作主要有：华东师范大学田若飞的博士学位论文《社会控制论视角下的教育与幸福研究》等。

  上述国内外研究尽管较为深入，但仍存在些许不足。第一，虽然对于幸福的研究不断深入和发展，但对于幸福的理解，不同学者之间仍不相一致。此外，有关幸福的理论探究尚不够系统，有关幸福的观点阐释尚不够科学。因此，幸福方面的研究还存在很大的创新发展空间。中国学者对幸福的研究起步得比较晚，更多地注重从宏观层面去研究幸福。而西方学者对幸福的研究有着明显的传承性，更注重从微观层面去研究幸福。例如，西方幸福心理学和幸福经济学都是研究幸福的某一个方面。无疑，这些具体研究对于发展幸福思想有着积极的作用。但是，我们也要批判性地借鉴这些理论。第二，西方研究幸福的方法不断地从理论论证向实证研究转化，这些方法被引入中国之后逐步拓展了中国学者对幸福研究的方法视域。但是，相对于社会的变化发展和幸福困境的不断涌现，这些幸福研究方法的创新突破却略显不足。多学科的综合运用、实证研究的具体应用以及新方法的创新应用，不仅需要在解决现实面临的各种幸福困境中发展完善，而且需要在实践运用与探索研究中取得发展创新。于是，诸多学术研究主要是围绕转型期人的幸福而展开的，这对本土化的幸福研究是大有裨益的。第三，社会的发展永不停歇，人们对幸福的追求永无止境。幸福的社会性决定了幸福是多种因素综合作用的结果，而影响幸福的因素既包括主观因素又包括客观因素，并且这些因素均有其自身的运行规律和作用机理。当前，国内外学者对这些因素如何影响和制约幸福的发展方面的研究还略有不足。

  为此，本书尝试运用马克思主义幸福观分析和研究幸福的本质内涵及其实现路径。理论分析的基础在于，马克思主义认为人只能生活在社会之中，获得人的幸福与实现人的本质是相通的。人的本质要求追求人的幸福，而人的幸福也要求实现人的本质。其实，从根本意义上来说，幸福的本质就是人的解放和自由全面发展。本书旨在挖掘幸福的本质内涵，探讨幸福的生成机制，剖析幸福的现实困境，找出新时代幸福的实现路径。

本书主要应用到如下几种研究方法。(1) 逻辑与历史相结合的方法。为了探究幸福的本质内涵及其实现路径，本书一方面对幸福思想史进行考察，探讨中外思想家们对幸福本质的理解；另一方面，运用逻辑的方法对幸福的本质进行概括、对幸福的生成进行探讨、对幸福的困境进行分析以及对幸福的实现进行建构。(2) 理论与实践相结合的方法。幸福的课题同时关涉理论和实践两个层面。它首先是一个理论课题，其本质内蕴在人学理论之中。其次幸福研究无疑是一种实践课题，因为人毕竟是生活在现实世界中的人，故探寻幸福的实现路径不可能离开现实的、具体的人。(3) 文献研究的方法。幸福作为哲学问题一直备受古今中外思想家关注。可以说，整个哲学发展史上没有一处不是关乎人的幸福的研究。问题的关键是，许多思想家并没有对人的幸福作出直接的阐述。所以，这就需要从大量的经典原著和文献资料中，提取有利于本研究展开的资料并对其进行整合，从而使问题能够得到更为详尽的阐明。此外，本书还运用了比较分析法、微观分析法、系统分析法、多学科领域综合统一的方法等。

本书力图在以下五个方面有所创新。其一，对幸福内涵的界定和拓展。以往学者对幸福的理解，主要有感性主义和理性主义两种思路，或者把幸福理解为合理需要的满足，或者理解为愉悦的心理体验。本书认为，幸福作为一个哲学范畴，是多重规定的统一。除了这两个方面，作者还根据马克思关于人的本质"在其现实性上是一切社会关系的总和"和"人的类特性恰恰就是自由的自觉的活动"两个重要思想，提出并论证了幸福是"人际关系的和谐"和"自由自觉的创造"两个命题。其二，对幸福的生成机制的分析。主要从客体、主体和实践的哲学视角来探析幸福的生成机制。其三，尝试性地提出了"幸福缺失"，并对其内涵、表现及根源进行了哲学分析。其四，对幸福的实现路径的探讨也力求有所创新，分别从生产力发展、社会制度和主体素质三个方面论述了实现幸福的有效途径。其五，对新时代党的人民幸福思想的理论特质的概括，总结了新时代人民幸福具有人民性、时代性、实践性特征。其实，幸福不只是哲学探讨的话题，也是伦理学、心理学、经济学等许多领域共同探讨的话题，这也就决定了幸福研究具有很强的跨学科特点。为了尽可能全面而科学地认识和解读幸福，本书采用了多学科多领域综合整合的研究方法。

本书包括引论和正文五章共六个部分。

引论部分首先揭示了本书的选题背景、选题意义；其次，通过整理有关幸福方面的大量文献，分门别类地概述了国内外对幸福的研究与探索，并对国内外幸福研究现状作了相应的评述。接着，通过汇总和剖析这些文献，为本书的具体展开建立广阔的文献背景、雄厚的理论基础、清晰的研究思路和明朗的研究方法。

第一章建构理论基础。首先，考察中西思想家对幸福的理解。主要包括西方著名思想家对幸福的理解、中国传统思想家对幸福的理解以及马克思和恩格斯对幸福的理解。其次，解析了幸福的本质意蕴。幸福就是人通过实践活动，使其合理需要得到内心满足、人际关系得到和谐发展的一种快乐的心理体验。具体包括以下四个方面：一是幸福是合理需要的满足；二是幸福是快乐的心理体验；三是幸福是人际关系的和谐；四是幸福是自由自觉的创造。这四个方面是一个完整的体系，幸福是这四个方面的内在统一。最后，概括幸福的基本特征。主要包含：物质性与精神性的统一，价值性与实践性的统一，个体性与社会性的统一，历史性与现实性的统一。

第二章进行逻辑分析。这部分主要研究幸福的生成及其机制。第一，研究幸福的生成要素，包括幸福的主体、幸福的客体和幸福的中介。第二，研究幸福的生成机制。首先概述幸福存在于主客体相互作用之中，然后详细地阐述幸福的生成机制。其生成机制主要包括：一是需要是幸福生成的内在动力；二是自由是幸福生成的重要前提；三是理性是幸福生成的主体自觉；四是实践是幸福生成的现实基础。

第三章考察现实困境。这部分主要探究幸福困境的主要表现和主要根源。首先对幸福困境的几种表现进行论述，然后进一步剖析幸福困境的主要根源。幸福困境的主要表现包括幸福缺失、幸福悖论和幸福异化，并由此分析出幸福困境的主要根源在于：一是自然环境的破坏；二是社会制度的弊端；三是价值观念的扭曲；四是异化劳动的遮蔽。

第四章寻求解决方案。这部分主要从物质基础、社会制度和个体因素三个方面提出幸福的实现路径。首先，在物质基础方面，主要从坚持生产力发展和科学技术创新角度提出幸福的实现路径。其次，在社会制度方面，主要从建设经济制度、政治制度、文化制度和生态制度方面提出幸福的实现路径。最后，在个体因素方面，主要从提升主体认知能力、感知能力和创造能力方面提出幸福的实现路径。

第五章阐释新时代党的人民幸福思想。这部分主要阐释新时代人民幸福的科学内涵、新时代党的人民幸福思想的理论特质和当代价值。其一，新时代人民幸福就是美好生活、高质量幸福。其二，新时代党的人民幸福思想的理论特质主要包括人民性、时代性和实践性。其三，新时代党的人民幸福思想的当代价值：一是丰富和发展了马克思主义幸福观；二是为实现中国人民幸福提供科学指引；三是为追求整个人类幸福贡献中国方案。

第一章　幸福的本质内涵

人类自进入文明时代以来，留下了诸多中外思想家对幸福思索与探寻的足迹。可以说，人类文明发展史就是一部人类幸福生活史。西方著名思想家的幸福思想在人类思想宝库中占据十分重要的地位，从古希腊到现代西方的幸福发展史，既包含人类探寻幸福的经验教训，也包含人类理解幸福的思想踪迹。同时，中国传统幸福思想在人类幸福史上亦占据举足轻重的地位，儒、道、释三大主流幸福思想聚集了先哲们的人生感悟与思想精髓，渗透着丰富而又深刻的幸福理念与幸福取向。而马克思、恩格斯在批判和继承前人幸福思想的基础上，通过对哲学、政治经济学以及人类学等众多领域的考察，正确地把握了幸福的本真意蕴。可以说，马克思、恩格斯的幸福理论不仅超越先前西方思想家的幸福思想，而且也为后人研究幸福提供了科学的指导原则。其幸福思想的宗旨是实现人民的现实幸福和共产主义幸福。因此，以马克思、恩格斯的幸福思想为立足点的研究，为本书提供了扎实的思想基础和科学的理论指导。

无疑，清晰界定中心研究问题是研究不可避免且极为重要的前提条件，因此研究马克思主义哲学视野中的幸福之首要步骤，就是明确幸福的含义。在英语中，幸福一般是用"happiness"来表示，意为快乐、愉快、满足或令人喜悦的人或事儿。在汉语中，幸福一般是"幸"与"福"二者含义的集合。《汉语大词典》把幸福解释为："①谓祈望得福。②使人心情舒畅的境遇和生活。③指生活、境遇等称心如意。"[①] 可见，从最为广泛的意义上来理解，

[①] 汉语大词典编辑委员会：《汉语大词典》（缩印本）上卷，上海辞书出版社，2009，第1200页。

幸福包含的内容涉及社会生活的方方面面。为此，对幸福范畴的界定也涉及心理学、伦理学、社会学、哲学等诸多学科，而本书只选取哲学层面的三个比较具有代表性的定义。《哲学大词典》将幸福解释为："人们在一定的社会物质生活和精神生活中，由于感受或意识到自己预定的目标或理想的实现或接近而引起的一种内心满足。"[1] 江畅等人从人的需要出发来定义幸福，认为"幸福就是人由生存需要得到适度的满足、发展需要得到一定程度的满足并不断追求进一步满足所产生的对人生总体上感到满意的愉悦状态"[2]。邓先奇把幸福规定成"通过人的实践活动，使人的生活境遇或生存环境本身与人的内在尺度相符合，从而达到内心满足的状态"[3]。有鉴于此，我们不难概括出幸福的常规释义：幸福是主体需求获得满足时呈现的一种愉悦的心理体验。抑或说，幸福是人的需要得到满足时的一种心理状态。可是，在众多定义中，人们对幸福的认识却不尽相同。如此一来，"幸福的概念是如此模糊，以全虽然人人都在想得到它，但是，却谁也不能对自己所决定追求或选择的东西，说得清楚明白，条理一贯"[4]。探其究竟，幸福本身是一个深刻、复杂而又多元的概念。鉴于此，本书第一章首先从幸福的本质内涵入手进行研究。

第一节　中外思想家对幸福的理解

一、西方著名思想家对幸福的理解

西方幸福思想史研究主要包括横向研究和纵向研究两个视角。从纵向来看，西方关于幸福的讨论纵贯以古希腊和古罗马为代表的古代社会、中世纪的欧洲社会、近代西方社会和现代西方世界四个时期。其中，古希腊和古罗马时期的思想家们主要探讨城邦国家中的幸福与人生问题，这一时期的幸福

---

[1] 金炳华，等：《哲学大词典》（修订本），上海辞书出版社，2001，第1712页。
[2] 江畅，周鸿雁：《幸福与优雅》，人民出版社，2001，第1页。
[3] 邓先奇：《社会幸福论》，中国社会科学出版社，2014，第82页。
[4] 周辅成：《西方伦理学名著选辑》下卷，商务印书馆，1987，第366页。

思想是人类对自身幸福思考的全面展开。到了欧洲中世纪，幸福思想的主题则是人的幸福与神的关系问题。这一时期的幸福思想主要来源于基督教神学家们对幸福的阐释，因此，欧洲中世纪的幸福思想是一种带有基督教神学色彩的幸福思想。到了近代，西方幸福思想涉及的领域逐渐扩大，其中主要包括物质利益与道德准则的关系、个人与他人的关系、个人与社会的关系等。可以说，这一时期的幸福思想研究得到了空前的繁荣与发展。到了现代西方社会，一些思想家们便以一种悲观情调论证人类幸福。他们不是采取积极的方法来解决人类自身的幸福困境，而是以一种消极的方式去逃避现实存在的幸福难题。

上文简要叙述了西方幸福思想史的纵向发展线索。限于文章的篇幅，本书不可能对所有西方思想家的幸福思想进行逐一讨论，只能选取一些具有代表性的思想家，从横向视角按照其幸福思想的不同性质分成四种主要类型加以阐述。

（一）感性主义的幸福观

感性主义思想家侧重强调感性因素在人类幸福中的作用，认为幸福主要是指人的感性需要得到满足而产生的愉悦心理体验。西方感性主义幸福思想的主要代表人物有德谟克利特、伊壁鸠鲁以及费尔巴哈等思想家。

德谟克利特根据原子论灵魂学说，对幸福的来源、幸福的含义以及幸福的方法等一系列问题作了较为深入的研究。他认为"幸福不在于占有畜群，也不在于占有黄金，它居处在我们的灵魂之中"①。由于德谟克利特在幸福思想上坚持朴素唯物主义的观点，所以这里的灵魂是一种由微小原子构成的物质。关于幸福的含义是什么，德谟克利特认为，幸福就是快乐。但这里的快乐并非一切种类的快乐，而是指肉体与精神相结合的高尚的快乐。在获得幸福的方法上，他认为节制能够使快乐增加，使享受增强，因而人们为了自己的幸福必须控制其行为，调节其心理。

伊壁鸠鲁从唯物主义感觉论出发，指出"快乐是幸福生活的开始和目的。

---

① 周辅成：《西方伦理学名著选辑》上卷，商务印书馆，1964，第83页。

因为我们认为幸福生活是我们天生的最高的善,我们的一切取舍都从快乐出发;我们的最终目的乃是得到快乐"[1]。即是说,快乐是人生的终极目的。在伊壁鸠鲁那里,他从肉体和精神两个方面说明人生的真正快乐。一方面,真正快乐是指身体无痛苦,即肉体快乐;另一方面,真正快乐是指灵魂不受干扰,即精神快乐。同时,伊壁鸠鲁还从快乐原则出发,剖析幸福与美德、幸福与友谊以及幸福与道德的关系,意在告诉人们,应该为了自己的真正快乐而作出正确选择。

费尔巴哈认为,幸福与生命紧密相连,可以把它看作一个东西。他立足于幸福,精细考察人类现实生活中的各种追求。那么,"什么是属于幸福的东西?所有一切属于生活的东西都属于幸福,因为生活(自然是无匮乏的生活、健康的和正常的生活)和幸福原来就是一个东西。一切的追求,至少一切健全的追求都是对于幸福的追求"[2]。幸福来源于现实生活,是对现实生活的反映。因此,费尔巴哈把对幸福的追求看作自然而然的追求,从而注重物质生活层面的幸福,认为幸福就是追求感官的享乐与物质的满足。此外,他还以人本主义为出发点,提出"道德的原则是幸福"[3]。如此说来,感觉幸福就理所当然地成为道德的原则。在费尔巴哈眼中,倘若没有感官享乐与物质满足,那么道德就不可能存在。

(二)理性主义的幸福观

理性主义思想家强调以理性主义为指导原则,摒弃物质层面的追求与享受,更多关注人的内在精神层面的追求,最终将幸福渗透到人的内心或灵魂深处。其主要代表思想家有苏格拉底、柏拉图、亚里士多德以及康德等。

苏格拉底从唯心主义世界观出发,认为知识是人们获得幸福的关键,从而提出"认识你自己"的著名论断。他认为一个人倘若有了关于自己的一切

---

[1] 周辅成:《西方伦理学名著选辑》上卷,商务印书馆,1964,第103页。
[2] 路德维希·费尔巴哈:《费尔巴哈哲学著作选集》上卷,荣震华,李金山,等译,商务印书馆,1984,第543页。
[3] 路德维希·费尔巴哈:《费尔巴哈哲学著作选集》上卷,荣震华,李金山,等译,商务印书馆,1984,第432页。

知识，便会使自己免去灾难、获得幸福。然而，在苏格拉底那里，知识主要有两种：一种是关于道德的知识，另一种是关于神的知识。在道德的知识方面，他反对人的各种物质需求，认为道德是人们获得幸福的途径。基于此，苏格拉底还提出美德就是知识的著名论断。当然，他仍把物质欲望彻底排除在幸福之外，其最终目的就是要给神的知识开辟道路。综上而论，不难发现，苏格拉底的幸福思想轨迹是由知识到道德再到幸福的。

柏拉图以唯心主义理念论为立脚点，认为德性和智慧是人生的真幸福。他极力反对人的肉体感官欲望的真实性，要求人们摒弃现实的物质需求与感性追求，把一切寄希望于自己的理念世界。柏拉图强调，在理念世界中，善的理念居于最高位置，而善的理念又要通往人生的终极目的，即至善。然而，至善的目的何以实现呢？他说，人唯有借助理性能力才能够认识到善的理念。如果一个人要想得到真正的幸福，就必须通过美德和智慧去追求最高的理念，即至善。柏拉图认为，人的幸福标准应该是神性幸福，由于"神会眷顾任何想成为正义的人，想成为酷肖神的人，人也尽可能通过美德达到酷肖神"[1]。但是，他强调人要想具备美德就必须拥有智慧。智慧也是一种德性，只有同善相结合才能够使人获得真正的幸福。

亚里士多德继承先辈传统理念论，认为至善即是幸福。善并不是一个抽象的、普遍的善，而是一个多层次、多种类的善。至善则是这些层次和种类之中最后的善，它本身不可能成为手段而只能是目的。所以，至善也可以说成是其他目的的目的。同时，他从德性理性主义思想出发，把幸福定义为合于德性的现实活动，认为幸福由德性和现实活动两部分构成。只有那些拥有德性并参与现实活动的人，才是真正享有幸福的人。当然，这里的德性是灵魂德性而并非肉体德行。也就是说，幸福是指合于灵魂德性的现实活动。此外，亚里士多德还认为幸福与思辨有着密切联系。他说"凡是思辨所及之处都有幸福，哪些人的思辨能力越强，哪些人所享有的幸福也就越大。这不是出于偶然而是思辨的特性，因为思辨就其自身就是荣耀。所以幸福当然是一种思辨"[2]。思辨活动是最完美的幸福，因为思辨活动的独特之处还在于："一

---

[1] 转引自冯俊科：《西方幸福论——从梭伦到费尔巴哈》，中华书局，2011，第85页。
[2] 亚里士多德：《尼各马科伦理学》，苗力田，译，中国社会科学出版社，1990，第228页。

个思辨者除了他的思辨之外一无所需。"①因此，在亚里士多德那里，神的活动才是最高的幸福。

康德批判快乐主义幸福思想，引入理性原则和辩证法思想，提出以"道德自律"为原则的理性主义幸福思想。他认为，人要配享幸福，除了道德原则之外，还必须配有其他理性因素，比如善良意志、绝对命令等。为此，他说："把德性和幸福结合起来以后，才算达到至善。"②康德在解决德性与幸福结合问题上作出了很大努力，但却意识到："我们纵然极其严格地遵行道德法则，也不能因此就期望，幸福与德性能够在尘世上必然地结合起来，合乎我们所谓至善。"③道德与幸福之间存在着二律背反：一方面，道德与幸福要协调；另一方面，道德与幸福却对立。在现实世界中，道德与幸福之间存在着不可调和的矛盾。最终，康德通过"三个假设"把道德与幸福的统一推向彼岸世界。首先，假设灵魂不朽。拥有德性而在尘世间得不到幸福的人会在来世实现道德与幸福的统一。其次，假设上帝存在。作为最高的仲裁者，上帝能引导人类社会步入道德与幸福统一的世界。最后，假设意志自由。在康德那里，道德是由人的理性与自由决定的，因而，只有承认意志自由，道德实践才可能实现。

（三）功利主义的幸福观

从人的感性因素出发研究和阐释幸福的功利主义幸福思想与感性主义的幸福思想密切相关，但由于思想家们运用的理论和研究的视角不同，所以又形成了各具特色的幸福理论。功利主义的幸福思想主要是围绕功利主义理论来论述幸福，强调幸福的最高原则是最大多数人的最大幸福，其主要代表人物有边沁和密尔。

边沁坚持功利原则，认为人的本性是趋乐避苦。由于人类受苦乐控制，所以"当我们对任何一种行为予以赞成或不赞成的时候，我们是看该行为是

---

① 亚里士多德：《尼各马科伦理学》，苗力田，译，中国社会科学出版社，1990，第227～228页。
② 康德：《实践理性批判》，关文运，译，商务印书馆，1960，第113页。
③ 康德：《实践理性批判》，关文运，译，商务印书馆，1960，第116～117页。

增多还是减少当事者的幸福;换句话说,就是看该行为增进或者违反当事者的幸福为准"①。这等于说,幸福的多少是判断一个人行为对错的准则,是评判一个人行为道德与否的标准。同时,他的功利原则还强调一种带有普遍效应的幸福思想,认为人的行为不仅仅是为了个人幸福还要为了整个社会最大多数人的幸福。那么,如何才能追求到更多的幸福呢?边沁的幸福思想中有一个重大的特色创见:通过测量苦乐的数量、比较苦乐的价值来决定和选择人们的行为。即是说,边沁认为苦乐计算的结果是指引人们行为的依据。

密尔的幸福思想是对边沁的最大幸福原理的发展与修正。首先,密尔主张实现最大多数人的最大幸福即为功利主义。他在坚持边沁功利原则的基础上,进一步提出借助法律制度、社会组织以及道德教育等来调节个人幸福与社会幸福之间的关系。其次,密尔认为"幸福就是人类行动的唯一的目的,而促进幸福,便是用以判断人类一切行为的标准了"②。于是,密尔把美德、利益、金钱这些"凡是不作为达到本身目的的手段而最后却得到幸福的"③统统归为幸福的一部分。在密尔那里,幸福不是一个抽象概念,而是一个由多种元素组成的具体整体。最后,密尔修正边沁的有数量差别的快乐论,认为快乐不仅在数量上有差别,而且在品质上也有差别。人作为高级动物应同时考虑快乐的数量与快乐的品质,但相比之下更应该注重选择高质量的快乐。为此,密尔说:"做一个不满足的人总比做一个满足的猪要好些,做一个不满足的苏格拉底,总比做一个满足的傻子要好些。"④

(四)基督教的幸福观

基督教幸福思想以基督教教义为根本出发点,将《圣经》看成人类幸福的法典,认为人类要想得到真正幸福,必须依靠上帝的神圣力量。其主要代表思想家有奥古斯丁、托马斯·阿奎那等。

奥古斯丁的幸福思想是基于反思自身的生活经历而形成的。他认为,幸

---

① 周辅成:《西方伦理学名著选辑》下卷,商务印书馆,1987,第211~212页。
② 周辅成:《西方伦理学名著选辑》下卷,商务印书馆,1987,第267页。
③ 冯俊科:《西方幸福论》,中华书局,2011,第352页。
④ 周辅成:《西方伦理学名著选辑》下卷,商务印书馆,1987,第245页。

福不在于对人的物质欲望与感情欲望的满足,而在于对某种信仰的不断追求与永恒向往,即热爱上帝、信仰上帝、皈依上帝。上帝是一切事物的造物主,人唯有爱上帝才能够获得真正的幸福。因此,他认为"幸福生活就是在你(指'上帝'——引者注)左右、对于你、为了你而快乐。这才是幸福,此外没有其他幸福生活。谁认为别有幸福,另求快乐,都不是真正的快乐"①。他更把上帝等同于真理,认为"幸福就是来自真理的快乐,也就是以你为快乐,因为你'天主即是真理'"②,人们在真理面前不应有任何隐瞒,而应该袒露一切给上帝,这样便能接受到上帝恩赐的幸福。为了使人们信仰上帝,奥古斯丁还专门提出相应的道德要求:"信仰、仁爱、希望、节制、审慎、公正和坚毅"③,即七德。他强调幸福存在于来世,尘世间人们所受的一切苦难,将来在天堂都能得到补偿。此外,奥古斯丁还用亚当与夏娃不幸福的原罪说说明人世间受苦受难是应该的、合理的。

托马斯·阿奎那的幸福思想吸收了亚里士多德的至善幸福思想和奥古斯丁的神学幸福思想。首先,阿奎那认为,"幸福是人的最完善的境界,同时也是所有的人都想达到的善的顶峰"④。"人是能够依靠理智来认识普遍存在的善性并依靠意志来要求获得这种善性的。但是普遍的善只有在上帝身上才能找到。因此,除上帝之外任何东西都不能使人幸福并满足他的一切愿望。"⑤ 其次,不同于奥古斯丁,阿奎那肯定尘世幸福与天堂幸福这两种幸福,并认为尘世幸福是通往天堂幸福的阶梯。与此相应,他还根据亚里士多德的德性论提出尘世德性与神学德性两种德性。但是,他更看重的是超自然的神学德性,因为这种超自然的神学德性是通往天堂幸福的必经之路。最后,阿奎那将人的幸福与社会政治联系起来,阐释了个人幸福与公共幸福。第一,他认为君主是指导公共幸福的权力人物,但是君主必须服从和听信上帝的命令。因为唯有上帝才能把整个社会引向天堂而享受幸福。第二,他主张个人幸福遵从

---

① 奥古斯丁:《忏悔录》,周士良,译,商务印书馆,1963,第206页。
② 奥古斯丁:《忏悔录》,周士良,译,商务印书馆,1963,第206页。
③ 陈瑛:《人生幸福论》,中国青年出版社,1996,第110~111页。
④ 托马斯·阿奎那:《阿奎那政治著作选》,马清槐,译,商务印书馆,1963,第67页。
⑤ 托马斯·阿奎那:《阿奎那政治著作选》,马清槐,译,商务印书馆,1963,第68页。

公共幸福，因为个人幸福低于公共幸福。可见，阿奎那最后还是要把人的幸福归为虚幻的天堂幸福。

二、中国传统思想家对幸福的理解

幸福是每个人的人生理想，但由于历史文化背景不同，人们对幸福的体悟也千差万别。中国传统思想家对幸福的诠释十分充分，伴随着历史的前进与发展，这些思想对中华民族的生产生活方式有着巨大影响。在中国传统文化里，"幸"与"福"不是并列在一起使用的，甚至有时候一些思想家是以"乐"代"福"。因此，与中国现代汉语所用的"幸福"与"快乐"的含义不同，古代的"福"与"乐"都表达的是人的一种内心的幸福感受。另外，中国古代思想家对幸福的诠释还常与德性联系起来，认为一个人拥有完善的德性就是幸福。其主要代表观点有儒家的幸福观、道家的幸福观、法家的幸福观和墨家的幸福观。

（一）儒家的幸福观

儒家十分注重道德理性在人们生活中的作用，主张以道德理性节制人们的物质欲望和感官欲望，认为幸福就是以满足道德理性为乐的精神幸福。具体来看，儒家幸福思想主要表现在以下三个方面：

一是主张以德祈福。儒家从义利和理欲的关系出发，认为欲望是人类不可缺少的属性，但人们应该以合理的道德理性来引导幸福。他们肯定欲望与人性之间存在着必然联系。孔子说："富与贵是人之所欲也。"（《论语·里仁》）孟子说："欲贵者，人之同心也。"（《孟子·尽心下》）荀子也说："人生而有欲。"（《荀子·礼论》）可见，欲望是一种自然的存在，人的欲望有其存在的合理性。然而，儒家却没有纵容人类的本能欲望，而是主张以德祈福的道义幸福思想。正如荀子说："欲虽不可尽，可以近尽也；欲虽不可去，求可节也。……道者，进则近尽，退则节求，天下莫之若也。"（《荀子·正名》）也就是说，欲望不可能完全消除也不可能完全满足，但是人们应该通过道德理性来正确地对待自己的欲望。因此，在儒家那里，德性提升是获得幸福的根本途径。

二是主张孔颜之乐。就个人层面而言，儒家认为幸福不在于富足的物质生活，也不在于外在的生活环境，而在于拥有高尚的道德情怀。这就是儒者所追求的孔颜之乐。概言之，孔颜乐处就是指道德与幸福的统一。孔子十分赞赏这种乐处："一箪食，一瓢饮，在陋巷，人不堪其忧，回也不改其乐。贤哉，回也！"（《论语·雍也》）为此，孔子还阐明了自己安贫乐道的幸福思想："饭疏食饮水，曲肱而枕之，乐亦在其中矣。不义而富且贵，于我如浮云。"（《论语·述而》）其后，孟子延续了孔子的幸福讨论，更是举出一个很贴切的例子："一箪食，一豆羹，得之则生，弗得则死。呼尔而与之，行道之人弗受；蹴尔而与之，乞人不屑也。"（《孟子·告子上》）不难发现，这都充分体现了儒家"杀身成仁，舍生取义"的仁义幸福境界。

三是诉诸社会幸福。儒家主张整体性的社会幸福思想。首先，他们主张从仁和礼两个方面出发，建立一个有序的幸福社会。在孔子那里，仁与礼是统一的关系，仁是礼的内在道德，礼是仁的道德标准。基于这种统一，孔子认为幸福社会就是德治天下的终极目标。而后继者孟子和荀子分别从性善论与性恶论阐发了仁与礼思想。孟子侧重通过仁政来统一天下，因此，他反复说道："仁人无敌于天下。"（《孟子·尽天下》）荀子则从性恶论出发，强调礼的社会作用，注重从礼治来维护社会幸福。他说："礼义之谓治，非礼义之谓乱也。"（《荀子·不苟》）其次，儒家还希望用"和"的思想挽救礼乐崩坏的局面，从而求得一个和谐有序的幸福社会。孔子提出："礼之用，和为贵。"（《论语·学而》）孟子认为："天时不如地利，地利不如人和。"（《孟子·公孙丑下》）荀子则强调："牛马为用""多力胜物。"（《荀子·王制》）诚然，对于社会整体来说，和谐与秩序是相互依存、相互促进的。

（二）道家的幸福观

道家认为自然性是人的本质属性，人的本质属性由"道"来决定。因此，他们把"道"作为人的最高追求，把"自然"作为道的最高法则，要求人们顺"道"，顺其"自然"地生活并从中获得快乐和幸福。具体而言，道家幸福思想主要包括以下三个方面：

其一，以道致福。在道家那里，"道"是指天地万物的本来面目以及自然循环的客观规律。为此，道家代表老子提出："人法地，地法天，天法道，道法自然。"（《道德经·道经第二十五章》）也就是说，人们根据大地而生活劳作，大地根据上天而培育万物，上天根据大道而运转变化，大道则根据自然本性而顺应实际。人们的幸福生活来源于顺应实际、顺其自然之道。同时，道家还强调朴素自然才是道德的本质规定和原初状态，真正的道德应是无知无欲、质朴纯真、天真自然的境界。老子把这种境界称为赤子境界，认为"含德之厚，比于赤子"（《道德经·第五十五章》），并把这种境界当作人们摆脱痛苦寻求幸福的最佳路径。庄子对老子的思想有所发展，把顺从本性自由发展的人称为幸福之人，即真人。他说："古之真人，不知说生，不知恶死；其出不䜣，其入不距；翛然而往，翛然而来而已矣。不忘其所始，不求其所终；受而喜之，忘而复之，是之谓不以心捐道，不以人助天。是之谓真人。"（《庄子·大宗师》）可见，老子、庄子都提倡以清心寡欲、淳朴真实、天然无瑕的道德来引领人们获取真正幸福。

其二，自然无为。就个人幸福而言，道家倡导自然无为的幸福思想。这里所谓的"自然"并不是指现在我们所讲的大自然，而是指一种不受外界人为影响和控制的本真状态。这里所谓的"无为"也不是指生活中人们所说的无所作为，而是指一种顺其自然和顺应自然的处世态度。从本质上来讲，道家认为自然无为就是回归自由，因为自由是幸福快乐的基本前提。庄子说："泽雉十步一啄，百步一饮，不蕲畜乎樊中。"（《庄子·养生主》）他告诫人们，如果贪图名利、欲求不满，就会丧失自由，陷入樊笼中。然而，没有了自由，哪里还能有幸福可言呢？老子也讲，人应做到"辅万物之自然而不敢为"（《道德经·第六十四章》）。所谓"不敢为"就是指人要获得自由，必须先遵循自然规律，不去违背和干预它。换句话说，真正的自由是不受外界条件束缚与限制地顺应自然。因此，在道家那里，真正幸福之人就是自然无为、返璞归真、精神自由的人。

其三，小国寡民。就整个社会来说，道家提倡无为而治的社会幸福思想，主张淡泊名利的和谐社会价值观念。在老子看来，"小国寡民"就是无为而治的幸福的社会形式。"使民有什伯之器而不用，使民重死而不远徙。虽有舟舆，无所乘之。虽有甲兵，无所陈之。使民复结绳而用之。甘其食，美其服，安其居，乐其俗。邻国相望，鸡犬之声相闻，民至老死，不相往来。"（《道德经·第八十章》）也就是说，老子认为幸福社会的生活应该是一种完全回归自然本真状态的生活。而在庄子那里，"至德之世"则是无为而治的更幸福的社会形式。他认为，理想的幸福社会应该是"彼民有常性，织而衣，耕而食，是谓同德。一而不党，命曰天放"（《庄子·外篇·马蹄》）。事实上，庄子的"至德之世"同老子的"小国寡民"一样，都是在强调一种顺应自然之道的自由生活方式。总之，道家认为幸福社会就是顺应自然、自然和谐以及无为而治的社会。

（三）法家的幸福观

法家把好利恶害、自私自利看作人的本性，认为个人利益是支配人的行为的关键因素。因此，他们主张一种自我功利的幸福思想。然而，在法家那里，自我利益的实现并非自由的，而要通过为统治阶级建功立业来实现。因为唯有凭借建功立业、获得君主奖赏，人们才能够感觉到真正的幸福。同时，法家非常注重法治，认为法治是追求个人利益和实现社会幸福的途径。由此不难发现，法家功利幸福思想最终其实只是封建君主一个人的私利幸福。具体而言，这种功利幸福思想主要包括两个方面：

其一，君主至上。法家否定道德礼制，认为人的本性是追逐利益的。正如商鞅所说："民之性，饥而求食，劳而求佚，苦则索乐，辱则求荣，此民之情也。"（《商君书·算地》）韩非也认为："好利恶害，夫人之所有也。"（《韩非子·难二》）其实，在法家那里，幸福就是拥有金钱、地位、名誉等功利的东西。为此，他们主张"开功利而塞私门"（《商君书·壹言》）。由于法家坚持君主至上原则，主张君主可以"操名利之柄"（《商君书·算地》）。所以，法家把利益看成人类幸福的全部追求，而又把君主看成利益的全部内容，从而反对君主利益以外的一切个人利益，强调老百姓的个人利益也要来自君主的奖赏。可见，法家的幸福思想是君主至上的幸福思想，其目的是加强封建君主专制统治。

其二，建功立业。法家重利轻义，以利害关系作为评价一切的标准。因此，在他们那里，幸福就是获得最大化的利益。那么，如何得到幸福呢？就个人层面而言，法家主张通过建功立业来实现个人利益最大化，即幸福。因为建功立业能够使人们获得君主奖赏的个人利益，而人们又只有获取个人利益才能感觉到幸福。因此，从某种角度上来看，法家的幸福目标就是在实现功利目的基础上干一番大事业。为此，管仲说："不羞小节而耻功名不显于天下也。"(《史记·管晏列传》)可见，法家的功利幸福思想是与治天下相联系的。就社会层面而言，法家认为，实现个人利益必须依靠法律制度，依法治国是社会有序的重要保障，而社会有序又是实现个人利益的必要前提。所以，只有实行法治才能够实现真正的幸福。然而，在法家看来，法的设立目的并非为了惩罚，而是基于人们好利恶害的本性，用法来威慑人们，让人们遵守社会秩序从而实现个人利益的最大化。正如商鞅所说："重刑连其罪，则民不敢试。民不敢试，故无刑也。"(《商君书·赏刑》)韩非也认为，社会有必要以刑罚作为惩治手段，以便人们敬畏法律、遵守规范。同时他还提出，君主治国也要以功利作为奖励手段，以便人们从功利原则出发合理行事。他说："凡治天下，必因人情。人情者，有好恶，故赏罚可用。"(《韩非子·八经》)总之，法家强调幸福的实现离不开法治。

（四）墨家的幸福观

墨家以"兴天下之利，除天下之害"(《墨子·兼爱下》)为幸福目标，主张"兼爱""非攻""强力""节用""尚同""尚贤"等幸福的实现途径。他们强调义利统一，注重实际功利，把利他、利天下作为道德评价标准。因此，墨家幸福思想是一种带有功利主义的利他幸福思想。具体而论，其幸福思想主要包括以下几个方面：

其一，"兼爱"幸福思想。在墨家那里，"兼爱"是指人与人之间平等相爱，即"爱无差等"。所以，"若使天下兼相爱，爱人若爱其身"(《墨子·兼爱上》)。墨家还认为"爱"与"利"二者不可分离，"兼相爱"之实质就是"交相利"。这样一来，平等相爱也就变成了平等互利。为此，墨子提出："故交相爱，交相恭，犹若相利也。"(《墨子·鲁问》。)"有力相营，有道相教，有财相分。"(《墨子·天志中》)墨家的"兼爱"是一种具有最大普遍性的整体之爱，是实现"兴天下之利"幸福目标的重要保证。唯有平等相爱，才能为民兴利除害。对劳苦人民"兼爱"，就要实现"饥者得食，寒者得衣，劳者得息"（《墨子·非命下》）；对弱小国家"兼爱"，就要帮助它们免受大国侵略。为此，墨家反对侵略战争，提倡"非攻"战略思想，认为侵略战争会给国家、百姓带来巨大灾难。

其二，"节用"幸福思想。墨家特别强调强力劳动的重要性，认为人只有通过生产劳动才能生存，社会只有通过生产劳动才能发展。因为"下强从事，则财用足矣"（《墨子·天志中》），"贱人不强从事，则财用不足"（《墨子·非乐上》）。与此同时，他们还主张节用节俭，认为"节俭则昌，淫佚则亡"（《墨子·节用》）。节用节俭就是为了把节省下来的东西用来利国利民，以提供人民幸福生活的物质保障，从而实现天下之利。在墨家那里，"利"是衡量节用节俭的标准，一切开销费用均以能否利国利民为准。于是，在提倡节用节俭的基础上，墨家还主张"节葬"与"非乐"，认为厚葬和音乐无益于国家百姓之利。强力劳动创造物质财富以利天下，节俭节用守住物质财富再利天下。这正是墨家实现"兴天下之利"幸福目标的根本保证。

其三，"尚同"幸福思想。墨家设计了一种"尚同"的幸福社会蓝图——"刑政治，万民和，国家富，财用足，百姓皆得暖衣饱食，便宁无忧。"（《墨子·天志上》）这是天下之利的一种具体境界，真可谓是世界大同的幸福境界。墨家认为"尚贤"是国富民安的根本，国家应根据德义选拔人才。也就是说，国家贫富、人民多寡、社会安乱，均取决于是否贤者即位。因而，招揽贤者就不要受远近亲疏影响，而应以德义为推举标准。实际上，这与墨家主张的"兼爱"幸福思想相一致，社会各个阶层都具有追求幸福目标的权利。所以，墨家进一步构想了"尚同"的理想社会蓝图，要求为政者与百姓平等一致，强调为政者要了解民意、顺从民意。可见，在墨家那里，"尚同"是实现"兼爱"理想的政治保障，有了尚同，社会就有了贤人政治，也就有了国家、百姓之利。

三、马克思和恩格斯的幸福思想

马克思、恩格斯以现实的人为出发点，以人类社会为落脚点，提出人类解放的幸福理论，认为真正的幸福是人类自由而全面的发展。为此，马克思、恩格斯构想出获取真正幸福的道路指向，那就是实现共产主义理想社会。只有在这样的社会里，人才能充分发展，人民的现实幸福才能得以实现。

（一）幸福是"人民的现实幸福"

马克思、恩格斯的幸福思想与以往西方幸福思想有着本质区别。他们批判并超越以前思想家的幸福思想，以从事现实活动的人为出发点，赋予幸福以科学的内涵，认为幸福就是人对自己本质力量的占有。为此，马克思、恩格斯彻底清理资本主义社会在宗教、政治、劳动和资本等方面的各种异化表现，进一步探究劳动工人的生存状况和生活处境，最后明确提出人类解放是实现幸福的唯一途径。

马克思、恩格斯的幸福思想是"现实"幸福思想。他们尖锐批判宗教神学所宣扬的彼岸世界的虚幻幸福，极力主张人类社会所具有的此岸世界的现实幸福。为此，马克思指出："废除作为人民的虚幻幸福的宗教，就是要求人民的现实幸福。"① 也就是说，幸福绝不仅仅是人对生活世界的内心感受或直观感觉，而更是人的本质力量在现实社会中的体现。恩格斯也说："追求幸福的欲望只有极微小的一部分可以靠观念上的权利来满足，绝大部分却要靠物质的手段来实现。"② 可见，马克思和恩格斯首先将幸福置于现实物质生活当中来讨论。

在马克思、恩格斯那里，幸福是历史唯物主义的重要范畴。从本质意义上来说，它乃是一种社会关系的表达，直接反映现实生活主体与社会现存制度的关系状况。因为"人的本质并不是单个人所固有的抽象物。在其现实性上，它是一切社会关系的总和"③。其实，判断幸福与否的根本标准就是社会

---

① 中共中央马克思恩格斯列宁斯大林著作编译局：《马克思恩格斯选集》第一卷，人民出版社，1995，第2页。
② 中共中央马克思恩格斯列宁斯大林著作编译局：《马克思恩格斯选集》第四卷，人民出版社，1995，第239页。
③ 中共中央马克思恩格斯列宁斯大林著作编译局：《马克思恩格斯选集》第一卷，人民出版社，1995，第60页。

关系与社会制度能否实现人的本质力量。因而，马克思、恩格斯着力研究资本主义现实世界中的社会关系与社会制度，从而找到造成工人不幸的历史根源与社会根源，提出真正的幸福是人的本质力量在现实生活世界中得以全面发展，而社会关系与社会制度存在的根本意义，则在于为这种全面发展提供必要的保证和可能的空间。

进而言之，对于马克思、恩格斯来说，真正的幸福就是人的本质的复归。人的幸福来源于人的生活，人的生活又是实践性生活。马克思在《1844年经济学哲学手稿》中指出："一个种的整体特性、种的类特性就在于生命活动的性质，而自由的有意识的活动恰恰就是人的类特性。"① 在这里，他清晰地表明了"实践即是人的本质"的观点。然而，马克思又批判黑格尔和费尔巴哈的实践，强调他们的实践都是脱离现实生活的实践，其最终结果必然是人的幸福脱离人的实践本质。马克思从物质生产劳动中发现并揭示人的实践本质，他说："把自己和动物区别开来的第一个历史行动并不在于他们有思想，而在于他们开始生产自己的生活资料。"② 恩格斯在谈及人与动物的根本区别时，也从人的生产劳动性质来论述人的实践本质。由此观之，在马克思、恩格斯看来，现实的生产实践劳动是人类真正幸福的支撑点。

马克思、恩格斯的幸福思想是"人民"幸福思想。可以说，任何一种幸福思想都是出于对现实的人的终极关怀。但是，与以往西方思想家的幸福思想不同，马克思、恩格斯对幸福的理论关注的是人民本位，他们把每个人自由而全面的发展视为人民的最高幸福理想。毕竟，幸福的主体始终是人，其内在逻辑必须包含人的本质规定。马克思、恩格斯着眼于人的生产实践活动，深刻批判人性的非现实性与非历史性，认为人始终是具体的、历史的、现实的人。诚然，人的幸福也要受一定历史条件的制约，这种制约往往存在于人们之间的社会关系中。其实，在马克思、恩格斯那里，参与实践活动的人们又被称作人民或人民群众。可以说，整个历史过程都是"由活生生的人民群

---

① 中共中央马克思恩格斯列宁斯大林著作编译局：《马克思恩格斯文集》第一卷，人民出版社，2009，第162页。
② 中共中央马克思恩格斯列宁斯大林著作编译局：《马克思恩格斯选集》第三卷，人民出版社，1995，第56页。

众(他们自然为一定的、也被历史上产生和变化着的条件所左右)本身的发展所决定"①。只有从事生产实践活动的人,才是真正的历史推动者和幸福创造者,人类历史的发展与幸福生活的创造必须依靠广大人民群众的实践活动。

与宗教的彼岸幸福思想不同,马克思、恩格斯幸福思想的落脚点是此岸的人类社会。他们关注现实的人的生存状况与生活状态,批判不合理的社会制度带来的各种异化现象,要求人类摆脱一切束缚在他们身上的枷锁,实现人对自身本质力量的真正占有,即人类解放。因为人是现实生活的出发点和落脚点,所以人的自由全面发展便是人类的最高价值诉求。因此,在马克思、恩格斯那里,人类解放就是要推翻压迫和奴役人类的一切社会关系,实现人的自由而全面的发展,使每一个人都能够像"人"一样幸福地生活和发展。可见,马克思、恩格斯幸福思想中的"人民"绝非仅仅局限于"个别人",抑或"少数人",而是指社会历史生活中的"每一个人"。马克思曾说:"要不是每一个人都得到解放,社会本身也不能得到解放。"②

(二)只有共产主义社会才能真正实现人民的现实幸福

"人不是抽象的蛰居于世界之外的存在物。人就是人的世界,就是国家,社会。"③这就是说,人民不幸的根源只会存在于现实的社会关系和社会制度之中。马克思、恩格斯从资本主义社会制度本身出发,对人民的现实生活世界进行考察和分析,指出资本主义社会是人类的最后一个阶级社会形式。无产阶级作为广大人民群众的先进代表,决定着它是变革社会最主要的革命力量,也是实现广大人民群众现实幸福的领导阶级。在无产阶级的带领下,广大人民群众推翻一切剥削社会,努力构建能够实现人民现实幸福的共产主义社会。在共产主义社会中,人的个性得到充分发展,人的潜能得到自由释放,

---

① 中共中央马克思恩格斯列宁斯大林著作编译局:《马克思恩格斯全集》第七卷,人民出版社,1959,第306页。
② 中共中央马克思恩格斯列宁斯大林著作编译局:《马克思恩格斯全集》第二十卷,人民出版社,1971,第318页。
③ 中共中央马克思恩格斯列宁斯大林著作编译局:《马克思恩格斯选集》第一卷,人民出版社,1995,第1页。

人的本质得到真正占有。具体而言，马克思、恩格斯的共产主义幸福思想体现为以下几点：

首先，共产主义幸福建立在物质幸福和精神幸福统一的基础上。"任何人如果不同时为了自己的某种需要和为了这种需要的器官而做事，他就什么也不能做"，因而"他们的需要即他们的本性"。① 由此可见，人对自己本质真正占有的前提是满足人的需要，而人的需要既包括物质需要，又包括精神需要。因此，在马克思、恩格斯那里，人的幸福体现在物质需要的满足和精神需要的满足两个方面。一方面，人的幸福的根本条件在于物质需求的满足。为此，马克思曾说："对于一个忍饥挨饿的人来说并不存在人的食物形式，……忧心忡忡的、贫穷的人对最美丽的景色都没有什么感觉。"② 另一方面，他又指出人的幸福更在于精神需求的满足。毕竟，一旦吃、喝、生殖等行为"脱离了人的其他活动，并使它们成为最后的和唯一的终极目的，那么，在这种抽象中，它们就是动物的机能"③。其实，马克思、恩格斯批判资本主义这种非人性的社会，认为它扼杀和压抑着人性的充分发展，最终使人不能称其为人而是等于甚至低于动物。在资本主义社会中，工人需要的满足仅仅局限于他们能够生存，根本无法谈及追求与满足精神需要的人类幸福。只有"推翻那些使人成为被侮辱、被奴役、被遗弃和被蔑视的东西的一切社会关系"④，建立起共产主义社会才能够实现人类特有的幸福。因为在这样的社会中，"通过社会生产，不仅可能保证一切社会成员有富足的和一天比一天充裕的物质生活，而且还可能保证他们的体力和智力获得充分的自由的发展和运用"⑤。因此，

---

① 中共中央马克思恩格斯列宁斯大林著作编译局：《马克思恩格斯全集》第三卷，人民出版社，1960，第514页。
② 中共中央马克思恩格斯列宁斯大林著作编译局：《马克思恩格斯文集》第一卷，人民出版社，2009，第191～192页。
③ 中共中央马克思恩格斯列宁斯大林著作编译局：《马克思恩格斯全集》第四十二卷，人民出版社，1979，第94页。
④ 中共中央马克思恩格斯列宁斯大林著作编译局：《马克思恩格斯选集》第一卷，人民出版社，1995，第9～10页。
⑤ 中共中央马克思恩格斯列宁斯大林著作编译局：《马克思恩格斯全集》第十九卷，人民出版社，1963，第244页。

共产主义社会的幸福才可能实现物质同精神幸福的统一。

其次，共产主义幸福建立在创造幸福和享受幸福相统一的基础上。在马克思、恩格斯看来，自由自觉的现实活动是人的类特性，创造性的现实活动能够给人带来幸福。他们既反对西方禁欲主义幸福思想，又否定西方享乐主义幸福思想，认为劳动者应该在物质生产劳动过程中，自由地享受自己的劳动成果，因为劳动与享受本身就是一种幸福。然而，在资本主义社会中，物质生产劳动并非自愿的劳动，而是外在的、被迫的强制劳动，所以劳动者在自身劳动中感到的"不是肯定自己，而是否定自己，不是感到幸福，而是感到不幸，不是自由地发挥自己的体力和智力，而是使自己的肉体受折磨、精神遭摧残"①。进而，马克思得出工人不幸福的原因是劳动异化，同时指出劳动异化源于社会分工。"只要分工还不是出于自愿……那么人本身的活动对人来说就成为一种异己的、同他对立的力量，这种力量压迫着人，而不是人驾驭着这种力量。"②可见，在这样的社会里，人就不可能享受到自身活动的乐趣，也就更谈不上能够实现真正的幸福了。然而，只有当"生产劳动给每一个人提供全面发展和表现自己全部的即体力的和脑力的能力的机会"时，生产劳动就不再奴役人，而是成了解放人的手段，"这样，生产劳动就从一种负担变成一种快乐"③。

最后，共产主义幸福建立在个人幸福与社会幸福相统一的基础上。现实的人既是一个特殊的个体，又是一个社会的总体。马克思在研究人的幸福时，没有将个体独立于社会以外，而是认为个人是"社会存在物"，"他的生命表现，即使不采取共同的、同他人一起完成的生命表现这种直观形式，也是社会生活的表现和确证"④。即是说，个体存在于集体之中，个人幸福无法脱离

---

① 中共中央马克思恩格斯列宁斯大林著作编译局：《马克思恩格斯文集》第一卷，人民出版社，2009，第159页。

② 中共中央马克思恩格斯列宁斯大林著作编译局：《马克思恩格斯选集》第一卷，人民出版社，1995，第85页。

③ 中共中央马克思恩格斯列宁斯大林著作编译局：《马克思恩格斯选集》第三卷，人民出版社，1995，第644页。

④ 中共中央马克思恩格斯列宁斯大林著作编译局：《马克思恩格斯文集》第一卷，人民出版社，2009，第188页。

社会。一方面，社会制度为个人幸福提供根本保障。毕竟，个人只有处在社会环境中，才能获得幸福实现的手段。另一方面，社会发展的最终目的就是使每一个人幸福。这是因为，无论如何，人类社会历史"始终只是他们的个体发展的历史，而不管他们是否意识到这一点"[①]。在资产阶级社会里，社会集体的存在并不是为人民的幸福服务，而是为了统治阶级的利益辩护。可以说，这样的集体实际上是一个在个体彼此对立中想象出来的集合。而只有发展到了共产主义社会，个人才能真正地融入真实集体，并且这个集体为每一个体的幸福创造条件。在其中，每一个体都得以"自由地发展他的人的本性"而"不必担心别人会用暴力来破坏他的幸福"，"我们绝不想破坏那种能满足一切生活条件和生活需要的真正的人的生活；相反地，我们尽一切力量创造这种生活"[②]。由此可见，共产主义"是人向自身、也就是向社会的即合乎人性的人的复归"，"是人和人之间的矛盾的真正解决"[③]。

第二节　幸福的本质意蕴

追求幸福是人生的终极目标。在人们的日常生活中，"幸福"一词的使用频率颇高，人们都向往并追逐着幸福。那么，究竟什么是幸福？尽管哲学家们一直在追问和探讨，但是真正直面这一问题时，他们大多还是保持一种审慎态度，常常作一些经验性的概述，而很少有人乐意作规范性的界定。无疑，要对幸福作规范性的界定并非一件容易之事，因为任何规范性的界定都表明着一种相对确定的绝对判断。同时，幸福的内容又是随着历史的发展而发展的，不同历史时期的人们对幸福的理解不尽相同；即便处在同一历史时期的人们，由

---

① 中共中央马克思恩格斯列宁斯大林著作编译局：《马克思恩格斯选集》第四卷，人民出版社，1995，第532页。
② 中共中央马克思恩格斯列宁斯大林著作编译局：《马克思恩格斯全集》第二卷，人民出版社，1957，第626页。
③ 中共中央马克思恩格斯列宁斯大林著作编译局：《马克思恩格斯文集》第一卷，人民出版社，2009，第185页。

于其人生观和价值观存在差异，对幸福的理解自然也是多元变化的。但是，这是否真的表明幸福的概念根本无法界定呢？当然不是。假如幸福的概念无法界定，那就说明幸福根本没有指向，没有实际内容。显然，这种说法严重背离了概念的生成规律。因为任何概念的生成在形式上都是主观的，但是在内容上却都是客观的。概念一旦在现实生活中出现，也就必然存在着界定的可能性。也就是说，在这种情况下，只存在如何界定的问题，而不存在能否界定的问题。当然，幸福也不例外。然而，它又绝非是一个公说公有理婆说婆有理，可以随意界定的概念。倘若真是如此，那就说明人们对幸福的理解毫无共通之处。然而，这样的概念又怎么可能穿越几千年人类历史为人们所接受呢？

幸福是一个深刻而复杂的概念，因为它是主体对现实生活满足与否的心理体验。从这个意义上来说，幸福既存在于主观世界，又要受到客观世界的制约，是主观与客观的统一。鉴于此，国内诸多马克思主义学者运用辩证思维，尝试从主客体关系视角出发来阐释幸福。例如，罗敏先生提出："幸福首先是一种主体对客体的对象化关系。"[1] 林剑则认为："在马克思实践唯物主义视野里，幸福是一种主客观的统一。这种统一的基础即是人的实践。"[2] 通常情况下，幸福大概体现为一种和谐的生活状态，表现为一种快乐的内心满足。这样的表述基本是可以为大多数人所接纳的。因此，笔者认为，幸福就是人通过实践活动，使其合理需要得到满足，人际关系得到和谐发展的一种快乐的心理体验。我们可以从四个方面来把握幸福的本质意蕴：其一，幸福是合理需要的满足；其二，幸福是快乐的心理体验；其三，幸福是人际关系的和谐；其四，幸福是自由自觉的创造。值得注意的是，这四个方面是一个完整的体系，任何一个方面都无法构成幸福的全部。幸福是这四个方面的内在统一，这种内在统一的现实基础即实践，特别是物质生产实践。

一、幸福是合理需要的满足

需要贯穿人类发展的始终，是主体对客体的欲望和要求。幸福是在满足

---

[1] 罗敏：《幸福三论》，哲学研究，2001年第3期。
[2] 林剑：《幸福论七题》，哲学研究，2002年第4期。

人的需要的基础上产生的，是人的多层次需要得到相应满足而产生的一种深刻而持久的心理体验。马克思认为，人有多种多样的需要，其中最主要的是肉体需要、精神需要和社会需要。首先，作为有生命的自然存在物，人要存在和发展，必须吃穿住。因此，肉体需要等的生理需要就成为人的第一需要。从这个意义上讲，马克思甚至认为这种自然的肉体需要是人与动物所共有的。但是，人的肉体需要又与动物的肉体需要有本质的不同。动物不能区别自身与自身需要的对象，所以对象对动物来说也就无法构成它的对象，需要也就不可能作为原本意义的需要而存在；而人的需要是意识到了的需要，只有人才能区分自身需要与需要对象，因此，需要是人的本质属性。有需要就要求获得满足。如果人的基本肉体需要得不到满足或基本得不到满足，就会产生不快乐和忧虑，得到满足后就会产生相应的满足感、愉悦感和幸福感。其次，人不仅是自然存在物，还是有意识的存在物，有情感、情绪、意志、动机、目的、价值追求、艺术追求等。因此，除了肉体需要，人还有精神需要。比如，快乐的欲望、对美丽事物的爱慕和对美好生活的向往、享受艺术的欲望、实现自我价值的追求等。这些精神性的需要同样需要得到满足。当这些精神需要得到满足时，人就会产生满足感、欣慰感和幸福感，否则，就会感到痛苦、忧虑甚至悲伤。最后，人还是社会存在物，有社会需要，如交往的需要、安全的需要、尊重的需要等，当这些需要得到相应满足后，人就感觉到幸福和愉悦，否则，就会感到失落和痛苦。

从抽象的意义上讲，人的肉体需要、精神需要和社会需要都应该得到满足。但需要的满足是有条件的，只有具备了一定的自然条件和社会条件，人的需要才能得到相应满足。由于生产力的发展和社会的发展是一个过程，在一定时期和特定情况下，并不具备满足所有需要的条件。当人的需要超出生产力水平和社会发展水平，即缺乏满足的条件时，就不能得到相应满足。在一定的发展阶段和条件下，社会只能满足那些最基本的需要。而且，个人需要的满足不能以损害他人需要的满足为前提。依照马克思的需要理论，幸福在根本上是合理需要的有效满足。那么，究竟什么样的需要是合理的呢？马克思强调："我们在衡量需要和享受时是以社会为尺度，而不是以满足它们的物品为尺度的。因为我们的需要和享受具有社会性质。"①也就是说，人的需要是否合理要以社会为尺度，只有能够给人类社会带来幸福的需要才能被称为"合理的需要"。在此意义上讲，理想的人类社会应该是能够满足一切合理需要的普遍幸福社会。在这样的社会里，每个社会成员都可以参与社会财富的生产、分配和管理，目的就是保证每个人的合理需要得到最大限度的满足。为此，恩格斯在《卡尔·马克思》一文中讲到，未来的人类理想社会制度设计应该是"保证每个人的一切合理的需要在越来越大的程度上得到满足"②。

具体而言，要评判一个需要是否合理，必须考虑社会生产力的发展水平、社会整体需要的满足状态以及道德与理性的规范要求。首先，从社会生产力的角度来看，合理的需要应该与社会生产力的发展水平基本适应。也就是说，如果需要与社会生产力的发展水平不相适应，那么它就必然超出合理的范围成为不合理的需要。在资本主义社会以前，社会生产力水平远远低于人们的基本需要。到了资本主义社会，巨大的生产力为满足人的需要奠定了坚实基础。但由于资本主义生产方式的局限性，工人阶级的需要被降低到仅能维持基本生存的低下水平状态。而社会主义制度的优越性恰恰就在于人的需要与社会生产力发展水平基本一致。所以，每当社会生产力发展到能够满足人的需要水平时，新的需要便会出现并不断推动生产力进一步向前发展。其次，合理的社会需要必须从个体需要与社会需要的和谐统一所蕴含的社会整体需要的层面来考量。在私有制社会中，个人需要与社会需要互相对抗。进而言之，统治阶级的需要统摄被统治阶级的需要，社会生产的最终目的是维护统治阶级的利益。因此，被统治阶级的需要只能被当作生产的手段而不是生产的目的，人的需要与社会生产之间难以形成良性循环。只有到了公有制社会，个人需要与社会需要的根本对立才会逐渐消除，从而社会需要成为发展个人需要的手段，个人需要成为发展社会需要的目的，最终使得社会需要与个人需要协调一致。最后，从道德与理性的角度来看，合理的需要应该是以合乎道德与理性的方式来满足人的需

---

① 中共中央马克思恩格斯列宁斯大林著作编译局：《马克思恩格斯文集》第一卷，人民出版社，2009，第729页。
② 中共中央马克思恩格斯列宁斯大林著作编译局：《马克思恩格斯文集》第三卷，人民出版社，2009，第460页。

要。然而，在阶级社会里，统治阶级却拥有不道德和非理性的需要。他们通过垄断生产资料，压榨被统治阶级，不劳而获地满足自己的奢侈需要。只有到了公有制社会，人们的需要才能通过合乎道德和理性的手段来满足。在这样的社会里，人不再受到社会关系的压抑，而是自己主宰自己的命运。人成为社会发展的真正目的，他们可以自由地调整自身各种需要间的关系。

因此，幸福在于人的需要的满足，但需要的满足并不等于幸福。人的需要是追求幸福的动力，需要的动态性关联着幸福的变化性。当然，并非所有需要都是能够给人带来幸福的合理需要，唯有那些以社会为尺度、符合人的本性的合理需要，才能够使人获得真正意义的幸福。

二、幸福是快乐的心理体验

人的需要获得满足之后，便会得到一种情绪体验。通常情况下，人们用"快乐"或"愉快"来表达这样的情绪。而幸福也是人的需要获得满足时，所产生的一种主观体验。因此，历史上众多思想家都对快乐与幸福的特殊关系给予足够重视。即使像我国以否定人欲为最高宗旨的宋明理学，也仍然不会漠视最高幸福的存在，而是突出地把道德体验称为至乐。纵观西方人类思想史，更是历来有人热衷于探讨幸福与快乐的关系。在古希腊和古罗马时期，亚里斯提卜第一个提出幸福就是追求感官快乐。随后，德谟克利特从唯物主义自然观出发，第一个论证了幸福应该只追求高尚快乐。接着，伊壁鸠鲁继承并发展德谟克利特的见解，主张快乐是幸福生活的开始和目的。到了中世纪前期和文艺复兴时期，快乐主义幸福论便成为强烈且普遍的呼声。法国人文主义思想家蒙台涅疾呼道：世界上的一切意见尽在快乐是我们的目的。到了近代欧洲资产阶级革命时期，大多数思想家都是从人的自然本性上来论述快乐与幸福，甚至有些思想家还把幸福直接定义为快乐。17世纪英国经验论哲学家洛克在《人类理解论》中曾这样说："充其量的幸福就是我们所能享受的最大的快乐。"[①] 18世纪法国哲学家霍尔巴赫指出："幸福只是连续的快乐。

[①] 周辅成：《西方伦理学名著选辑》上卷，商务印书馆，1964，第728页。

我们无法怀疑：人的一生中的任何时刻都在寻求幸福；由此可见，最持久、最扎实的幸福，乃是最适合于人的幸福。"①19世纪英国空想社会主义者格雷也认为，人的幸福存在于通过感觉的媒介作用而给予人们的愉快的印象之中。到了现代，弗洛伊德秉承快乐主义原则从生物本能论出发，强调幸福就是指没有痛苦的强烈快乐。可见，在时代变迁的横纵跨度上，快乐始终在探讨幸福的过程中占有重要的一席之地。

但是，幸福与快乐既相互联系又相互区别。一方面，幸福包含快乐，幸福带给人快乐。从这个意义上来说，历史上那些快乐主义幸福论者的观点，无疑存在一定的合理性与价值性。另一方面，幸福又不简单地等同于快乐。正如赫拉克利特指出："如果幸福在于肉体的快感，那么就应该说，牛找到草料吃的时候，是幸福的。"②这也就是说，肉体的快感并不能等同于幸福。换句说话，并不是所有的快乐都是幸福，幸福也绝不是那种纯粹的快乐。诸如，酗酒、淫荡和吸毒等所体验到的快乐就不能称为幸福。当然，这里并不是否定人的肉体的快乐。马克思讲道："人和人之间的直接的、自然的、必然的关系是男女之间的关系。在这种自然的、类的关系中，人同自然界的关系直接就是人和人之间的关系，而人和人之间的关系直接就是人同自然界的关系，就是他自己的自然的规定。"③很显然，这样的自然规定对于人类来说是必不可少的。

幸福是快乐的心理体验，属于人的主观意识范畴。在原始意识中，人是由肉体的我与灵魂的我两部分组成。在此基础上，快乐则有肉体快乐与灵魂快乐之说。通常情况下，肉体快乐又被称为感官快乐，灵魂快乐又被称为精神快乐。感官快乐是指外物刺激人的感觉器官所产生的快乐，它是一种生理性快乐，大多数是由于生理需要得到满足而引起的快乐。诸如，饥肠辘辘的人，吃到饭菜是快乐的；口干舌燥的人，喝到水是快乐的；睡眠不足的人，

---

① 北京大学哲学系外国哲学史教研室：《十八世纪法国哲学》，商务印书馆，1963，第649页。
② 周辅成：《西方伦理学名著选辑》上卷，商务印书馆，1964，第13页。
③ 中共中央马克思恩格斯列宁斯大林著作编译局：《马克思恩格斯全集》第四十二卷，人民出版社，1979，第119页。

睡上一觉是快乐的；天真可爱的娃，受到抚摸是快乐的……按照马斯洛的需求层次理论学说来划分，满足生理需要与安全需要所带来的快乐均属于感官快乐。而灵魂快乐却比感官快乐要复杂得多，因为它是精神需要得到满足引起的快乐。灵魂快乐是一种心理性的快乐，不仅涉及人的复杂情感问题，而且涉及人的意识、理性问题。诸如世界观、人生观和价值观都对人的灵魂快乐有着重要影响。在这个意义上，可以说，肉体快乐是人与动物所共有的；而灵魂快乐则是人所特有且比肉体快乐高一个层次的快乐。当然，对于人来说，肉体快乐与灵魂快乐并非完全割裂，二者是相互渗透、相互影响的。

既然如此，人究竟追求什么样的快乐才能称为幸福呢？如前所述，肉体快乐和灵魂快乐都是人类所不可或缺的。但是，不得不承认，这二者不在一个层次上，确实有高低之分。德谟克利特说："对一切沉溺于口腹之乐，并在吃、喝、爱情方面过度的人，快乐的时间是很短的，就只是当他们在吃着、喝着的时候是快乐的，而随之而来的坏处却很大。"① 在伊壁鸠鲁看来，灵魂快乐远远高于肉体快乐。德谟克利特和伊壁鸠鲁的这些观点有其合理之处。肉体快乐即感官快乐，是一种生理性快乐，这个过程是比较短暂、易消逝的。比如，饥肠辘辘的人吃着饭菜感觉到快乐，然而几个小时之后肠胃还会辘辘作响。可以说，几个小时之前的快乐已经不复存在。此外，倘若美酒饮用过量，美食摄入过多，人不仅得不到快乐，反而会腹胀难受，甚至会有损健康，落下疾病。对于这种肉体快乐的缺陷，葛德文也曾有过一段非常精彩的描述。他说："肉体上的快感是暂时的，只是片刻时间内提供享受，却留下长时间的痛苦的空虚。肉体快感主要是凭借新奇来迷惑人，由于重复，始而减轻其刺激性，终而近于使人厌恶。也许多少正是由于过分看重肉体快感，所以老年才来得这样早而总带来这样的摧残。"②

然而，灵魂快乐是精神快乐，是一种心理性快乐。这种快乐是久远的、稳定的、深刻的。它依赖于个体自身修养素质，来自主体对真、善、美的追求。追求灵魂快乐能够使人生活得更像人一样，使人的价值得到更为充分的发挥。而幸福是人对自身价值确证时的一种心理体验。人的价值主要体现在

---

① 周辅成：《西方伦理学名著选辑》上卷，商务印书馆，1964，第85页。
② 周辅成：《西方伦理学名著选辑》下卷，商务印书馆，1987，第515～516页。

人的社会地位和历史使命上,所以灵魂快乐与人类理想目标是紧密联系在一起的。萧伯纳曾说:"人生的真正快乐在于:服务于你自己认为是伟大目的的目的;在你被扔到垃圾堆上以前,完全花掉人的力量;成为大自然的一个力量,而不是当一个过分自私自利的行尸走肉。"[①] 人作为一定社会关系中的劳动者,主要是通过劳动实践向社会贡献财富,以满足他人或者社会的需要。一个人对他人、社会的贡献越大,那么这个人的价值也就越大。马克思非常关注人的价值,即人怎样实现自己的价值并有益于他人和社会。1835年,他在关于青年职业选择的中学毕业论文中写道:"我们在选择职业时所应遵循的主要方针,是人类的幸福和我们自我的完善。不能认为这两种利益会彼此敌对,互相斗争,一方必然要消灭另一方;人类的天性生成是这样:人们只有为了同时代的人的完善、为了他们的幸福而工作,他们自己才能达到完善。"[②] 也就是说,我们每个人不仅要为自己的幸福而努力奋斗,而且还要为人类的幸福而努力奋斗。只有人们自觉地、充分地发挥自己的价值,个人与人类的幸福才能够得以实现。

幸福离不开人的主观体验。叔本华认为,使人幸福或不幸的并不是客观事件本身,而是那些事件给予人们的影响以及人们对它们的看法。可是,有体验就存在被体验对象,而被体验对象却是客观的。所以,生活是现实的,幸福来自现实。恩格斯曾说:"在春光明媚的清晨,坐在花园里,嘴里含着一支烟斗,让太阳晒着脊背,没有比在这种情况下读书更愉快的了。"[③] 可见,主观体验都是由客观事物引起的,都与客观事物有着密切的联系。固然,那些把幸福只看成纯粹的主观认识的观点,难免最终会陷入唯心主义幸福思想。因此,特别值得强调的是,幸福是快乐的心理体验,这并不是指幸福的全部内涵,而只是幸福内涵的一个方面。

---

① 拉蒙特:《作为哲学的人道主义》,商务印书馆,1963,第243页。
② 中共中央马克思恩格斯列宁斯大林著作编译局:《马克思恩格斯全集》第四十卷,人民出版社,1982,第9页。
③ 中共中央马克思恩格斯列宁斯大林著作编译局:《马克思恩格斯全集》第二卷,人民出版社,1957,第445页。

三、幸福是人际关系的和谐

幸福不是单个人所独有的追求，它离不开社会所提供的必要条件。因为正如马克思所说的那样，"人是最名副其实的社会动物……是只有在社会中才能独立的动物"[1]。也就是说，人是社会存在物，个人的存在离不开社会。社会是"人们交互活动的产物"[2]，是由一定人际关系结合起来的人群。由此不难发现，人际性也是人的本性，所以探讨幸福必然无法离开人际关系。在丰富的现实生活领域里，人与人之间存在着各式各样的相互关系，包括亲属关系、朋友关系、同学关系、邻里关系、战友关系、同事关系、领导关系等等。由于人们处在诸多的人际关系中，个人幸福与他人幸福是不可分离的。爱因斯坦就曾强调，要通过使别人幸福快乐来获取自我幸福，而不要用同类相残的无聊冲突来取得幸福。试想，倘若人们在工作单位里钩心斗角，在购物商场里备受冷落，在电影剧场里大声喧闹，在公共汽车上互不礼让，回到家中又是打架争吵，那么，谁能说生活在这样的人际关系中的人是幸福的呢？可见，人的幸福需要和谐的人际关系，没有和谐的人际关系，幸福难以存续。

由于在现实性上，人的本质是社会关系的总和。社会关系是人进行活动的客观条件，社会环境是人进行实践的重要基础。所以，幸福以社会关系为纽带，在人与人之间繁衍，它要求人与人之间的关系是和谐的。在现实社会中，个人主义、利己主义等观点应运而生并成为社会的主题曲。但是，从根本意义上来讲，人与人属于同类存在物，应该过着一样的生活。为此，马克思也曾多次强调人类的共同性，认为人与人之间应按人性方式和谐相处，认为人与人之间应该平等互爱、友好合作。诚然，幸福要求人与人之间和谐相处也必然有其内在依据。首先，从人与自然的关系来看，人们为了满足自己的生存必须要对自然进行改造。因为生存需要的满足是实现人的幸福的最为根本的保障。一方面，单个人的力量具有有限性，所以要通过集体的力量来

---

[1] 中共中央马克思恩格斯列宁斯大林著作编译局：《马克思恩格斯选集》第二卷，人民出版社，1995，第2页。

[2] 中共中央马克思恩格斯列宁斯大林著作编译局：《马克思恩格斯选集》第四卷，人民出版社，1995，第532页。

征服外部世界，使其有效地满足每个人的生存需要。另一方面，这种集体的力量远远超过单个人的力量的总和。这样一来，人与人之间只有团结、协作才能达到共同目标，同时个人也能在人与人的和谐相处中获得发展。其次，从人与社会的关系方面来看，人类不是自然地、共同地联系起来的抽象的人，而是社会地、有差别地联系起来的现实的人。可以说，人的社会存在是人与人之间的共同性与差别性的辩证统一。它不仅以人与人之间的共同性为对象，更是以人与人之间的差别性为对象。正是由于人与人之间的差别性，才使得人们之间发生社会关系，从而进行社会交往与合作，最终使他们意识到人与人之间的共同性。最后，从人与自身的关系方面来看，人的个性存在不是与生俱来的，而是随着社会交往，在社会活动中形成的。也就是说，人的个性存在与他的社会存在是一致的，个人的社会存在是其个性存在的基础。作为社会存在物的个人，必然会受其所在社会条件的限制。可以说，在现实生活中，每个人身上都灌注了社会内容，都是社会关系的一个写照。幸福折射在人际关系中，繁衍在社会关系中。

从人的需要角度来看，人最初的需要便是生理需要。在满足生理需要的过程中，人通过和谐的两性交往完成自身生产。如此一来，可以说，最初的人际关系应该就是男女关系，男女关系满足了人开始的人际需要。而人际需要又是全面的，它的满足必然要求社会发展。而个人只有在安全的社会环境中，才能更好地满足自身需要。这也就是人所需要的第二个最基本的需要，即安全需要。人只有在生命安全、生活安全以及工作安全等社会环境下生存，才会觉得幸福。其实，人的需要是多种多样的，但无论哪种需要的满足都需要一定的社会条件。这种社会的总体条件就是社会和谐，人的需要的满足无法离开社会和谐。人是对象性存在物，他不仅以自然界为对象，而且还以自身作为对象；他是能够同时意识到自身与他者共在的存在物。在与他人的和谐交往过程中，人们不断发挥自身的主观能动性，努力弥补自身的缺陷与不足，自觉地认识自己、完善自己。因此，从根本意义上来说，人们在自由自觉的社会活动中结成各种和谐的社会关系，包括生产劳动中的和谐生产关系、政治活动中的和谐政治关系、文化活动中的和谐文化关系等。通过人们之间的和谐社会关系，人与人之间形成了一个庞大的人际网络，在这个人际网络中，人们不断汲取力量完善自我、丰富自我。个人只有在这样的和谐社会环境中，才能创造幸福、拥有幸福和享受幸福。

在中国传统文化中，"和为贵"始终是主旋律。它强调，和睦相处、人际和谐才是最珍贵的。人只有处在和谐的人际关系和社会环境中，才有幸福可言。从某种意义上讲，互相帮助、互相扶持是实现人的幸福的手段。小到个人，人与人之间需要和谐相处、相互帮助；大到国家，国与国之间需要和平共处，相互借鉴。试想，人与人之间钩心斗角、国与国之间战争频发，还能有人的幸福吗？事实证明，离开和谐的人际关系，根本没有幸福可言；离开和谐的社会关系，也根本没有幸福可言。其实，幸福的关键不仅仅是人无法离开社会和社会交往，更重要的是这种社会环境必须是和谐的。只有在和谐美好的社会中，人们才能够正常地生产和生活；只有在公平正义的社会中，人们才能够公平地享有发展机会，才能够全面地实现自由发展，才能够充分地获取自我权益，才能够真正地拥有个人幸福。个人只有处在和谐的社会环境中，其社会归属的需要才能得以满足，才能获得并拥有归属感和安全感；个人只有处在和谐的家庭关系、社群关系中，才能享受幸福生活、天伦之乐……而社会交往的最高表现形式则是人与人之间的社会交往。进一步来讲，幸福存在于人与人之间的社会交往中，在于和谐的人际关系中。因此，我们主张构建和谐社会、和谐世界。

四、幸福是自由自觉的创造

创造是社会发展的动力，是人类幸福的源泉。创造活动永无止境，幸福离不开人的创造。所谓"创造"就是指创立前所未有的东西或建立原来没有的事物。也就是说，创造即意味着新发现、新发明、新方法。列宁指明，人在意识活动中不仅反映而且创造着客观世界。在世界上存在的所有生物中，唯有人的活动是具有创造性的活动，人作为主体是一种创造历史的主体。创造性是人最为本质的特征表现，是自觉能动性的最高体现。马克思曾说，人离开狭义的动物越远，就越是有意识地自己创造自己的历史。不难发现，创造活动是人的本质力量的体现，而人的幸福就处于创造活动的过程中。

　　幸福生活源于劳动创造,人是自身幸福的建造师。劳动创造是人的生命活动异于动物的本质属性,因为社会生活在本质上是实践的。在劳动创造过程中,人不仅创造了物质财富,而且创造了精神财富。幸福就是在物质生产与精神生产的实践过程中,由于人的智力、体力得到充分发挥而产生的一种精神上的满足。凡是脱离劳动过程的人,都无法实现人的本质力量,而所能得到的,最多只是同牲畜一样的满足。也就是说,人的本质力量和生命价值只能在劳动创造中得到彰显。所以,马克思在谈及劳动创造的多重意义时强调:首先,作为人的生存手段,劳动创造具有谋生的意义;其次,作为人的本质力量,劳动创造是个体生命的表现;最后,作为人的生产活动,劳动创造是社会本质的实现。因此,可以说,劳动创造过程标志着作为目的本身的人的幸福的发展过程。劳动作为人类所特有的生存方式和生活手段,满足着人们的物质生活、精神生活以及社会生活等各方面的需要。人的需要的满足是实现幸福的前提条件,但需要的内容却是不断变化发展的,需要的层次也是不断提高提升的。为此,幸福的实现就要靠不断创造,即创造新的物质财富与精神财富。同时,人也因其创造性的劳动实践,创造出各式各样的需要。这也就是说,"在创造性的实践活动过程中,人的需要不断发展,并不断产生新的需要;而人的需要的不断发展和新的需要的不断产生又推动着人的创造性实践活动水平的不断提升;人的创造性实践活动水平的不断提高,将会满足不断发展的人的需要和新产生的需要,从而把人类的物质生活和精神生活不断推向幸福的新境界"[①]。

　　由于人是有意识的存在物,人凭借自我意识和思维活动,不仅能够准确把握客观世界的本质规律,而且能够灵活运用这些规律实现人的目的。所以,在人的实践活动过程中,自发、盲目的实践必然会逐渐上升为自由、自觉的活动。这是人胜于其他一切存在物而特有的本质力量。虽然所有生物都具有主动的选择性,高等动物也具备意识的选择性,但是它们的活动却仍属一种本能自发的活动。只有人能够自觉地设定活动目的,预先在观念世界创造理

---

① 陈瑛:《人生幸福论》,中国青年出版社,1996,第359页。

想存在，而后通过实践活动将其转化为现实存在。也就是说，人的活动产物是人有意识的活动结果，是人自由自觉的创造成果。在论述人的活动与动物的活动的不同点时，马克思指出："蜘蛛的活动与织工的活动相似，蜜蜂建筑蜂房的本领使人间的许多建筑师感到惭愧。但是，最蹩脚的建筑师从一开始就比最灵巧的蜜蜂高明的地方，是他在用蜂蜡建筑蜂房以前，已经在自己的头脑中把它建成了。劳动过程结束时得到的结果，在这个过程开始时就已经在劳动者的表象中存在着，即已经观念地存在着。"① 所以，从这个意义上来讲，人的幸福在于自由自觉地创造。

当然，幸福在于创造，这并非否定享受。从一般意义上来说，创造是享受的前提，享受是创造的结果。因此，一方面，实现幸福的首要条件在于人的劳动创造；另一方面，人的活动的最终目的则在于更高级、更充分地享受。如此一来，可以说，享受是人生幸福不可或缺的生活需要。事实上，唯有创造者拥有享受的权利，也唯有创造者懂得享受的内容。然而，纵观以往人类阶级社会的历史，劳动创造与生活享受往往是相互对立的。即是说，生活享受意味着人的幸福，劳动创造则意味着痛苦折磨。在这样的社会里，劳动者根本无法进行自由自觉的劳动创造。因为他们的劳动不是自愿的劳动，而是被迫的强制的劳动。一旦这种强制停止，人们便会像逃脱瘟疫那样逃脱劳动。在这样的社会里，劳动者更是无法最大程度地享受成果。因为他们的劳动不是属于他们自己，而是属于别人的异化劳动。显然，阶级社会中的幸福不能称为真正意义的幸福。与以往社会历史不同，共产主义社会消除阶级压迫、消灭剥削制度，从而建立公有制，为劳动者真正把劳动创造与享受成果结合起来奠定基础。公有制的建立废除了资本主义生产关系，铲除了异化劳动现象产生的根源，使得劳动者真正成为享受自己劳动及其成果的主人。不可否认，公有制的完善需要一个发展过程，同时异化劳动的铲除也必然需要一个漫长的过程。即便铲除了社会关系中的异化，人与自然以及人的主观精神的异化现象仍不可能立即消除。在共产主义的第一个阶段即社会主义社会，一些脱离劳动创造的"免费"享乐会依然存在。然而，这些"免费"享乐却早

---

① 中共中央马克思恩格斯列宁斯大林著作编译局：《马克思恩格斯全集》第二十三卷，人民出版社，1972，第202页。

已失去了享受的真正含义。因为所有这些"免费"享乐都是同个人的全部生活活动与生活的真正内容相背离的。其实,从本质意义上讲,人的享受是无法脱离创造的,创造本身也是一种享受。人的享受既在创造之中,又在创造之后,更高的享受便在于创造。因此,可以说,创造本身就是一种幸福。

幸福在本质上是一种创造性享受,而创造是一个不断探索、开拓和进取的过程。所以,不难发现,幸福是完成时与未完成时的辩证统一过程。这种统一是动态的,它通过需求而凸显,并通过认知而被表象,借助人的审美活动而被陶冶,借助道德行为得以评判,在希望中萌发,并在记忆中得以再现,在个体中调谐,在整体中繁衍……可以说,在劳动创造过程中,人的生命也呈现一种整体性质的动态过程。当然,人的生命不是"生"与"命"的简单相加,而是高于生命本身的整体生命活动,即人的生存价值与生活意义。就个体而言,人的生命可分为过去、现在和未来三种整体时间样态;就社会而言,人的生命可分为前辈一代、当下一代以及子孙后代三种整体空间样态。所以,人们在创造活动中所感悟与理解到的幸福,不管是在其形式上还是在其内容上,都表现为整体性的动态过程。进而言之,恒久的幸福存在于生命的延长线上,幸福同人的整体生命活动相对应统一。

总之,幸福是多种规定的统一,以上是幸福的四个方面的规定,缺少其中任何一个方面,都不可能完整表达幸福的科学含义。而且,这四个方面是有机联系在一起的,它们之间相互联系、相互制约、相互影响。其中,主体合理需要的满足是幸福的前提条件和客观基础,没有需要的满足,就不可能有快乐的心理体验,也不会有幸福的创造。人际关系的和谐是幸福的社会条件和环境氛围,只有在和谐的社会环境中,人的合理需要才能得到满足,才会有愉悦的心理体验和积极能动的幸福创造。试想,在一个充满矛盾冲突的社会环境中,能够有合理需要的满足以及由此带来的心理愉悦吗?而自由自觉的劳动创造,既是幸福的内在因素,也是其他层面幸福的现实基础。所以,我们可以得出这样的结论:以上四个方面,孤立起来、独立开来,任何一个方面的幸福都不是完整意义上的幸福,只有四个方面内在统一、相互作用,才是真正的幸福、完美的幸福。

第三节 幸福的基本特征

若要真正地理解幸福的本质内涵，我们有必要先明确幸福的基本特征。只有这样，才能将幸福与其他概念区别开来，从而准确无误地认识幸福的本质内涵。一些学者将幸福的特征归结为道德性、价值性、精神性、超然性、简单性、适度性、和谐性和共享性等。这些概括并非没有一定的道理，但是，从本质意义上来讲，恐怕这些概括难免还是有些不够全面。因此，笔者认为，所有这些幸福的特征可以归结为四个最为基本的特征：一是幸福是物质性与精神性的统一；二是幸福是价值性与的实践性的统一；三是幸福是个体性与社会性的统一，四是幸福是历史性与现实性的统一。

一、物质性与精神性的统一

幸福不仅是合理需要的满足，而且是快乐的心理体验；不仅是人际关系的和谐，而且是自由自觉的创造。由此不难发现，幸福既具有物质性又具有精神性。其中，幸福的物质性具有两个方面的含义：一是指物质幸福。从根本意义上讲，物质幸福主要体现在物质需要的合理满足上。例如，食色之欲的满足、安全需要的满足等。二是指幸福的满足需要以一定的物质条件为基础。这些物质条件既包括自然条件，也包括社会条件。可以说，没有相应的物质条件，人的需要就不可能得到相应满足。事实上，人的生存发展无法离开一定的物质条件，现实的物质生活条件是幸福的基础。也就是说，人的物质生存是获得幸福的首要条件。毕竟，幸福是人的幸福，人又是现实的人。对于人而言，需要的产生首先要以人的生命存在为前提，没有人的生命存在就根本无法谈及人的需要。马克思指出："正如任何动物一样，他们首先是要吃、喝等等，也就是说，并不'处在'某一种关系中，而是积极地活动，通过活动来取得一定的外界物，从而满足自己的需要。"[①] 即是说，物质基础是

---

① 中共中央马克思恩格斯列宁斯大林著作编译局：《马克思恩格斯全集》第十九卷，人民出版社，1963，第405页。

人的生命存在必不可少的条件。没有一定的物质基础，根本谈不上人的需要的满足，那就更谈不上人的幸福的实现。可见，真正的幸福必须建立在一定的物质基础之上。

探讨幸福还必须强调它的精神性。幸福的精神性也具有两个方面的含义：一是指精神幸福。从一定意义上讲，精神幸福主要体现在精神需要的合理满足上。例如，快乐的体验、情感的愉悦等等。二是指幸福作为人的一种心理体验，离不开人的意识和精神。"幸福是人们感受到或意识到实现了自己的理想和目的而引起的精神上的满足。"① 可见，幸福是一种心理感受，它更依赖于人的精神。人的精神世界的状况，在幸福中起着主导作用。正是拥有精神上的满足，人才能感到幸福，抑或说是精神上的充实让人领略了幸福的真谛。所以，从本质意义上来讲，人的幸福更应该到人的精神世界中去寻找，幸福的真谛在于精神的充实和内心的平静。幸福体现为一种精神境界，它超越物质需要的满足，具有更为明显的精神性特征。在中国传统文化中，儒家的"孔颜之乐"、道家的"无为不争"等，都意在追求一种精神上的幸福。幸福的精神性是创造持久幸福的必要基石，只有将幸福建立在精神的基础上，人才能获得真正的、可持续的幸福。因为作为最高级需要的精神需要，可以积聚一种雄厚的精神力量，这种精神力量能够实现人对自我内心平衡的调控，从而得到一种精神性的胜利并增强大多数人的幸福能力，最终形成一种心灵安宁和自我控制的幸福理念。正是由于幸福的这种精神性，人们才不断地在理性升华中追求自己的理想境界。

幸福是合理需要的满足，合理需要既包含物质需要，又包含精神需要。所以，真正的幸福只存在于物质性与精神性的统一之中。其实，幸福是物质性和精神性统一的根据在于：人是有意识的自然存在物和社会存在物，是肉体和灵魂的统一，现实的人既是物质存在，也是精神存在。因此，幸福首先离不开相应的客观物质条件，它是现实的人存在的重要保障和必要基础；同时，幸福也离不开主体的情感和意识，它是现实的人存在的重要本质和基本特征。故此，只有从二者的统一中才能完整地理解和把握幸福。一般情况

---

① 宋希仁、陈劳志、赵仁光：《伦理学大词典》，吉林人民出版社，1989，第634页。

下，对于大多数人来说，幸福与否通常取决于感性欲望的满足状况，但这样的幸福通常会缺少某种稳定性和持久性。因为随着外界条件的改变，这种欲望与满足的关系常常处于不稳定状态。当感性欲望得不到满足时，人们的幸福就会出现缺失。同时，越来越多的"富贵型非幸福群体"也表明，单纯的物质性满足是无法得到真正的、持久的幸福的。一句现实的老话也充分反映了这种情况：金钱买不来幸福……所以，幸福不仅仅是物质需要得到满足时的自然性、即时性的快感，还是人的本质意义得到实现时的精神性、持久性的愉悦。

当然，这并不是说幸福就是摒弃物质性满足而只强调精神性愉悦。倘若只关注人的精神性愉悦，不需要物质性满足，那么所谓的幸福就变成了空想。简单来看，精神性的愉悦使得幸福境界提升了一个层次。但是，人性是建立在自然性、精神性、社会性等基础之上的。因此，真正的幸福应该是一种基于自然物欲而又超越自然物欲的持久的精神性愉悦。正是由于精神性的意义，幸福的实质则不完全在于物质欲望的满足。从一定意义上讲，人的幸福是一种受自我掌控的东西。其实，强调幸福的精神性也是为了再次证实和重新回归幸福的物质特征。假若把幸福的理念停滞在原始的物质欲望满足上，那么人为了幸福就只能寻求更多的物质形式。这样一来，就出现了不同的人有各不相同的幸福标准，追求幸福的人们之间的冲突很难弥合，意见很难一致。然而，人又不是万能的神灵，不可能满足一切物欲，这样幸福也就难以常在。可是，人的精神力量却可以达到一种平衡，用以消除人们之间的各种冲突，从而平衡物欲与幸福的内在关系。因此，真正的幸福是物质性与精神性的统一。一方面，幸福必须以物质性为前提；另一方面，幸福又离不开人的精神性。正如罗素所说："贫穷固然是一大罪恶，但物质上的**繁荣**并不一定就是一件大好事。假如要对社会有真正的价值，就必须得创造一种向属于精神生活的更高的善前进的手段。"[1]

---

[1] 罗素：《自由之路》，文化艺术出版社，2005，第81页。

二、价值性与实践性的统一

幸福作为人生的终极目的，无疑体现其存在的价值性。从根本意义上来讲，价值是指以人为主体与以物为客体之间需要与被需要、满足与被满足的关系范畴。马克思指出："'价值'这个普遍的概念是从人们对待满足他们需要的外界物的关系中产生的。"① 也就是说，价值范畴既表示人的需要与外部世界之间的关系，也表示人自身的存在与他的需要之间的关系。换句话说，离开与人这一主体的关系，事物也就无所谓价值了。只有处在满足人的需要的关系中，才谈得上价值是否存在的问题。而事物的价值性则表明事物作为客体，对人这个主体的生存与发展的肯定或否定的关系。凡是能够满足人的某种需要并对人的生存与发展具有肯定意义的事物即是有价值的，凡是不能满足人的某种需要且对人的生存与发展具有否定意义的事物即是无价值的。价值现象以多种形式融入人们的生活，人们对幸福的追求渗透着丰富的价值观念。从一般意义来讲，幸福意味着个体对整体生活的肯定评价，也意味着个体对自身价值的肯定评价。从终极意义来讲，幸福是人的合理需要的满足，是对人的自由全面发展的追求。故此，价值性应该从属于幸福的内在的本质属性。同时，由于人的自由全面发展是主体需要满足的最高境界，因而幸福对于主体来说具有最高的价值性和无限的意义性。从个人角度来看，个人幸福是每个人人生追求的最高境界；从社会角度来看，人类幸福是整个社会所追求的最高境界。因此，可以说，幸福既是人类所有目的和行为的价值选择标准，又是人类所有目的和行为的价值评价标准。此外，幸福本身还有着他物无法代替的特殊意义性，其主要表现在三个方面：其一，内在意义性。由于幸福是自成目的性的，所以它的意义是直接的、终极的，它本身就蕴涵着最高的意义。其二，持续意义性。人们对幸福的追求永远没有止境，它不仅贯穿每个人生命的始终，而且贯穿人类历史的始终。其三，永恒意义性。作为已经达成成果的人的幸福，具有终生难忘的历史意义和永恒价值。

人的幸福在认识世界和改造世界的过程中实现。在认识世界维度上，幸

---

① 中共中央马克思恩格斯列宁斯大林著作编译局：《马克思恩格斯全集》第十九卷，人民出版社，1963，第406页。

福是以正确地、客观地认识世界为基础的。马克思以前的思想家，或者只见人的主观能动性，忽略了主观能动性的客观基础；或者只见世界的客观性，否认了人的主观能动性。所以，他们的幸福思想或者是唯心主义的，或者是形而上学的。马克思批判地超越这些纯粹的物质观点或精神观点，强调人类认识世界要以实践为基础。因为他意识到，全部社会生活在本质上是实践的，实践是人类改造世界的感性的、现实的物质活动。人类社会并不是一个形同虚设的东西，它有着人类认识和人类实践的具体活动内容。换言之，自然、社会和人的思维都统一于人类的社会实践活动中。同时，马克思还强调在认识论中实践占据领先地位。他指出："人的思维是否具有客观的真理性，这不是一个理论的问题，而是一个实践的问题。人应该在实践中证明自己思维的真理性，即自己思维的现实性和力量，亦即自己思维的此岸性。"① 由此可知，衡量人的思维是否具有真理性的标准，既不是主观认识也不是客观事物，而只能是把思维转化为现实的实践。毕竟，"凡是把理论引向神秘主义的神秘的东西，都能在人的实践中以及对这个实践的理解中得到合理的解决"②。人们只有从物质实践出发来认识和解释世界才可能是正确的、客观的。因此，从认识世界来看，幸福具有实践性。

在改造世界维度上，幸福产生于人类社会实践活动过程中。实践是人的本质，人类的存在与发展依赖于人的实践活动。首先，生产劳动是人类生活世界的基础。正如马克思所讲："这种活动、这种连续不断的感性劳动和创造、这种生产，是整个现存感性世界的非常深刻的基础，只要它哪怕只停顿一年，费尔巴哈就会看到，不仅在自然界将发生巨大的变化，而且整个人类世界以及他的直观能力，甚至他本身的存在也就没有了。"③ 其次，人类要通过改造自然进行生存发展。毕竟，自然界的原初状态并不一定完全符合人类的需要。只有借

---

① 中共中央马克思恩格斯列宁斯大林著作编译局：《马克思恩格斯文集》第一卷，人民出版社，2009，第500页。
② 中共中央马克思恩格斯列宁斯大林著作编译局：《马克思恩格斯文集》第一卷，人民出版社，2009，第501页。
③ 中共中央马克思恩格斯列宁斯大林著作编译局：《马克思恩格斯文集》第一卷，人民出版社，2009，第529页。

助劳动实践对自然进行加工,才能够实现对人的需要的现实满足。从一定意义上讲,对自然界的人化则蕴含着人类世界的改造。还有,改造世界不仅包含着改造人的客观世界,而且还包含着改造人的主观世界。人们通过精神生产改造其自身的主观世界,发挥人所特有的主观能动性以获得幸福。

综上而论,幸福是价值性与实践性的统一。作为广泛意义的"好"或"善",幸福表现为复杂多样的价值形态。它通过潜能的发挥来推进和完善人的存在发展,因而幸福获得了人生价值意义。同时,幸福与否还要受人的价值观念、价值评价以及价值创造的影响。事实上,幸福的价值不仅仅在于享有更在于创造。从本质意义上来讲,幸福的价值存在于人的创造活动过程中,或者说体现为人的生活目的和生活价值。但是,因为检验真理的唯一标准是人的实践,所以,幸福的评价准则与评价标准也存在于人的创造活动过程中。在价值创造的活动过程中,人发挥和确证了自身的本质力量,逐渐获得了对自身的肯定评价,从而最终获得某种满足感与幸福感。正是由于这种价值的创造活动,幸福才不再处于静态满足与消极享受的状态,而是处在动态发展与稳定持久的创造过程中。由此可见,幸福是价值性与实践性的统一。幸福的实践性是价值性的前提,因为正确、科学的价值理念与价值原则,都来源于人的社会实践创造活动过程。幸福的价值性是实践性的目的,因为任何实践活动的最终目的都是为了追求人的幸福。在现实生活中,就个体而言,幸福属于有价值的人生,个体通过价值创造获得人生幸福;就社会而言,幸福属于有价值的社会,社会通过价值创造获得社会幸福。人生幸福与社会幸福的价值关系基础,就是人类的社会实践创造活动。因此,幸福既具有价值性又具有实践性。

三、个体性与社会性的统一

马克思指出:"全部人类历史的第一个前提无疑是有生命的个人的存在。"[①] 这也就是说,个人活动是人类社会活动的前提和基础。进而言之,追求个人幸福是追求人类幸福的首要条件。幸福的个体性就是指幸福在个人

---

① 中共中央马克思恩格斯列宁斯大林著作编译局:《马克思恩格斯选集》第一卷,人民出版社,1995,第67页。

身上表现出来，或者说幸福表现在个体的实践活动中。幸福之所以具有个体性是因为幸福是人的幸福，在现实生活中，人总是表现为一个个具体的个人。而个人具有人的一般性质，人只能在个人之中存在，脱离了个人，人便成为一个空洞、抽象的概念，只能是存在于人们的头脑中，抑或是存在于神学家的"天国"中。因此，从这个意义上来讲，幸福的个体性是现实的个体性。同时，人类历史"始终只是他们的个体发展的历史"[①]，即是说，社会历史并非某种无人存在的抽象物，而是由诸多个体活动构成的活动系统。个体及个体活动是社会的细胞，而社会只不过是个体活动相互作用的结果罢了。社会的力量依赖于个体的力量，它是个体力量相互作用的产物。社会力量虽然不等于个体力量的机械之和，但是，离开个人力量的发挥，社会力量便会化为乌有。同样，人类历史的发展与人的力量的延续都无法离开个人，它们也只能通过一代又一代的具体的个人力量而存在。因此，可以说，随着人类历史的发展，每个人为获取幸福而孜孜以求、奋斗不息的实践活动，构成了整个人类向往幸福生活的优美篇章。从这个意义上来讲，幸福的个体性是实践的个体性。同时，幸福的个体性还表现在幸福的具体内容是多样的、有差别的。因为幸福不仅与人的客观状态存在有关，而且与人对自身存在状态的认知以及评价有关。每个人对幸福都有着自己的理解，并以不同方式探寻着自己心中的幸福。故此，整齐一致的普遍幸福难以在现实生活中实现，当然这也不是普遍幸福应有的存在状态。普遍幸福的存在表现必然是多样化的、有差别的幸福生活，而绝不是整齐划一、无差异的幸福生活。

此外，人是社会性的存在物，只有在社会中才能得到幸福。这也就是说，幸福具有社会性，我们应注重从人与人的关系出发来考察其本质内涵。幸福的社会性无法离开人的社会性，而人的社会性具有三层基本内涵：其一，合作性的社会性。这个意义上的社会性，着眼于个体的局限性以及为了生存需要与他人共同合作的类本性。所以，这种社会性多是指个体间的联合关系和共同关系。从个人与自然的关系来看，个人为了满足其自身生存的多种需要，必然要同他人联合以进行生产、改造自然。正是由于这种必然性的存在，个

[①] 中共中央马克思恩格斯列宁斯大林著作编译局：《马克思恩格斯选集》第四卷，人民出版社，1995，第532页。

体间便形成了联合关系与共同联系。从个人与他人的关系来看，个人在本性上是联合生活和群聚生活的。其二，交往性的社会性。与合作性的社会性不同，交往性的社会性着眼于个体间的互相需要与互相补充，并且特别强调个体之间的交往关系对人的发展的作用。个体的贫乏性以及个体间的差别性，使得他只有依赖于他人才能丰富自己，但这是要通过交往活动才能达成的。因为人通过交往活动可以学习他人的知识、吸取他人的经验，从而利用他人的劳动成果来满足其自身的多种需要。可以说，交往能够使个体之间互通有无、互相补充和互相联系。其三，制约性的社会性。每个人为了获取一定的物质生活资料，都必须参与一定的社会职业分工，并在其中扮演着特定的社会角色，从事该角色的生产活动并完成相应的社会职能。所以，人具有被一定社会关系和活动方式制约的社会性，这种制约性的社会性着眼于有差别的人与人之间的社会关系。总之，人的社会性确立了幸福的社会性，一切幸福自始至终都贯穿着人的社会性。幸福不是某个人的孤独追求与享受，而是要受社会条件制约和影响的。也就是说，幸福是在人与人之间的社会关系中衍生的，是一种具有分享性的交流、交感的心理体验。

综上所述，幸福既具有个体性又具有社会性，它是个体性与社会性的有机统一。进而言之，幸福体现的是个人幸福与社会幸福的统一。正如恩格斯所说："个人的幸福和大家的幸福是不可分割的。"[①] 一方面，个人幸福是社会幸福的基础，它能够促进社会幸福的实现。追求个人幸福推动着社会的繁荣与发展，因而它是实现社会幸福的必要条件。也就是说，社会幸福无法离开个人幸福而存在，脱离个人幸福的社会幸福是空洞的、抽象的。从某种程度上来说，社会幸福可以被看作由无数个人幸福组成的集合体。当然，这些个人幸福不是孤立地存在于社会幸福中，而是被联系地、发展地整合在社会幸福之中。为此，可以说，个人幸福与社会幸福的实现是不同视角下幸福的实现的同一过程。因此，要获得真正幸福必须把社会幸福同个人幸福联系起来，将其作为一个统一的整体目标来追求。另一方面，社会幸福是个人幸福的条件，它能够促进个人幸福的发展。离开了社会幸福，个人幸福将成为无本之

---

① 中共中央马克思恩格斯列宁斯大林著作编译局：《马克思恩格斯全集》第四十二卷，人民出版社，1979，第374页。

木。因为人的社会性是人的本质属性，人只有在一定的社会历史条件下才能进行自由自觉的劳动，才能实现自我的生存发展以及自我的幸福理想。也就是说，个人要获得幸福首先必须创造实现幸福的社会历史条件，即社会幸福。可见，个人幸福与社会幸福是一个统一的整体，社会幸福为个人幸福的实现提供有利条件，唯有实现了社会幸福才能最终实现个人幸福。

总之，个人幸福离不开社会幸福，社会幸福也离不开个人幸福。因此，在追求个人幸福的同时应该努力地创造社会幸福，而在营造社会幸福的同时也应该致力于创建个人幸福。然而，在存在着阶级对抗的社会里，社会幸福是难以真正实现的，所以个人幸福的实现也遇到了阻碍。为此，马克思曾说："代替那存在着阶级和阶级对立的资产阶级旧社会的，将是这样一个联合体，在那里，每个人的自由发展是一切人的自由发展的条件。"[①]

四、历史性与现实性的统一

幸福作为人的生活目的具有终极性，它始终处在人生的历史过程中。因此，可以说，凡幸福都是历史的、相对的。幸福的历史性是指在一定的历史条件下，人的幸福变化和发展所呈现出来的基本状态和特征。其含义主要包括以下三层意思：首先，幸福的历史性是指幸福是人类活动的出发点和根据。从根本意义上来说，其他一切目的都是从幸福这个终极目的中派生出来的，并且最终又都指向幸福这一终极目的。幸福既是其他目的的根基，又是其他目的的归宿。从总体意义上来说，其他一切目的又都依附于、服从于和服务于幸福这一终极目的。幸福既是其他目的的集合，又是其他目的的核心。其次，幸福的历史性是指幸福是变化和发展的。任何幸福的实现都贯穿在人类社会实践之中，所以，幸福的历史性表现为因时而异。例如，不同的历史时期具有不同的幸福。这也就是说，同样的东西、同样的事情，对于一定时期的主体可能是幸福的，而对于另一时期的主体却可能是不幸福的。最后，幸福的历史性是指幸福的发展过程的总体性。幸福是一个创造性活动中的整体

---

① 中共中央马克思恩格斯列宁斯大林著作编译局：《马克思恩格斯选集》第一卷，人民出版社，1995，第294页。

性动态过程，是幸福过程发展中的普遍联系的幸福总体。也就是说，幸福是发展的，是一个从过去到现在，再到未来所形成的前进上升的整体过程。

凡是幸福都是现实的、具体的，都是处在一定社会关系中的幸福。因此，又可以说，幸福具有现实性、绝对性。幸福的现实性主要表现为：其一，幸福具有在人类历史发展过程中合乎必然性的存在特征。可以说，幸福的现实性既不是幸福的现存性也不是幸福的抽象性。毕竟，幸福不是人对感官世界的直观体验，更不是唯心主义的虚拟概念。黑格尔指出："凡是现实的都是合乎理性的，凡是合乎理性的都是现实的。"①那么，既然"现实性在其展开过程中表明为必然性"②，加之扬弃黑格尔的唯心主义思想，就可以说幸福的现实性是指幸福的规律性或必然性。换句话说就是，合规律的或必然的幸福一定会出现。其二，每个阶段的幸福在整个人类历史发展过程中都属于一种特定的幸福。即是说，由于社会历史、社会关系存在不同，人的幸福总是会表现为某个特定时期的幸福。如马克思所言："黑人就是黑人。只有在一定的关系下，他才成为奴隶。纺纱机是纺棉花的机器。只有在一定的关系下，它才成为资本。脱离了这种关系，它也就不是资本了。"③同样，对于幸福来说，由于它所处的社会关系总体不同，幸福的性质、特点和状况也就完全不同。因此，可以说，幸福在一定的历史阶段具有绝对性、具体性和现实性。

在人们的社会实践中，幸福既是历史的又是现实的，是历史性与现实性的统一。幸福的历史性中具有现实性，幸福的现实性中具有历史性，二者是辩证统一的关系。从幸福的历史性中具有现实性来看，一方面，幸福的历史性是由幸福的现实性组成的，幸福的历史性离不开幸福的现实性，没有幸福的现实性就没有幸福的历史性。换句话说，如果没有幸福的社会实践，就不会有幸福的历史。因为意识无论何时都只是被意识到了的社会存在，从而是由人的现实生活过程所决定的。又由于幸福的观念或意识是在这种现实生活中产生并发展

---

① 中共中央马克思恩格斯列宁斯大林著作编译局：《马克思恩格斯文集》第四卷，人民出版社，2009，第268页。

② 中共中央马克思恩格斯列宁斯大林著作编译局：《马克思恩格斯文集》第四卷，人民出版社，2009，第268页。

③ 中共中央马克思恩格斯列宁斯大林著作编译局：《马克思恩格斯选集》第一卷，人民出版社，1995，第344页。

起来的，因而幸福实践同时也是人的现实生活过程。另一方面，幸福的相对性中又蕴含着幸福的绝对性，即幸福的主观性中蕴含着客观性。幸福的相对性中具有绝对性的成分，否则就不会是幸福的；幸福的主观性中具有客观性，这是实现幸福的根本条件，否则就不能认为其是幸福的。正是由于幸福相对性中蕴含着绝对性，人们对幸福的认识才不断地深化、不断地向前发展。列宁在《谈谈辩证法问题》中曾讲道："人的认识不是直线，而是无限地近似于一串圆圈、近似于螺旋的曲线。"① 这也就是说，幸福的发展进步也是螺旋式上升的。

从幸福的现实性具有历史性来看，其主要表现在以下三个方面：首先，幸福的现实性是从历史性中得来的。尽管幸福的历史性表明幸福是相对的，但这种相对性却使幸福不断走向现实。没有幸福的历史比照，幸福不会成为现实。其次，幸福的现实性终将成为历史而具有历史性。任何社会实践中的幸福都不可能永恒，人们的幸福观念都是在社会实践中形成和发展的，因而有关幸福现实性的理论与实践都具有历史性。各种不同的幸福都来源于幸福的相对性，因此，它们终将成为历史而具有历史性。最后，幸福现实性的历史性还表现在幸福绝对性的相对性。幸福之所以是幸福就在于它具有绝对性和客观性，否则就不会是幸福的。但是，幸福的绝对性又是有条件的，它以具体的时间和地点为转移，因而幸福的绝对性具有相对性，客观性具有主观性。因此，从这个意义上来说，根本就不存在什么永恒的绝对幸福，幸福的现实性始终充满着主观性与相对性。

此外，幸福的现实性与历史性相互转化。一方面，幸福的历史性可以转化为现实性。幸福的现实都是在幸福的历史中不断形成的，只有以幸福的历史作为自然之境，才能不断形成新的幸福的现实。幸福都是相对的、历史的，因为人类生活实践中的幸福就是在这种相对性与历史性中形成和发展的。另一方面，幸福的现实性必然转化为历史性。幸福的现实不可能永远是现实的，现实性终将会失去其存在的理由，离开存在的理由它也终将会成为历史。也就是说，随着人类社会的不断进步与发展，幸福的现实性转化为历史性是一种必然。总之，既没有离开幸福历史的现实，也没有离开幸福现实的历史。

---

① 中共中央马克思恩格斯列宁斯大林著作编译局：《列宁全集》第五十五卷，人民出版社，2017，第311页。

第二章　幸福的实践生成

幸福是人类追求的终极价值目标，这已是诸多哲学家达成的共识。马克思主义哲学基于人的现实生活，指出幸福不是外在世界的彼岸幸福，而是现实世界的此岸幸福。这也就是说，人的幸福绝不是那种脱离现实世界的抽象幸福，而应是处在人与世界感性关系之中的现实幸福。在马克思主义哲学视野中，现实世界是研究幸福价值、幸福意义的出发点，人类追求幸福的活动和实现幸福的状况都反映在人的现实生活中。幸福终归是人的现实幸福，幸福最终指向的是现实的人。作为现实的组成部分，人是一种自为的存在者，他是幸福的主导者与享受者。"凡是有某种关系存在的地方，这种关系都是为我而存在的。"[1] 也就是说，凡是有关系存在的地方，都有人在追求自身幸福。幸福是人通过实践活动，使其合理需要得到内心满足、人际关系得到和谐发展的一种快乐的心理体验。因此，不难发现，幸福的生成必须具备三个要素：其一，幸福的主体，即现实的人。幸福是人所追求的终极价值，离开现实的人谈及幸福，是毫无意义的。其二，幸福的客体，即对象世界。对象世界是相对于人而言的，是指被认识和改造的物质世界。其三，幸福的中介，即实践活动。从一定意义上来说，幸福就是要实现主客体的统一，而实践活动是连接主体与客体的桥梁。因而，幸福的中介就是人的实践活动，人的实践过程也就是追求幸福的过程。

另外，从根本意义上来讲，幸福就是人的本质的实现。其中，需要是人

---

[1] 中共中央马克思恩格斯列宁斯大林著作编译局：《马克思恩格斯文集》第一卷，人民出版社，2009，第533页。

最为根本的本质要求。作为一种生命存在物，人首先要进行衣食住行等活动来保全自己的性命。也就是说，人要想幸福生活，必须先满足自身的物质需要。一旦离开这种物质条件，人的生命将不复存在，哪里还有幸福可言！当然，幸福不仅表现为物质需要的满足，还表现为精神需要的满足。也可以说，幸福就是人的需要得以满足。人的各种需要驱使着人追寻幸福，需要的复杂性决定着幸福的多面性。倘若没有各种各样的需要，人也就不会拥有追求幸福的内驱力。而自由又是人最为根本的需要，如果这个需要不能得到满足，人的幸福同样无法真正地实现。人的自由与人的需要具有内在统一性，没有人的自由本质的实现，就没有人的合理需要的满足，也就更谈不上人的幸福。从此意义上讲，自由是幸福的基本前提。在唯物史观看来，人以自由自觉的活动为其类本质，自由是主体与客体统一的最高形式。可以说，任何主体活动都是为了消除主客体的对立状态，从而实现和达到主体本身的自由。主体那种摆脱客体束缚的能动性就是人的自由。因此，人的自由是主体追求幸福不可或缺的前提条件。同时，幸福与人的理性紧密相连，因为人是具有意识的存在物。从意识的角度来看，幸福是一种自我意识。人的自我意识是其作为主体的本质规定性，世界上除人之外其他任何存在物都不具备自我意识。严格地讲，没有自我意识，就没有认识对象，当然也就不存在认识的主体与客体。而理性是人在认识思维活动和社会实践活动中所形成的一种意识能力。通过理性指导，人的活动都是意识到的自觉性的活动。在一般意义上，主体自觉就是指人在意识支配下进行活动。追求幸福当然也不例外。有鉴于此，我们说理性是幸福生成的主体自觉。再者，实践活动是人的本质特征之一，任何有关人的理论的探讨都离不开对实践活动的追问。实践活动是人类社会发展的基础，追求幸福的过程就是实践活动的过程。正是在人的实践活动过程中，对象世界得以改造，主体需要得以满足，人的本质得以发挥。这也就是说，实践是幸福生成的现实基础。没有实践，现实世界将走向虚无；没有实践，人的需要则无法满足；没有实践，人的本质则无法体现。进而言之，没有实践，就没有人的幸福。

第一节 幸福的生成要素

一、幸福的主体——现实的人

追求幸福是人的活动,而人是人所有活动的价值目标。那些被认识和改造的对象即为客体,是相对于主体而言的。也就是说,存在物之所以成为客体是因为有主体的存在。倘若没有认识者和改造者作为主体,那么,也就无所谓客体了。可见,主体就是人。正如马克思所说:"主体是人,客体是自然。"① 当然,人作为主体是相对于对象而言的,没有对象或客体也就无所谓主体。既然人就是主体,事物就是客体,那何必还将其称为主客体呢?在哲学意义上,主体与客体绝不仅仅是一个称谓问题,还凸显着人与事物之间的一种特殊关系。在这种特殊关系中,人与事物的地位、性质和作用不尽相同。马克思指出:"凡是有某种关系存在的地方,这种关系都是为我而存在的;动物不对什么东西发生'关系',而且根本没有'关系'。"② 这也就是说,人是一种为我存在物,他与被认识和改造的事物之间存在着一种特殊关系,即主体与客体的关系。人作为主体则意味着在人与事物的关系中,人占据主导和统治地位,起着主导和主宰作用。人的幸福存在于现实生活世界之中,幸福的主体必然是现实生活世界中鲜活的、具体的、现实的人。既然唯有人才配得上称为主体,人是唯一的主体,那么幸福的唯一主体也就是人。可以说,幸福是人的幸福,没有主体就无所谓幸福。

首先,人是幸福的价值主体,是幸福的享受者和目标者。在马克思主义哲学视野中,现实生活世界中的人是切实的关注点。通过对现实的人的生命意义的探究,马克思主义哲学完成了对何以获取现实幸福的考量。当然,现实的人不可能是孤立的个体,也不可能是永恒不变的,而是要在现实生活世界中与其他社会成员保持联系并不断发展的人。可以说,没有现实的人,就

---

① 中共中央马克思恩格斯列宁斯大林著作编译局:《马克思恩格斯选集》第二卷,人民出版社,1995,第3页。
② 中共中央马克思恩格斯列宁斯大林著作编译局:《马克思恩格斯选集》第一卷,人民出版社,1995,第81页。

没有现实生活；没有现实生活，就没有现实幸福。在这里，现实就是指人必须处在与其他事物形成的感性关系中。只有将人置于感性世界中，人才能成为真正的人。"既然人是从感性世界和感性世界中的经验中获得一切知识、感觉等等的，那就必须这样安排经验的世界，使人在其中能体验到真正合乎人性的东西，使他常常体验到自己是人。"① 因此要关注人的现实，就要以现实的人为立足点。尽管哲学领域中的幸福是一般意义上的抽象，但是，这种抽象的最终指向却是现实的人的幸福。由此可见，幸福的主体就是现实的人。而现实的人进行每种活动，都是有目的、有意图的。他们的一切目的都显露着人们对自身需要的某种追寻，这一点是毋庸置疑的。所以，从根本意义上来讲，人的任何活动都是为了满足自身的需要、实现自身的幸福，这也恰恰体现了幸福主体的自为性。人的自为性是人的主体性的根本特征，反映人的活动的本质。作为一种自为存在，人总是要通过自身活动创造一个自为世界，即属人世界。在这样的世界里，人是一切存在的核心，一切存在都是为人而存在的；人同物之间的关系不再是任意的，而成为改造与被改造的关系；人的发展不再仅依自然规律，而是按照主体规律进行；人的活动不再是盲目性的被动活动，而是富有目的性的创造活动。总之，属人世界就是现实幸福的世界，人是幸福的享受者和目标者。

其次，人是幸福的认识主体，是幸福的感知者和评判者。人作为主体，是具有认识能力的。以主体性为立足点，人则是认识的主体。从这个意义上讲，人不仅能够被动地接受客体所带来的刺激，消极地反映客体，而且还能够根据主体自身的各种需要，主动地反映客体。也就是说，主体对客体的反映不是茫然的、自发的，而是有意识、有目的的。幸福表现为主体与客体的统一，而主体与客体关系的本质内容则是主观与客观的关系。人的认识又是主观与客观关系的表现，同时人的情感和评价也是主观与客观关系的表现。人的认识同情感、评价等这些主观因素是相互联系、相互影响、相互渗透的，并形成了庞大的主观与客观关系系统。可以说，在主观与客观的复杂关系中，人的认识居于主导地位，起着核心作用。从一定意义上讲，幸福就是人对客

---

① 中共中央马克思恩格斯列宁斯大林著作编译局：《马克思恩格斯文集》第一卷，人民出版社，2009，第334页。

观事物产生的一种愉悦的心理感受，归结于人的主观体验。人是幸福的认识主体，至于客观事物的改造状态能否满足人的主观心理，这只有凭借主体的认识才能加以判断。因此，人也就成了幸福的感知者和评判者。事实上，人是富有感性因素的动物，所以人可以凭借自身的感官感知幸福。但从主观因素出发，人高于动物之处在于人是富有理性因素的动物。也就是说，任何一种对幸福的判断都要受到理性认识的影响和制约。在人的幸福感受中，一直贯穿着某种特定的认识，并以这种认识为基础形成人对幸福的感知能力和评判能力。

最后，人是幸福的实践主体，是幸福的创造者和追寻者。纵观整个人类社会发展的历史，实际上，"历史什么事情也没有做，……其实，正是人，现实的、活生生的人在创造这一切，……历史不过是追求着自己目的的人的活动而已"[1]。这就是说，人在现实生活过程中不断实现着对自身幸福的创造。幸福的主体是人，人是现实世界中的实践主体，而现实世界又包含自然和社会两部分。所以，人不仅能够改造自然世界，还能够创建社会关系。在人与自然的关系中，人是自然界长期发展的产物，他从属于自然界的一部分。作为自然界的一个现实部分，人的生存不可能脱离自然界。人在自然领域获取物质、信息、能量等维持其自身生存与发展的资源。从这个意义上来讲，"人作为自然的、肉体的、感性的、对象性的存在物，和动植物一样，是受动的、受制约的和受限制的存在物"[2]。但是，这只是人与自然关系的一个表现而已。此外，与其他自然存在物不同，人是自然存在物中的最高存在者。人不仅具有其他一切存在物具有的属性，而且还具有其他一切存在物不具备的特性。这种特性就是：人不是消极地适应自然来维持自我生存，而是积极地改造自然来满足自我需要。也就是说，人是依靠自己的实践活动来创造和追寻自己的幸福生活的，这一点是人之外的其他一切存在物都不具备的。因而，马克思说，人"具有自然力、生命力，是能动的自然存在物；这些力量作为天赋

---

[1] 中共中央马克思恩格斯列宁斯大林著作编译局：《马克思恩格斯文集》第一卷，人民出版社，2009，第295页。
[2] 中共中央马克思恩格斯列宁斯大林著作编译局：《马克思恩格斯文集》第一卷，人民出版社，2009，第209页。

和才能，作为欲望存在于人身上"①。在人与社会的关系中，人还是社会劳动的主体。其实，从根本意义上来说，人是在社会劳动形成的社会关系中产生的。从人的成长过程来看，人一出生还不能被称为真正的人，因为新生儿还是一个自在的人。他们只有经过学习、教育、交往等社会活动，才能成为一名真正的社会存在者。也就是说，人只有通过社会劳动与其他社会成员联合，才能对自然实施有效的认识与改造，从而实现对自身需要的满足，实现对自身幸福的追寻。

二、幸福的客体——对象世界

客体范畴是相对于主体范畴而言的，它存在于主体之外，是指主体活动所指向的一切对象物，这是客体范畴的基本概念。因而，幸福的客体就是幸福的主体所指向的对象，是幸福赖以生成的物质条件和精神条件。从广义上来讲，幸福的客体的基本属性在于它是人类追求幸福所指向的一切对象。那么，从此种意义上讲，客体与对象是同义语。然而，构成对象之首要条件便是客观实在性，即它是在主体观念之外并与主体有所不同的存在物。当然，这并不是说任意客观存在着的东西都可以作为对象，而是只有那些与主体发生关系的东西才能成为对象。也就是说，客观存在只有进入主体的活动范围，才能拥有主体活动的对象的属性。否则，即便是客观存在着的东西，也不具有主体活动的对象的属性。正如马克思所言，"非对象的存在物，是一种非现实的、非感性的、只是思想上的即只是虚构出来的存在物，是抽象的东西"②，"被抽象地孤立地理解的、被固定为与人分离的自然界，对人说来也是无"③。这就是说，不是对象性存在物，不与主体发生联系，对人而言是毫无价值的，

---

① 中共中央马克思恩格斯列宁斯大林著作编译局：《马克思恩格斯文集》第一卷，人民出版社，2009，第209页。
② 中共中央马克思恩格斯列宁斯大林著作编译局：《马克思恩格斯全集》第四十二卷，人民出版社，1979，第169页。
③ 中共中央马克思恩格斯列宁斯大林著作编译局：《马克思恩格斯全集》第四十二卷，人民出版社，1979，第178页。

当然也就不能被看作主体的客体。幸福是人类活动追求的终极价值目标，幸福的生成离不开客体。

从幸福是合理需要的满足角度来看，人的需要的满足有赖于对象世界的丰盛程度。要满足主体的欲望和需求，就要有消费的产品和对象。而消费的产品和对象则源于对象世界，所以，幸福的客体可以说是对象世界。所谓对象世界，是指单独处在人的思想意识之外的客观事物的统称，它包括人类肉体存在以及人类活动所涉及的一切客观对象。有鉴于此，对象世界包含着自然世界。自然世界为人的生存发展提供必不可少的物质条件，这些物质条件包括衣食住行等。无疑，自然世界是先在的，它不依存于人的劳动实践，而是优先于人类世界存在着。可是，哲学意义上的自然世界则特指人类活动的那部分自然界。"一个存在物如果在自身之外没有自己的自然界，就不是自然存在物，就不能参加自然界的生活。"[1] 作为幸福的主体，"现实的、肉体的、站在坚实的呈圆形地球上呼出和吸入一切自然力的人"[2] 是来源于（存在于）自然界的一种自然存在物。从这个意义上说，自然界是人类生存和生活的重要前提。没有自然界，人就不能取得生活资料；没有生活资料，人就不能拥有生命活动。毕竟，幸福是人的幸福，人是一种生命的存在物。所以，必须先有人的存在，才能拥有人的幸福。幸福只能来自人的现实生活世界，只能通过人的现实活动创造。

从幸福是快乐的心理体验角度来看，人要愉悦和快乐之前提是必须有引起愉悦和快乐的东西。试想，没有美的事物，何来美的享受，又何来欣赏美的事物所产生的快乐的心理体验呢？可见，幸福的生成无法脱离美的事物即客体。然而，以往的哲学家们对客体的理解却长期存在这样一种错误倾向，即唯心主义的幸福观。他们极力否认客体的客观实在性，片面夸大主体的主观能动性，认为幸福是由主体创造出来的纯粹的快乐心理体验。事实上并非如此。就幸福作为一种自我观念而言，它不可能来自彼岸世界，而只能来自

---

[1] 中共中央马克思恩格斯列宁斯大林著作编译局：《马克思恩格斯文集》第一卷，人民出版社，2009，第210页。

[2] 中共中央马克思恩格斯列宁斯大林著作编译局：《马克思恩格斯文集》第一卷，人民出版社，2009，第209页。

现实的此岸世界。那种认为只要满足纯粹的精神需求便能实现幸福的唯心主义观点，其结果只能是人们获取虚假满足后的虚假幸福。当然，幸福的客体也不是一成不变的，而是经常处在动态变化之中的。它同主体一样具有社会历史性，即不同时期的主体具有不同的客体，同一时期的不同主体具有不同对象。这就是说，客体总要受社会历史条件的制约。伴随着主体能力的逐步提升，作为主体活动对象的客体的范围也在逐渐扩大，一些原来不是对象的东西转变为主体的对象。所以，纵观整个人类发展的历史，不难发现，对象的范围不是永恒不变的，而是历史的、发展的、变化的……然而，无论如何，人的快乐的心理体验的产生却始终有赖于一定的主体活动对象，即客体。

从幸福是人际关系的和谐角度来看，人作为社会存在物是互为客体的。就是说，若他人能够为我提供幸福，他人就是我幸福的客体；反过来，若我能够为他人提供幸福，我就是他人幸福的客体。历史唯物主义认为，唯有对生活在一定社会领域中的现实的人展开研究，才能准确把握其物质需要与精神需要，进而体悟他在现实生活世界中的幸福感受。因为人在本质上就是社会关系的总和，"以一定的方式进行生产活动的一定的个人，发生一定的社会关系和政治关系。……社会结构和国家总是从一定的个人的生活过程中产生的"①。正是通过探究社会关系中的人，马克思才意识到现实的人不但要借助改造自然同自然界发生联系，而且还要借助社会生产和社会交往同他人发生联系。事实上，人与人之间是一种相互需要的关系。他们以交换彼此的劳动产品而相互依赖，以交换彼此的生产活动而相互联系，以交换彼此的个人能力而相互补充。正是在这种互相交往的社会关系中，人与人之间互为客体、互供幸福。

从幸福是自由自觉的创造角度来看，没有对象世界就没有人的劳动创造，没有劳动创造也就没有人的现实幸福。因而，对象世界即幸福的客体，是幸福生成的重要前提条件和充分必要条件。没有幸福的客体，也就不会有幸福。在现实生活世界中，人类要不断地进行认识活动和实践活动。追求幸福自始至终贯穿着人的认识活动和实践活动。而认识活动、实践活动总是指

---

① 中共中央马克思恩格斯列宁斯大林著作编译局：《马克思恩格斯文集》第一卷，人民出版社，2009，第523页。

向一定的客体。所以，从这个意义上来讲，客体既是人的活动的起点，又是人的活动的终点。人的活动目的在于认识客体、把握客体，从而最终实现对客体的现实改造。与动物在自然界的生存方式不同，人是通过物质生产劳动来改造自然，进而达到满足人自身各种需要的目的的。借助物质活动，人与自然界之间开展着物质交换、能量交换以及信息交换等活动。在人的实践活动作用下，自在自然变成人化自然，进而纷繁多样的物质世界开始出现。而幸福是人的需要的满足，所以，人化自然程度也就影响着人的幸福程度。同时，对象世界还包括社会领域的事物。正是在那些社会实践活动中，人的意识才开始出现。可是，随着智力活动与体力活动的分离，人的意识便得到相对独立的发展。从此时开始，意识获得了脱离外部世界束缚、进行纯粹臆想和虚构的能力。但无论如何，人的意识终归还是对现实物质世界的映现，"意识在任何时候都只能是被意识到了的存在，而人们的存在就是他们的现实生活过程"①。

总之，幸福就是指存在于主体与客体之间的一种对象性关系。人的幸福离不开客体，客体为人的幸福提供对象或条件。没有自然客体为人类提供物质生活资料，人的物质需要怎么得到满足，何来人的幸福？没有社会客体为人类提供生产生活条件，人的实践活动怎么得以进行？人的安全感、满足感以及成熟感又怎么得以实现，哪来人的幸福？

三、幸福的中介——实践活动

马克思主义哲学以实践的观点为首要的和基本的观点。在实践活动中，人类不断地自我创新、自我升级以及自我实现，从而执着地追寻着人类的现实幸福。幸福的对象是人类实践活动的世界，即客体世界；幸福的主体是现实生活世界的人，即现实的人；而幸福的中介则是连接幸福的主体与幸福的客体的人的实践活动。这也就是说，实践活动是实现人的幸福的桥梁。在实践活动过程中，主体客体化与客体主体化的双向运动不断地进行。其中，主

---

① 中共中央马克思恩格斯列宁斯大林著作编译局：《马克思恩格斯文集》第一卷，人民出版社，2009，第 525 页。

体客体化是指人通过实践活动将自身的本质力量渗透或转化到客体之中。例如，人们利用所学的科学文化知识，生产先进的使用工具，以提升自己的生活水平和幸福程度。而客体主体化则是指人通过实践活动将客体转化为主体本质力量的一部分。例如，人们通过学习把知识转化为主体的智慧或才能等。正是通过人的实践，主体客体化和客体主体化的双向运动才得以完成；也正是在人的实践中，对主体和客体的双重改造才得以实现。据此，幸福是主体与客体的统一，实践作为幸福的中介，进行着主客体之间的物质、信息和能量的交换，使得主客体之间互相依赖、互相渗透、互相转化。

其一，实践能使主观存在转化为现实存在，使幸福由可能变为现实。现实存在具有现实性，现实性是阐释实践中介作用的一个重要概念。从纯粹的客体角度来看，现实性与可能性相对，可能存在转化为现实存在只是一个时间推移过程罢了。而从能动的主体角度来看，可能存在转化为现实存在，就是从本体问题进入认识问题再进入实践问题的过程。事实上，无论如何，现实存在都无法脱离人的有目的的实践活动。这是因为，从根本意义上来讲，脱离实践主体不仅没有现实性与非现实性之分，而且就连现实性与可能性之分也是毫无价值的。此外，实践活动是人的自我实现的基本手段。人的自我实现过程就是人追求幸福的过程，而人的自我实现过程亦是人的存在过程。主体的存在无法离开他的主观能动性，但是，作为一种观念存在，人的主观性并不具有现实性。可是，人的存在又是一种实体性的存在。那么，如何将人的主观观念转变为现实存在？主体的现实性与客体的现实性到底有何不同？从本质意义上来讲，这一问题主要聚焦在人的实践活动上，因为实践活动是人的自我实现的基本手段。只有在实践活动中，观念的能动性才能转变为人的能动性；也只有在实践活动中，人才能转变为现实的人。其实，主体的现实性与客体的现实性有着本质性差别。客体的现实性是指客体自身的时空存在，而主体的现实性要求绝非如此。作为主体的人，并非纯粹意义的生物性的人，其主体性只会在现实化过程中表现出来。主体的现实化过程就是主体不断自我实践的过程。从这个意义上来讲，与客体的现实性不同，主体的现实性与其实践活动是一致的。可见，主体的任何规定性都是在实践活动中成为现实存在的，它既非思维过程的直接存在，也并非纯粹外在的物质过程，而是二者在现实中的统一即实践活动。

其二，实践能使"自在之物"转化为"为我之物"，使人的价值需求得以实现。"为我之物"与人的需要相契合，而实践活动的目标就是形成"为我之物"。从实践的角度来看，实践活动是主体与客体统一的人的活动，它将主体与客体统一在一个有机系统之中。在这个有机系统中，主体与客体不是孤立地存在着，而是通过系统形成一个整体并相互规定着。从客体对主体的价值来看，实践活动给予客体多种价值，使其由"自在之物"转化为"为我之物"。事实上，"自在之物"最早是由哲学家康德提出的。他认为，"自在之物"是客体不为主体所认识的穷尽的一面。但是，由于康德无法正确把握人的实践活动，所以未能发现"自在之物"向"为我之物"转化的路径，从而使得"自在之物"一直处在无法超越的彼岸世界。如此一来，坚守这样的"自在之物"自然要使人们陷入不可知论的境地。然而，只要从人的实践活动出发，便能清晰地揭示"自在之物"向"为我之物"的转化。也就是说，只要从人的实践活动出发，就能驳倒不可知论。人的实践活动的积极意义在于：它凸显了纯粹认识的有限性，强调仅从认识视角出发不能达到主客体的统一。马克思主义哲学正是立足于人的实践活动，说明了"自在之物"向"为我之物"的转化，驳倒了唯心主义与不可知论。马克思主义哲学认为，主体与客体能够实现内在统一。作为人的活动对象的客体，并不是永远处在与主体对立的彼岸世界，而是在实践活动中不断地由"自在之物"转向"为我之物"。从主体的角度来说，这也充分说明了主体对客体的主观能动性。正如恩格斯所讲的："动植物体内所产生的化学物质，在有机化学开始把它们一一制造出来以前，一直是这种'自在之物'；一旦把它们制造出来，'自在之物'就变成'为我之物'了。"①

其三，实践能使必然事物转化为应然事物，不断推动幸福的实现和发展。从某种意义上讲，追求幸福的过程就是把必然事物转化为应然事物的过程。毕竟，事物的应然性体现着主体的意志、需要和能力等。当然，事物的应然性也并不完全等同于主观的东西。确切地说，它是在事物的必然性的基础上

---

① 中共中央马克思恩格斯列宁斯大林著作编译局：《马克思恩格斯选集》第五卷，人民出版社，1995，第226页。

产生出来的。这种应然事物不仅包含着事物的必然性,而且超越了事物的必然性。因此,可以说,应然事物是主体与客体的统一,人的幸福的最终目的就是获取应然事物。在追求幸福的过程中,主体必须掌握事物的必然性,然后按照应然性去活动。因为主体要生活在客体环境之中,但是他并非被动地去适应这种环境,而是能动地去认识和改造客体环境,从而依据自身需要加速事物的预定进程。从这个意义上来讲,应然性就是主体自身活动的行为规范。可是,应然性的产生与发展也存在一定的客观性。这种客观性不是抽象的客观性,而是现实的客观性;不是感知的现实性,而是活动的现实性。换句话说,这种现实性是应然性的依据。随着现实性的改变,应然性的范畴也不断改变。概言之,必然性是认识事物的根据,应然性是改造事物的尺度。认识与改造的矛盾关系以及认识活动转向改造活动,都表现在必然性与应然性的矛盾关系之中。在一定社会历史阶段,主体与客体一样不得不盲从地适应外界条件,那时必然性常常被认为等同于应然性。然而,随着主体能力的不断提高,主体自我意识的不断增强,必然性与应然性开始逐渐分离,人们开始追求应然性,按照应然性去办事。人人都想拥有幸福生活,这是必然的而不是应然的。因此,人类想方设法地改造对象世界,以满足自身需要、获取自身幸福。从此意义上说,应然性与必然性是对立统一的关系。二者对立,是人们努力改变必然进程的动力;二者统一,是人们努力改变必然进程的结果。这种统一则表现为:必然性是应然性的前提;应然性内含必然性,并指向更高的必然性。这也就是说,在人类幸福史中,应然性与必然性实现了统一。而必然性转向应然性的中介是人的实践活动,实践活动是实现幸福的必然性与应然性统一的手段。

追求幸福是人的实践活动,因此实践是实现人的幸福的中介。通过实践的中介作用,主观存在就转化为客观存在,"自在之物"转化为"为我之物",必然事物转化为应然事物,所有这些实践过程中的转化的终极价值目标都是人的幸福。因此,可以说,人的实践活动过程就是人的幸福追求过程。现实生活世界中的人,既从实践活动出发,又在实践活动中落脚。借助人的实践活动,幸福的客体得以改造,幸福的主体得以完善,从而形成一个幸福的社会。在这样的社会里,人的本质力量得以发挥,人的本性特征得以确证。

第二节　幸福的生成机制

一、需要：幸福生成的内在动力

幸福是人的需要的满足，需要是人对现实的依赖。人的需要构成一种对现实生活的反映形式和积极行动的内在动力。幸福是人类追求的永恒的价值目标，所以，人的需要也必然构成幸福生成的内在动力。在马克思主义哲学视野下，人的需要与人的本性紧密相连。正如马克思所言："他们的需要即他们的本性，以及他们求得满足的方式，把他们联系起来。"[1]这就是说，人的需要即人的本性，即人与生俱来的特性。人的需要与人的发展共命运，满足人的合理需要是人的权利。事实上，人既是自然存在物，又是社会存在物，还是精神存在物。因而，人的本性就是自然性、社会性和精神性的有机统一。据此不难看出，从需要的类型看，符合人性的需要可以包括自然的、社会的和精神的三种类型。当然，依据不同的原则，人的需要可以划分为不同的类型。马克思指出："劳动力的价值由两种要素所构成：一种是纯生理的要素；另一种是历史的或社会的要素。劳动力价值的最低界限由生理的要素来决定。这就是说，工人阶级为要保持和再生产自己，为要延续自己肉体的生存，就必须获得自己生活和繁殖所绝对必需的生活资料。……除了这种纯粹生理的要素以外，劳动的价值还取决于每个国家的传统生活水平。"[2]因而，在马克思的观点里，人的需要还可以归纳为肉体存在的需要与社会存在的需要两大类。

有了人的需要，才谈得上需要的满足，才会有幸福的生成问题。否则，也就无所谓幸福不幸福的问题了。人的肉体存在的需要即人的自然生理的需要，如人的衣、食、住、行等。既然自然界是人的无机身体，人是自然界的一部分，那就不可能存在没有肉体和生理需要的人。不管社会出现怎样的变革，都无法想象人可以全然脱离生理需要而存在。同时，人又终归是社会的

---

[1] 中共中央马克思恩格斯列宁斯大林著作编译局：《马克思恩格斯全集》第三卷，人民出版社，1960，第514页。
[2] 中共中央马克思恩格斯列宁斯大林著作编译局：《马克思恩格斯全集》第十六卷，人民出版社，1964，第164页。

存在物，所以人的社会需要便显得特别重要。人的社会需要就是在生产实践和交往实践中呈现的需要，包括经济发展的需要、公平交际的需要、互相尊重的需要以及社会生活的需要等。此外，作为一种精神存在物，人还必须有精神生活需要。也就是说，除了满足人衣、食、住、行等这些自然生理的需要以外，还必须满足其精神生活需要，即满足追求真、善、美的需要。当然，精神生活需要的满足与人的社会生活中的精神领域密切相关。但是，这并不意味着满足人的精神生活需要仅仅局限在人的精神生活领域。在物质生活领域，人的精神生活需要仍然可以表现出来并获得满足。伴随着科技发展与社会进步，人的精神生活需要占有的比重越来越大，它与人的物质生活需要结合得也越来越紧密。比如，在人们对穿着、吃饭、住房和交通等方面的物质生活需求中，夹杂着一定的审美需求。

由于社会生活复杂多样，所以需要也是多样的综合体，"在现实世界中，个人有许多需要"[①]。为了满足人的多方面需要，人就要进行生产实践活动，于是才有了劳动创造幸福。人的本质之一就是自由自觉的劳动，所以，劳动创造本身也是人的一种最基本的需要。与动物需要的本质不同，人的需要不但在于物质生活与精神生活的满足，而且还在于物质方面与精神方面的创造。不难发现，人实现幸福的唯一途径就是劳动。只有通过劳动，人的幸福才能如实得到表征。因此从某种程度上讲，劳动创造就是人的体力与智力的充分发挥。在这个意义上讲，劳动创造过程就是实现人的幸福过程。就像马克思所说的那样，"生产劳动给每一个人提供全面发展和表现自己全部的即体力的和脑力的能力的机会"[②]。可见，人的劳动是人的自我表现、自我发展与自我实现统一的基础，最能体现实现幸福过程的就是人自身的劳动创造过程。同时，劳动创造还是满足人自身的各种需要的手段。需要的满足并非源于上帝恩赐，而是源于人自身的劳动创造。需要与劳动创造有着紧密联系。从根本意义上讲，没有需要就没有劳动创造，没有劳动创造也就没有需要。

---

① 中共中央马克思恩格斯列宁斯大林著作编译局：《马克思恩格斯全集》第三卷，人民出版社，1960，第326页。
② 中共中央马克思恩格斯列宁斯大林著作编译局：《马克思恩格斯选集》第三卷，人民出版社，1995，第644页。

可以说，劳动创造都是由需要所引发和推动的，需要就是人从事劳动创造的前提和动力。同样，在现实生活世界中，需要是由劳动创造决定的，劳动创造的目的是满足人的需要。由此可见，需要既构成劳动创造的内在动力，又是劳动创造的根本旨意。作为劳动创造的目的，需要通过动机对劳动创造起推动作用。而幸福的本质内涵之一就是人的需要的满足，人的幸福又总是处在人的劳动实践活动过程中。鉴于此，可以说，人的需要乃构成幸福生成的内在动力。

人通过劳动创造满足已有的需要，同时新的需要又会不断地产生，从而又会引起新的创造。也就是说，随着需要的不断产生，人就需要不断地进行认识活动和实践活动。如此一来，才有了人的生活的不断延续和发展，才有了人的幸福的不断生成和发展。从需要的作用来看，人的需要又可从生存需要、享受需要和发展需要三个层面加以划分。生存是人的最基础的需要，只有生存的需要获得满足，整个人类才能得以存在与发展，人的其他需要才能得以实现。为此，马克思曾称其为"必要的需要"。他指出："必要的需要就是本身归结为自然主体的那种个人的需要。"[1] 由此不难发现，生存需要既是人的基本需要，又是人的低层次需要。无疑，人要为自身的生存而奋斗，但是，人的奋斗绝不仅仅只是为了生存。在人的生存需要得到基本满足之后，人的享受需要便会为了改善生存条件、提升生活质量而诞生。一方面，人的享受需要滋生于人的生存需要。随着人类社会发展，当人的衣、食、住等温饱问题得到解决后，人们便会在生存需要的活动及对象中滋生享受需求。另一方面，人的享受需要无关于人的生存需要。这种需要是一种奢侈需要，与人的生存并无直接关系。比如，人对于装饰品的审美需要，对于美术、音乐等方面的艺术需要等。马克思主义哲学认为，人的享受需要具有一定的合理性。事实也已证明，随着人类社会发展，享受与生存的需要之间不再对立。"以前表现为奢侈的东西，现在则成为必要的了。"[2] 其实，人的现实生活世界

---

[1] 中共中央马克思恩格斯列宁斯大林著作编译局：《马克思恩格斯全集》第四十六卷下，人民出版社，1980，第20页。

[2] 中共中央马克思恩格斯列宁斯大林著作编译局：《马克思恩格斯全集》第四十六卷下，人民出版社，1980，第19页。

中并不存在享受与劳动之间的对立，相反地，劳动是人的快乐与幸福的源泉。此外，为了实现自身的完满、社会的文明、个性的发展，人们还不断地追求和实现着发展需要。在物质生活领域，人的发展需要表现为自由进行生产劳动的需要；在精神生活领域，人的发展需要表现为思想道德素质和科学文化水平等自由发展的需要。在这里，值得注意的是，劳动需要便由生存需要中的谋生手段转变为发展需要中的发展目的。因此，可以说，对于人而言，重要的不是劳动所带来的物质结果，而是劳动的现实过程，特别是在现实劳动过程中体验到了的幸福。当然这并不是说人可以没有生存需要，而是说人的生存需要已不成问题，人的享受需要和发展需要日益显著。

二、自由：幸福生成的重要前提

幸福总是人的幸福，自由也总是人的自由。作为人的一种活动状态，幸福与自由有着紧密的联系。幸福是实现主体与客体的统一，而自由是主体与客体统一的集中表现形式。因而，人的幸福离不开自由，自由是人的幸福生成的重要前提。另外，自由是人的本质规定之一，而幸福是对人的本质力量的全面占有。所以，从根本意义上讲，人的自由是人的幸福构成的必要条件。也就是说，拥有自由不代表拥有幸福，然而，失去自由就一定失去幸福。那么，究竟自由的内涵是什么呢？确切地说，自由就是人在他的认识和实践活动中追求而呈现的一种状态或境界。在马克思主义哲学视野中，称其为"自由王国"。马克思指出"自由王国只是在由必需和外在的目的规定要做的劳动终止的地方才开始"[1]，"自由只能是：社会化的人，联合起来的生产者，将合理地调节他们和自然之间的物质变换，把它置于他们的共同控制之下，而不让它作为盲目的力量来统治自己；靠消耗最小的力量，在最无愧于和最适合于他们的人类本性的条件下来进行这种物质变换"[2]。即是说，人

---

[1] 中共中央马克思恩格斯列宁斯大林著作编译局：《马克思恩格斯全集》第二十五卷，人民出版社，1974，第926页。
[2] 中共中央马克思恩格斯列宁斯大林著作编译局：《马克思恩格斯全集》第二十五卷，人民出版社，1974，第927页。

的自由就是人通过认识和改造必然的活动所表现出来的一种生活状态。这种生活状态表征着人的劳动活动是自觉、自为以及自主的。首先，人的自由活动是一种自觉的活动。自觉是较之盲目来说的，因而，自觉活动就是指富有预期目的的主动劳动。从某种程度上讲，人的自由活动就是实现预期目的的活动。可以说，为实现这种目的开展的实践活动本身就是对人的自由本质的一种表露。这种活动之所以是一种自觉活动，就是由于人是一种有意识的存在物，他的活动总是指向一定的自我目的。而幸福始终是人的活动的终极目的。所以，人只有通过自觉活动才能实现幸福。其次，人的自由活动是自为的。自为是相对于自发而言的，它是指人的活动反映着人的一种驾驭能力。这充分表明，人能够认识必然世界，运用客观规律，从而掌控外部世界达到为自身服务之目的。据此，可以说，人只有通过自为的活动才能获得幸福。最后，人的自由活动还是自主的活动。自主是比对强制来说的，它表明现实的人是自身活动的主角。他对有关劳动的一切内容享有相应的占有权、选择权和分配权。从这个角度讲，人的自由同人的权利是同义词。马克思也曾指出，自由是人的权利的一种。正是基于权利的意义，人的自由更是构成幸福生成的重要前提。

其实，自由本身就是一种幸福。可以说，任何主体活动都是为了摆脱客体对主体的束缚，从而实现主体的幸福。换句话说，这种克服客体对主体的对立状态，要求支配客体的能动性或主体性，便是人的自由性。从根本的意义来讲，人的主体性就是人要使自己成为自身生活的主人，即追求幸福生活。进而言之，人的自由就是这种掌控客体自主活动的主体性的实现。追求自由是发挥人的本质力量的表现，也是实现人的本质力量的前提。在此意义上说，人就是一个自由存在物，自由就是人的本质特征。同时，马克思主义哲学明确指出，劳动是人的类特性，故此，人的自由在本质上应该是社会劳动自由和社会实践自由。现实的人是从事活动的人，是从事劳动、实践的人。在这个意义上，恩格斯在《反杜林论》这部著作中阐释了人的自由的两大形式——认识自由与实践自由。"自由不在于幻想中摆脱自然规律而独立，而在于认识这些规律，从而能够有计划地使自然规律为一定的目的服务。……自由就在于根据对自然界的必然性的认识来支配我们自己和外部自然。"[1]在这里,"认识规律"指的是认识的自由,"支配自然"则是指实践的自由。据此可得出自由是对必然的认识和对世界的改造的结论。从根本意义上讲,自然界为人类的生存和生活提供基本的物质生活条件。人类的幸福生活无法离开自然界,可一旦人受到自然界的统治、奴役和束缚,还能够感到幸福吗?当然不能。这是由于,只有在认识自由的前提下,才能顺应自然规律地改造自然;而只有在实践自由的前提下,才能摆脱自然奴役地实现幸福。

还有,人是一种社会存在物。只有存在于自由的社会环境中,他才能够不受限制地发挥自己的聪明才智,才能不受束缚地进行自由自觉的劳动创造,才能自由自觉地创造幸福、享有幸福。试想,倘若一个人受到他人的统治、奴役和束缚,还能够感到幸福吗?显然不能。这是由于,从人与人的关系角度来看,人的自由应当表现为自主状态,而受到他人的统治、奴役和束缚还何谈自由,没有人的自由还何谈人的幸福。从人的社会活动角度来看,人的自由应当表现为自觉状态,而受到他人的统治、奴役和束缚还怎么自觉,没有人的自觉还何谈人的自由。从人与自身的关系角度来看,人的自由应当表现为自为状态,而受到他人的统治、奴役和束缚还怎么自为,没有人的自为还何谈人的幸福。可见,对于生活在社会环境中的人来说,失去自由就意味着无法拥有幸福。

当然,这里的自由并不是指那种无拘无束或无法无天的所谓的自由。其必须具有以下几个基本特征:首先,自由是具体的而不是抽象的。马克思主义哲学强调,现实生活世界中只有具体的自由,没有抽象的自由。凡是涉及自由的,尤其是在复杂阶级社会的自由,都要弄清楚究竟是哪些人的自由,究竟是在什么条件下的自由。毕竟,人总是社会中的人,所以,人的自由也一定是具体条件下的自由,那种一般的、抽象的自由是根本不存在的。其次,自由是相对的而不是绝对的。在一定意义上,人的自由意味着脱离束缚和限制。因而,可以说,自由与限制是紧密相连的,自由既要脱离限制,又无法离开限制。也就是说,没有限制就根本无法谈及自由,自由是有一定的边界

---

[1] 中共中央马克思恩格斯列宁斯大林著作编译局:《马克思恩格斯选集》第三卷,人民出版社,1995,第 455～456 页。

和范围的。在一切制度完善的国家中,人的自由都要受到法律的严格约束。当然,真正的法律也是以自由为基础并确保人的自由的。在一定程度上,真正法律的限制其实是为了获得更大的自由。最后,自由是历史的而不是永恒的。自由不是某种先天存在的东西,而是人类历史发展的结果。"从动物界分离出来的人,在一切本质方面是和动物本身一样不自由的;但是文化上的每一个进步,都是迈向自由的一步。"① 这也就是说,人类历史发展到哪种程度,人的自由就实现到哪种程度。人类历史始终是一个由必然王国向自由王国发展的过程。可见,人的幸福与人的自由密切相关,从一定意义上讲,实现了人的自由也就实现了人的幸福,人的幸福实际上是人的一种自由状态。

综上而言,人的幸福就是主体通过认识和运用必然,在活动中有目的地做他应该做的事,有能力地做他能够做的事,有权做他愿意做的事,并在这一过程中最终达到自身的自由。实际上,人的自由反映的是主体与客体之间的一种关系,而人的幸福则表现的是在社会活动中主体与客体的统一。具体而言,人的自由和幸福都通过真、善、美三个方面表现出来,它们是真、善、美的统一。因而追求人的自由和幸福就是在追求真、善、美。"真"作为第一个层面,是人对客观规律的正确认识,是一种主观境界的理性发挥,是观念形态中的主客体统一。"善"作为第二个层面,是人的活动及其产物合乎主体自身的目的,是客观与主观相符的完满,是物质形态中的主客体统一。作为第三个层面,"美"是对真和善的统一与升华,是一种自我享受的超脱表征,是人性物性中的主客体统一。在美的境界中,真与善合二为一,主体与客体达到高度统一。主体能够完全驾驭客体,按照自我的目的改造客体,从而实现自我创造与自我创新。这样一个新我世界,给人以欣慰、愉悦、陶醉和幸福。总之,人的自由和幸福无法离开真、善、美,追求人的自由和幸福活动也就等于追求真、善、美的活动,人的自由和幸福状态也就是真、善、美的状态,自由王国或幸福王国也就是真、善、美的王国。

---

① 中共中央马克思恩格斯列宁斯大林著作编译局:《马克思恩格斯选集》第三卷,人民出版社,1995,第456页。

三、理性：幸福生成的主体自觉

幸福虽然是人的一种心理体验，但却离不开人的理性。在追求幸福的实践活动过程中，人的理性起着至关重要的作用。它能够防止幸福片面化，让人更全面地了解幸福。这是因为，人的活动之所以与其他动物有着本质区别，在于人是一种理性存在物。这种理性就是指人在正常思维状态下，为达到认识活动与实践活动的预期目的，勇敢、自信和冷静地面对现实，了解现实以及分析现实，制定诸多可能性方案并选择出一种最佳执行方案的能力。而追求幸福是人生的终极价值目的，无疑，人的理性在对幸福的理解、规制和提升中占据十分重要的地位。从一定意义上讲，人的理性构成幸福生成的主体自觉。也就是说，人作为理性的存在物，是自觉能动地追求幸福这一终极价值目的的。同时，由于人的幸福是实现主客体的统一，所以，这也就充分体现了主体对于主客体关系的自觉性。人的这种自觉意识是一种自我意识、主体意识，它是主体与客体形成对象性关系的前提条件。主体的自觉性反映的是主体的能动性，人之所以不同于活动对象就是由于人的自觉能动性。正是由于人的自觉能动性，才有人改造自然获得的幸福；正是由于人的自觉能动性，才有人与人交往获得的幸福；正是由于人的自觉能动性，才有人改造自身获得的幸福。

其实，在获得幸福的过程中，既包含人的认识活动，又包含人的实践活动。从认识活动来看，追求幸福离不开人的理性认识。当然，理性认识是相对于感性认识而言的。但是，与感性认识不同，理性认识是通过抽象思维在概念、判断以及推理的基础上，反映事物的本质规律和内在联系。因而，不难发现，理性认识能够深化人们对幸福本质内涵的理解，从而有效地防止对幸福理解的表面化、片面化。事实上，理性认识使人对幸福的理解发展到了一个更高的层次，它使人们能够更全面、更深刻地认识幸福。唯有如此，人们才能够更好地创造幸福、享受幸福。具体而言，理性认识对认识幸福有着以下作用：其一，人们已有的理性认识决定着对幸福认识的内容和高度。理性认识是人类精神实践活动的劳动成果，它出现后便以传承的方式内化于人的认识系统当中。当人们去追求幸福的时候，大脑便会依据其存储的原有的对幸福的理解及相关的理性知识进行反映。因此，我们说对幸福的理解的内容和深度取决于人原来的理性知识素养。其二，理性认识调控着人们追求幸福的感性活动。在追求幸福的感性活动过程中，人们会按照自己的价值理念来控制追求幸福的发展方向、实践对象，同时还会对自身所感悟到的幸福信息进行反思、评价和选择。他们会选择那些合乎主体目的和符合主体需要的幸福目标去追求。因此，从这个意义上讲，幸福作为人的终极价值追求，必然要受到理性认识的调节和控制。

从实践活动来看，理性在人的幸福实践中起着直接的支配作用。人的实践系统不仅具有反馈机制的自我控制方式，而且还具有精神机制的自我控制方式。精神机制不同于简单的反馈机制，它是一个能动的反馈机制。正是由于人的精神机制全面地反映着幸福即主体与客体统一的关系，从而形成一个特殊的、整体的司控系统机构，以至于能将系统机构内外所有的关系要素纳入其自身，它知觉、了解幸福这种主客体统一关系并能通过发现问题与解决问题的方式调控整个实践系统。与客体的自然系统不同，主体的实践系统既可能遵循、也可能违反客观规律。违反客观规律就充分表明了主体的实践系统不是由客观规律直接支配的。通常情况下，人们所讲的人的活动要符合客观规律，只不过是为了强调实践的成功必须遵循外部对象的规律。然而，人的实践是一种不同于外部对象运动的特殊运动，它拥有自身独享的物质运动规律，是一种体现主客体关系的运动规律。从本质意义上讲，实践规律对主体活动的能动制约的最根本特点在于：整个运动过程都必须通过精神机制起调控作用。当然，追求幸福的实践活动也不例外。它也要受到精神因素的调控作用，这些因素既有理性因素又有非理性因素。不言而喻，非理性因素如意志、情感等在追求幸福的实践活动中起着至关重要的作用。可是，伴随着人类追求幸福的实践活动，这些非理性因素却逐渐地转化为理性的对象并为之掌控。因此，从这个意义上讲，幸福作为人的终极实践追求，终究要受到理性的调节和控制。

综上所论，追求幸福是人的一种自由自觉的活动。理性在追求幸福的活动中起着重要作用。第一，理论理性反映着幸福的本质和规律，对人追求幸福的实践活动起着指导作用。理论理性是幸福实践所必不可少的内在因素，它渗透在幸福实践的各个环节之中。在追求幸福的过程中，人只能根据幸福的本质来探索和分析出多种可能性，并从中选择一种最为可能的可能性作为实践的目的。人只有依靠理性思维，才能实现现象与本质、可能与必然之间的切换。可见，没有对幸福本质的把握，便无法确立实践的目的。同时，人必须根据幸福的本质来寻找和创造幸福的实践手段。而在使用和控制创造幸福的实践手段上，人也必须依靠逻辑思维的力量来把握幸福实践的手段。另外，在评判追求幸福的实践结果时，人也必须运用逻辑思维来分析实践结果的正确性与价值性。第二，实践理性体现着主体的需要和愿望，对人追求幸福的实践活动起着执行作用。与理论理性相比，实践理性是一种更为直接地作用于幸福实践的理性。实践理性作为一种理性因素，体现着主体的意志和情感等非理性因素。从反映的内容来看，实践理性反映着主体的需要和愿望，是一种运用理论去执行幸福实践的理性。它的实质是将主体对象化，按照主观世界来改造客观世界，从而追寻自我所需的幸福理想状态。从追求的方向看，实践理性追求的是幸福的应然性，即为主体在幸福的多种发展可能性中进行选择提供了必要的依据。从发挥的功能来看，实践理性指导实践变为现实，体现着主体的自主性。从活动的方式来看，实践理性是以理想信念和计划方案等形式将理性幸福目标在感性幸福世界中呈现出来。可见，在追求幸福的实践活动中，实践理性作为一个控制中心运用着实践的手段、发挥着主体的能力。第三，评价理性表征着主体与客体的统一，对人追求幸福的实践活动起着平衡作用。作为实践的自觉能动机制，实践理性就是一种主体的评价活动。一方面，它根据预期实践目标去评价实践结果，看其是成功还是失败，是继续还是终止。另一方面，它根据实践结果去评价实践目的和实践结果的价值性。无论如何，评价理性总是指向较高的价值标准，这也是人类追求相对的绝对客观标准的内在依据。评价理性之所以总是超越相对性追求绝对性，就是由于实践的主体总是处于逐步完善的过程中。其实，评价理性是提升和完善主体价值所不可或缺的理性环节。只有如此，主体才能更为全面地、深入地把握幸福。并且，随着幸福的变化发展，主体才能更好地创造幸福和享受幸福。

四、实践：幸福生成的现实基础

追求幸福是人的本性，是在人的实践中进行的。实践是人的基本存在方式，人是一种对象性存在物。脱离了实践，人便失去其存在的对象，而变成一种抽象性存在物。事实上，人是现实生活世界的基础，而实践又是现实生活世界中人的基础。没有人的实践存在，根本无法谈及现实生活世界。因为"这种活动、这种连续不断的感性劳动和创造、这种生产，正是整个现存的感性世界的基础"①。也就是说，人的实践是全部现实生活世界的根基。它不仅创造人类的物质幸福，而且创造人类的精神幸福。从这个意义上来讲，实践是人类所特有的物质生产活动、创造价值活动以及追求幸福活动。一方面，人通过实践改造自然界的原始状态，将自身的需要、目的和追求映射到对象中去；另一方面，人通过实践改造自然界的同时，也在不断地创新自我。有鉴于此，可以说，人的现实生活世界是由实践创造出来的，实践是人类最根本、最基础的创造性活动。人的实践通过主体与客体的统一展现出来，而且也正是主客体这种统一凸显着人的实践的价值，凸显着人对幸福的追求。人类社会发展史就是人类在现实生活世界中不断进行提升、优化的自由解放史，更是人类在现实生活世界中不断追求快乐、幸福的全面发展史。正如马克思曾说："人应当通过全面的实践活动获得全面的发展。"②

幸福离不开实践，自由自觉的劳动创造是实现幸福的手段。通过实践这种人类所特有的能动改造客体的物质性活动，人把自己从自然界中提升出来变成主体，因而，实践就是人区别于动物以及其他一切存在物的本质特征，是人作为主体区别于客体的内在依据。由于幸福是主体的幸福，所以，实践是幸福生成的现实基础。从本质意义来看，人的实践具有矛盾性。一方面，它是一种感性的现实活动。作为感性的现实活动，人的实践有着明显的客观物质力量。如此一来，主体才能通过自身活动改造客体以满足主体的本性需

---

① 中共中央马克思恩格斯列宁斯大林著作编译局：《马克思恩格斯文集》第一卷，人民出版社，2009，第529页。
② 中共中央马克思恩格斯列宁斯大林著作编译局：《马克思恩格斯选集》第三卷，人民出版社，1995，第643页。

要。另一方面，它又是一种自主的创造活动。也就是说，人的实践体现着自我意志和主观意识。倘若人的实践不存在这种主观性特征，它也就不能成为人类所特有的本质活动即自由自觉的活动。这一点充分证明了人的实践具有自主性和创造性。然而，以上两个方面，不管是在表象上还是在依据上，都是互相对立、互相矛盾的。马克思主义哲学以从事实际活动的人为出发点，指出历史不过是追求自身目的的人的活动。人的首要历史活动便是维持自身生存，创造社会历史的物质生产劳动，而这种物质生产劳动既实现了主体与自然客体之间的物质交换，又实现了主体与客体之间的观念交换。如此一来，马克思主义哲学看到了人类的基本实践活动这一契合点，进而把现实性、自主性和创造性统一了起来。从根本意义来讲，主体的一切社会活动终究离不开这一基本实践活动。当然，追求幸福的人类活动也不例外。

幸福是人的一种主观目的，而实践是达到这种主观目的的现实活动。实践与人的活动是对等的，它不仅包含人的物质活动，而且也包含人的精神活动。不管是物质活动，还是精神活动，都是人的有意识有目的的活动。它们在本质上都被包含在人的实践当中，其终极目的和最终指向都是人的幸福。当然，人的实践并非头脑中的意识活动，而是现实中的感性活动。这也就是说，追求幸福不是抽象的人的活动，而是现实的人的活动。在这个意义上，只有物质活动与精神活动相结合才能称为人的实践。然而，人的一切活动都是为了满足人的某种需要而进行的。没有人的实践活动，就没有人的需要满足；没有人的需要满足，就没有人的主观体验；没有人的主观体验，就没有人的幸福。因此，从人的幸福角度来看，实践的目的不仅要实现满足人的物质需要的物质幸福，而且也要实现满足人的精神需要的精神幸福。即是说，人的幸福就是通过实践获得的物质幸福与精神幸福的统一体。其实，实践总是反映着某种具体的关系，而人的幸福就是在这种现实关系中产生的。

追求幸福是人的实践活动，实践是幸福生成的现实基础。作为人的创造性的活动，实践有着自身独有的特性。只有准确把握实践这些特性，才能正确认识和理解幸福的本质。首先，实践具有客观现实性。它是客观性与现实性的内在统一。人的实践活动是一种感性具体活动，它是统一于内化与外化实践之中的。作为全部的感性实践活动的本质特征在于：它是感性实体之间的相互作用。而幸福是人的需要的满足，其客观内容需要借助客观现实的实践活动来填充。其次，实践具有自觉能动性。与自然客体运动性质不同，人的实践是一种主观的能动活动。也就是说，人不是盲目地、被动地去适应客体，而是有目的地、主动地去改造客体。从一定意义上讲，幸福就是主体自觉改造客体的终极目的。人作为主体，通过实践将客体内在的东西渗透到主体之中，以提升主体自身的能力素质；同样，主体也借助实践把自身的需要、目的以及追求映射到客体之中，从而把客体的现实存在转化为主体的需要存在。如此一来，实践使主体与客体之间建立起一种更高的、更新的统一关系。无疑，这也表明幸福来源于人的自由自觉的劳动创造。最后，实践具有社会历史性。实践的社会性是指个体唯有处于某种社会关系中，才能实现对客体的能动改造。也就是说，作为实践的个人活动，一定从属于某种社会活动。因此，人的实践必然具有社会性。与此同时，人的实践又具有历史性。实践的历史性是指人的实践受历史条件限制，都是历史产物，并随历史的发展而发展。从这个意义上来讲，人的实践本性决定它自身始终的发展过程。幸福是人的幸福，人又总是处在一定社会实践中的人。因此可以说，没有实践，就没有社会和谐；没有实践，就没有历史发展；没有实践，就没有人的幸福。

从某种意义上讲，实现幸福的过程就是实现主客体统一的过程。而实现主客体统一的过程又只有在实践中才能完成。可以说，实践既是主体与客体对立产生的根源，也是主体与客体统一的基本路径。人是自然界发展的最高产物，是人通过实践将自身与自然界分化成主体和客体。在实践过程中，主体对客体实现占有，客体对主体实现满足，从而达到主体与客体的有机统一。可是，主体与客体的统一是以主体为中心的统一，进而言之，主体与客体的统一就是为了实现人的幸福。当然，主客体的分化与统一并不是两个独立的过程，而是主客体共同发展这一过程的两个方面。确切地说，主客体的每次分化都是为它们新的统一创设条件，而新的统一又会使得主体更大限度、更高层次地占有客体。如此一来，主体的主动性和能动性得到进一步增强，从而也为主客体的下一次分化提供了前提条件。由此可知，实践是主客体分化和统一的基础，主客体分化与统一的过程就是主体实践发展的过程。幸福就是要实现主体与客体的统一，实践就是幸福生成的现实基础。

第三章　幸福的现实困境

幸福是人类追寻的终极目标。自古至今，无论是西方还是东方，思想家们都纷纷探索着什么是幸福、要实现怎样的幸福、怎样实现幸福等关涉幸福的最基本问题。然而，人的幸福却依然存在这样或那样的现实困境。幸福缺失、幸福悖论、幸福异化都是幸福困境的突出表现。究其根本，主要在于自然环境、社会制度、价值观念和异化劳动多重因素。

第一节　幸福困境的主要表现

一、幸福缺失

幸福是人类社会的永恒追求，追求幸福是人类发展的动力。迄今为止，人类社会的发展取得了巨大进步，但是，在幸福方面仍然存在着一系列问题。一个国际研究调查组织围绕"你是否每天愉快"这个主题，对25个发达国家的人展开了抽样调查。其结果显示，60%以上的人都无法做到每天感觉愉快，其中20%的人明确表示自己每天都感觉不愉快。此外，还有一些人表示自己不知道如何才能获得愉快，在现实生活中就是感觉不到愉快，甚至开始疑惑人生价值或人生意义。可见，幸福缺失已成为当今现实社会中一个较为严重的问题。从哲学意义上讲，幸福是主体的幸福。所以，幸福缺失当然就是主体的幸福缺失。而主体的幸福既从属于客观存在的范畴，又从属于主观感受的范畴。那么，幸福缺失也就包含两个方面，即幸福的客观缺失和幸福的主观缺失。然而，无论如何，主体的幸福缺失的最直接表现是主体的幸福感缺失。当然，这并不是说主体的幸福只具有主观性。主体的幸福既具有主观性又具有客观性，是客观性与主观性的统一体。实际上，主体的幸福感也既具有客观性又具有主观性。一方面，主体的幸福感无法摆脱幸福的生活状态而独立存在，这表明主体的幸福感具有客观性；另一方面，一种幸福的生活状态只有被主体自我感知的时候才具有主体价值，这表明主体的幸福感具有主观性。这也就是说，只有良好的客观生活与较高的主观评价相结合，才能拥有主体的幸福。所以，主体的幸福缺失就表现为：一是拥有良好的客观生活，但却拥有较低的主观评价；二是拥有不好的客观生活，但却拥有较高的主观评价；三是拥有不好的客观生活，同时拥有较低的主观评价。因此，从一定意义上讲，主体的幸福是整体意义的人生幸福，它总是引领着人去过有价值的生活。其实，幸福不仅是一种生存状态，而且是一种生活状态；它不仅包括客观生存方面的良好状态，而且包括主观生活方面的良好状态。一般来讲，客观生存方面的状态主要取决于外部客观世界的发展状况，包括经济、政治、文化、社会道德、公共安全、人际关系等。然而，外部客观世界发展的最终目的又是人的发展，人作为目的则意味着要尽可能地满足其需要。而相对于个体而言，主体需要的满足则主要体现为内心的幸福感即内部主观世界的满足状态。不难发现，幸福感是人类社会进步的深层标准。人类社会进步可以表现为经济、政治、文化等客观世界的进步，但归根到底还是要回归到人的主观世界的层面。所以，从根本意义上讲，人的幸福缺失终究表现为人的幸福感缺失。

从某种程度上讲，人的幸福是哲学的中心议题，而幸福感则是心理学的中心命题。但是，人们对幸福的理解随着时代变化而不断发生变化，有关幸福的探讨也逐渐由哲学领域渗透到心理学领域。可以说，不同学科领域只是从不同视角反映着人们对幸福的理解，这些不同视角是相互补充、相互交融、相互统一的有机体。因此，从早期哲学对幸福感的理解到现代心理学对幸福感的研究，有关幸福感的理论呈现出丰富多彩、复杂多变的特点。从总体意义上讲，幸福感大致可以分为主观幸福感、心理幸福感和社会幸福感三种。人是一种有意识的存在物，人的幸福缺失无疑要以幸福感的缺失为表象。所以，研究幸福缺失也就必须从幸福感缺失的三个方面入手。

首先，主观幸福感缺失。从某种意义上讲，幸福是一种主观的快乐心理体验。这就说明，主体的幸福具有主观性，主观性是主体幸福的根本性质。幸福如果不具有主观性的属性，那么，就不能称其为主体的幸福，亦即主观幸福感缺失。因为就其性质而言，主观性体现着主体由己出发追求幸福。这种源于主体心意以内的由己性，是主观幸福感的一个根本特征。从哲学意义上讲，由己性即排他性，是对立中的统一。主观幸福感表明主体是以自身需要为基础，去看待和对待客体。一方面，主体只接受客体满足自身需要的性质和关系；另一方面，主体又拒斥客体不满足自身需要的性质和关系。从此意义上讲，主观幸福感就意味着幸福的主观性对客观性的否定。值得注意的是，这只是针对幸福的主观性而言。那么，就幸福的客观性而言，由主体的主观需要出发所表现的客体的客观内容，不一定同客体的客观内容全然吻合。当然，这并不是讲要歪曲客体的客观内容。其一，有可能是进一步展示了客体的客观内容；其二，有可能是极度脱离客体的客观内容。可是，一旦产生歪曲客体的客观内容时，那种主体与客体的一致关系便会形成一种虚假幸福。毋庸置疑，虚假幸福势必会造成主体的主观幸福感缺失。

其次，心理幸福感缺失。在哲学意义上，心理幸福感源于亚里士多德的"实现论"。在那个理论中，亚里士多德指出，人的幸福并不能与主观快乐画等号。毕竟，当那种感觉可以使人产生快乐但对实现人类愿望无好处时，也就不能够使个体在心理上产生相应的幸福感，即心理幸福感缺失。因而，从一定意义上讲，主体的幸福绝不仅仅是情感上的主观体验，而更应该是关注能力上的潜能实现。由此不难发现，心理幸福感主要侧重于人在个体生活领域中的自我实现。这也就是说，幸福存在于人们从事的价值最大的对象化活动之中，人只有通过对象化活动才能肯定自我、展现自我以及确证自我。人的本质的确证与他的对象化活动具有同一性。在对象化活动过程中，人离动物越来越远，成为具有巨大能动性的主体。在这种状态下，人能够将一切存在物纳为自己的活动对象，并在对象化活动中充分地展现真实的自我。这一点也足以证明，人的本质在一切存在物中具有最高的完满性。心理幸福感就是个体对实现人的本质的完满性的追求，它涉及人的心理机能、人的生命价值、人的自我实现等诸多方面。如此一来，不难发现，心理幸福感起码必须具备两方面因素：一是自我实现的快乐。这是指个体全心全意地投入生活实践中，并意识到自我潜能已经得到充分展示，从而形成了一种自我实现的快乐体验。二是自我满足的快乐。这是指在现实活动中，个体由于自我需要得到满足而产生的一种心理愉悦。可见，无论是缺少自我实现的快乐，还是缺少自我满足的快乐，都必然导致心理幸福感缺失。

最后，社会幸福感缺失。由于人是一种社会存在物，所以社会幸福感关注人在社会生活领域的幸福。有关社会幸福感的研究最初始于社会道德沦丧与社会关系疏离问题的出现。人自始至终是一种社会性动物，所以，社会道德沦丧与社会关系疏离必然导致人的社会幸福感缺失。事实上，社会幸福感缺失就是指个人在自身与他人、集体以及社会关系之中无法感到幸福。值得注意的是，尽管幸福感强调的是幸福感的个体特征，但是个体却是根植于社会中的个体。因而，要拥有人的个体幸福感还必须确保个人的社会幸福感。从人类的起源来看，人是以群体的社会化形式存在，而并非以独立个体的形式存在的。也就是说，人一直从属于社会群体。在现实生活中，任何个人都需要得到社会群体的支持。人是社会群体中的人，只有享受到社会福利，个体才能感觉到幸福。相反，一旦个体脱离社会群体去追寻幸福，那种幸福充其量是大脑中的抽象幸福。也就是说，个体的现实幸福感必然不是社会幸福感的缺失。此外，在现实生活中，个人还处在与他人的社会交往与社会合作的关系之中。从某种意义上讲，人的社会幸福感来自人与人的交往以及人与人的合作。倘若个人与他人在一起，并不能感到舒适快乐，也不能实现彼此认同，如此一来，个人更是不会在社会关系中感到幸福，亦会出现社会幸福感缺失。还有，从价值的角度来看，人的价值就是人对人的意义。换言之，人的价值就是人与人的社会关系，包括个人的价值和社会的价值。从原则上讲，个人的价值与社会的价值是统一的。毕竟，个人是社会之中的个人，社会是个人组成的社会。所以，只有个人对社会有价值，且社会也对个人有价值时，个人才能真正体悟到社会幸福，反之便是社会幸福感缺失。总之，要摆脱社会幸福感缺失就要把个人与社会、个人与他人的关系作为重要目标，强调只有社会和谐才能够使个体感觉到真正的幸福，主张从个人的社会存在、社会认同以及社会价值的视角来阐释人的幸福。

二、幸福悖论

追求幸福是人类社会的终极目标，经济发展对人类幸福有一定影响。然而，随着经济水平的不断提升，人们发现幸福水平没有提高。甚至，经济水平越高，幸福水平越低。如此一来，便产生了幸福悖论。无疑，幸福悖论产生的前提是人们公认经济与幸福呈正相关关系。事实上，早在1971年，美国的心理学家菲利普·布里克曼与唐纳德·坎贝尔在一篇题为《享乐的相对主义和规划美好的社会》的论文中，就曾得出"更好的客观生活条件（收入或者财富）对于个人福利没有影响"即"幸福悖论"[1]的结论。可以说，这篇文章既具有重要的理论价值，又具有重要的现实意义。可是，在当时，幸福悖论却并没有引起强烈反响，也没有得到广泛关注。直到1974年，美国南加州大学经济学教授理查德·伊斯特林在论文《经济增长可以在多大程度上提高人们的快乐》中从经济学角度开始进行阐释，幸福悖论才在学术界引起强烈反响和受到广泛关注。围绕这一主题，不同领域的学者纷纷进行相关的幸福探讨。在伊斯特林的这篇论文中，幸福悖论主要描述的是人们的幸福水平并没有一直随着物质财富增长而增长。为此，幸福悖论又被称为"伊斯特林悖论"，抑或"收入——幸福之谜"。伊斯特林通过分析有关主观幸福感的两组不同类型调查数据——乔治·盖洛普的民意调查数据和哈德利·坎特里尔的生活满意度调查数据，证实了人的幸福与物质财富之间普遍存在着不一致性、弱相关性。同时，他还得出三条重要结论：其一，在同一国度内，在同一时间段，收入与幸福之间有着明显的正相关性。换言之，富人比穷人幸福。伊斯特林的研究表明，在每个单独的调查中，从平均意义上看，那些高收入阶层都比那些低收入阶层更为幸福。其二，在不同国度间，在同一时间点，收入与幸福的那种正相关性并不确定。也就是说，富国的幸福水平比穷国的幸福水平更高这一点，无法得到数据的证实。其三，在同一国度内，在不同时

---

[1] Brickman P, Campbell D T, "Hedonic Relativism and Planning the Good Society", Appley MH(Ed), Adaptation "Level Theory: A Symposium", Academic Press, 1971:287-302.

间段，分析时间序列数据发现，收入与幸福的那种正相关性也不明显。鉴于此，伊斯特林通过比较和分析实际数据得出的结论是，收入与幸福之间的正相关性并不具有普遍性。

传统观念认为，经济水平越高，幸福水平越高。可是，不管是心理学的研究，还是经济学的研究都已确证，近些年来，虽然很多国家经济收入水平大幅度增长，可是国民幸福水平却没有提升，更有甚者呈下降趋势。这样的幸福悖论已出现在许多发达国家，例如美国、英国、法国、德国、意大利等。据权威调查，1957年，52%的英国人感觉自己非常幸福；而到了2005年，仅剩36%的英国人表示自己非常幸福。可是，这些年来英国的国民人均收入水平却翻了三番。同样，一些发展中国家也出现了类似的幸福悖论。例如，我国近来的一项经济学研究显示，在"1990年至2007年间，中国国民人均GDP呈现大幅增长，可整体国民幸福指数却并未显著地提升。相反地，研究数据表明，居民的生活满意度从1990年的7.3降至2007年的6.8，国民的幸福感水平1990年的0.68升至2007年的0.77"①。同样地，另一项经济学研究发现，"1990年至2008年间，伴随着国民人均GDP的增长，居民的幸福指数大致表现为水平波动的情形，幸福指数的调查数据显示其一直保持在6～7之间"②。还有研究表明，"1990年至2000年间，中国的经济尽管有大幅度提升，但是，国民的幸福却显露出下降的趋向"③。这一切都表明，不仅发达国家存在幸福悖论，而且发展中国家也存在幸福悖论。也就是说，幸福悖论既是发达经济的产物，也是发展经济的产物。如此一来，幸福悖论的出现使人类幸福的实现面临巨大挑战，这也迫使不同学科领域的学者们深深反思并努力解释幸福悖论。因此，国内外出现了一些解释幸福悖论的理论。

一是社会比较理论。在幸福方面，社会比较理论是指个人的幸福水平是以他人的幸福水平为比较标准。而幸福悖论又是幸福经济学中一个非常重要

---

① 曹大宇：《我国居民收入与幸福感关系的研究》，博士学位论文，华中科技大学，2009年。
② 娄伶俐：《主观幸福感的经济学理论与实证研究》，博士学位论文，复旦大学，2009年。
③ Brockman H, Delhey J, Welzel C, Yuan H, "The China puzzle: Falling happiness in a rising economy", Journal of Happiness Studies, 2009,10(4):387-405.

的概念。因此，伊斯特林认为，在整个人类的生命周期中，个人幸福水平并没有随着个人收入水平的增长而增长，这是由于社会比较和快乐适应的原因。他进一步研究得出，在现实生活中，货币性条件的变化具有迅速的、完全的适应性，而非货币性条件的变化则具有缓慢的、不完全的适应性。所以，非货币条件的快乐适应对货币条件的幸福效应具有侵蚀性。在经济学中，社会比较理论是与相对收入理论对应的。这些理论以收入水平为出发点，认为个人效用不仅与绝对收入水平有关，而且还与相对收入水平有关。毕竟，通常情况下，人们会把个人的收入同他人的收入相比较。而人的幸福又具有主观性，因而，比较的结果必然在很大程度上影响着个人的幸福水平。因此，从这个意义上来讲，与个人绝对收入水平相比，同他人比较的相对地位显得尤为重要。也正是由于这个原因，社会平均收入水平的不断提升并不能带来个人幸福水平的显著增长。由此看来，个体的幸福水准与其本人的收入水平呈一致状态，而与其社会的平均收入水平呈相反状态。其中，社会平均收入水平亦即攀比水平。进而言之，社会财富变得越多，攀比水平随之越高，从而收入－幸福曲线呈下降趋势，以致幸福水平不变乃至下降。

二是忽视变量理论。这种理论认为，人们过度关注收入与消费等影响幸福的经济因素，从而忽视乃至牺牲影响幸福的其他诸多非经济因素。例如，亲情友情、身心健康、权利义务、自由平等、政治参与等。然而，人的幸福受经济因素的影响是单一的、有限的，所以，过分关注经济因素以及牺牲、忽视非经济因素都必然会引起个人的主观幸福感徘徊不前或停滞在某一水平上。特别是收入与消费等经济因素同那些非经济因素呈负相关时，经济水平的增长势必会带来影响幸福的其他诸多非经济因素水平的下降。也就是说，从某种程度上讲，非经济因素的负面效应会抵消经济因素增长的正面效应，因而就出现了经济水平不断提升而人的幸福感却不随之增加的幸福悖论现象。这也足以证明，经济因素增长本身具有双重效应，既具有正面效应又具有负面效应。至于哪种效应会发挥作用，主要取决于环境的变化。例如，当经济因素增长到影响文化水平变迁时，它的负面效应就有可能大于它的正面效应。

三是"幸福水车"效应。这个理论从属于心理学领域，由布里克曼和坎贝尔两位心理学家提出。"幸福水车"效应就是一个人不管怎样运动，其个人幸福水平却依然像水车一样原地踏步。关涉"幸福水车"效应的有两种不同的心理学理论，即情感适应理论和幸福定值理论。其中，情感适应理论与社会比较理论类似。只是社会比较理论侧重的是个人与他人之间的横向比较，而情感适应理论侧重的则是同一个人不同时间点上的纵向比较。情感适应理论强调，因为存在某些内部原因，不管某种刺激形成的是正向情感反应还是负向情感反应，随着时间的流逝和次数的增多，人们所能体悟到的情感反应总是呈弱化或削减趋势。因此，尽管人们的收入水平随着时间的推移不断提升，但是等量收入所带来的主观幸福感却是锐减的。幸福定值理论认为，人人都有一个原初特定的幸福水平即幸福定值。这个幸福定值主要取决于个人性格、遗传基因等因素，因而任何幸福感的起伏波动都只会是暂时的，在一段时间过后，其个人幸福水平将不可避免地弹回到初始的幸福定值。

　　四是关系物品理论。关系物品理论认为，一个人的幸福是由社会中的关系物品决定的。这些关系物品是指鉴于本地关系的专属性公共资产。良好的人际关系有利于个人幸福与社会幸福的提升，而那些为了获取物质财富去破坏与他人的关系的行为，则会减少关系物品的数量及质量，从而最终使得收入水平不断提高而幸福水平却连续下降。根据关系物品理论，有学者判定美国社会幸福水平的降低就是由于国民善举与人际亲密度的衰退。对于拥有低收入水平的人来说，提升收入水平的幸福效应是正向的。这是因为收入提高能够促进人际关系，避免人际困境对主观幸福感带来的威胁。然而，在现代社会中，由于人们意识到关系物品的减少会导致幸福水平的降低，所以他们不得不借助追求更多商品来弥补或代替关系物品。如此一来，这样的举措致使人与人之间的竞争加剧，从而使得人际关系陷入一种恶性循环之中。

　　国内有关幸福悖论的解释理论形成得较晚。同时，大部分国内解释理论都是对国外幸福悖论解释理论的深化。有的学者从人本经济学视角深化忽视变量理论，认为幸福悖论现象可以利用马斯洛需求层次理论中的"不同质的需要具有弱通约性或不通约性"的原理来解释。也就是说，当人们的收入满足了基本生理需要后，它就难以满足人们那些更高层次的需要了。所以，从一定意义上讲，收入并不是影响幸福的强相关因子。随着经济水平的不断提高，收入与幸福之间的正相关性也逐渐消失。现如今，最具创新的解释理论当属"临界收入理论"。该理论发现,收入水平与幸福水平之间存在着一个临界值。在没有达到临界值之前,收入水平与幸福水平之间呈正相关;而一旦达到或超出临界值,收入水平与幸福水平之间就呈弱相关或负相关。此外,针对收入与幸福的关系,还有学者采取综合分析的视角来解释,将忽视变量理论同临界收入理论相结合。他们解释幸福悖论时指出,收入达到临界值之后,其功能便由目的转向手段。也就是说,收入不再是实现幸福的目的,而转化成实现幸福的手段。总而言之,幸福悖论充斥在世界的每个角落,它的产生存在着多种多样的原因。

三、幸福异化

追求幸福是人类永恒的中心主题。在马克思主义哲学视野中,幸福体现的是主体与客体的关系。从一定意义上讲,幸福的主体与幸福的客体既对立又统一。只有在对立关系中,才能把握幸福的主体与幸福的客体的区别,从而强调幸福只能是主体的幸福;只有在统一关系中,才能把握幸福的主体与幸福的客体的联系,从而强调幸福是主客体的统一状态。然而,在追求幸福的实践活动过程中,却常常出现幸福的主体与幸福的客体纯粹对立的现象,我们称这种现象为"幸福异化"。要想深刻地理解和认识"幸福异化",首先还必须追溯和探讨"异化"。"异化"一词来自拉丁文,意指转让、脱离、疏远、出卖、他者化等,主要是指某者将自身或自身的东西转移给他者。在此基础上,"异化"这个词便作为科学术语被确定下来,而且具有两种不同的含义:一种是作为普遍意义的科学术语,另一种是作为特殊意义的科学术语。异化,作为普遍意义的科学术语,就是指事物向他物的转化,即事物向异己物转化。也就是说,异化就是指事物本身向异于本身的其他事物转化。可以说,这是有关异化的一种最为典型的基本概念。它是相对于生物学中的"同化"而言的,两者均有变化之意但互为反义语。"同化"意为其他事物向事物本身变化;而"异化"意为事物本身向其他事物变化。因而,作为普遍意义科学术语的异化,只不过是一种具体情况的变化概念而已,它完全从属和依附于某种特殊意义的异化。如此一来,这样的概念也就不能成为任何科学专门的研究对象，从而它也就不具有独立的科学研究价值。而具有独立的科学研究价值且能成为专门的科学研究对象的异化，就只有作为特殊意义的科学术语的异化。哲学意义上的异化概念最早是由黑格尔提出的，它指的是绝对精神的外化。费尔巴哈在此基础上作了进一步阐释，将异化引申为主体的异在过程。就是说，主体的对象物即客体，不但与主体本身相疏远，而且还支配和约束，甚至压抑主体。其实，异化无非就是指本来属于主体的东西，却变成了自身的对立面，反过来统治主体自身。马克思主义哲学也正是在这个基本的语义基础上使用了异化概念。

从某种程度来说，马克思主义哲学的异化概念可以看作人道主义思想体系中的异化概念。无疑，这种异化是人道主义的对立面。然而，从根本意义来讲，人道主义的对立面就是自由的对立面。换言之，自由就是最根本的人道。所以，异化表明的是一种受强制、被奴役、不自由的现象，是主体自身作出异于自身、支配自身和束缚自身的行为。由此不难发现，异化现象使人失去主体性，使人丧失个性，从而给人的现实生活带来不幸。例如，在资本主义社会中，"工人生产的财富越多，他的生产的影响和规模越大，他就越贫穷。工人创造的商品越多，他就越变成廉价的商品"[①]。在宗教信仰社会中，人们为了求得精神幸福而创设出至高无上的上帝，结果使人丧失了创造者的主体地位，反而成为上帝的"奴隶"。归根到底，异化就是主体创造出来的客体转化为自身的对立面，从而形成一种外在的、异己的力量，来支配和束缚主体自身。事实上，异化现象并没有那么高深莫测。特别是当人在进行改造客体的活动时，主体与客体必然要处于一种对立状态，主体改造客体的目的就是实现主客体的统一。从主体的角度看，主体改造客体就是为了实现主体对客体的自由占有。可是，往往主体却被异化而受奴役、被强制、不自由地改造客体，以致人们在活动中不是感到幸福而是感到不幸。如此一来，作为人类永恒的价值追求，幸福生活便也出现了异化现象，即幸福异化。通俗地讲，幸福异化就是指幸福的客体不仅与幸福的主体相脱离，而且还支配、束缚，乃至奴役幸福的主体，从而使得主体的幸福变成主体的不幸。

---

① 中共中央马克思恩格斯列宁斯大林著作编译局：《马克思恩格斯文集》第一卷，人民出版社，2009，第156页。

从一定意义上说，人的幸福即是自我发展、自我实现和自我创造的过程。鉴于此，可以说，幸福异化和实现人的幸福背道而驰，二者之间一直呈相反状态：一个人的幸福越是出现异化现象，他被他物所左右的异己行为便越厉害，那么，他的自我发展、自我实现或自我创造的程度便越低；相反，他越不幸福异化，其所受他人意志支配的异己行为也便越少，那么他的自我发展、自我实现或自我创造程度也便越高。幸福成了人的最高目的，异化则相反，构成其根本阻碍。幸福异化对人而言拥有最高最大的负价值：一方面，每个人都以幸福的实现为其最高需要。幸福异化则阻碍人们的最高追求，所以对于任何一个人来说，它都将构成最大威胁。因此，可以说幸福异化就是每个人的不幸。另一方面，幸福的实现体现社会的价值追求。由于一切的社会财富，无论是物质的抑或是精神的财富，不过是人劳动活动的产物，是人自我实现的产物。这样自我实现越是充分，自我创造越是众多，社会的财富也便越富足，社会发展也便越昌盛，相应地，每个人的需求的满足也就越充分。相反，自我实现越是不充分，自我创造越是稀少，社会的财富便越是贫乏，社会发展也便越是萧条，每一个体的需求的满足也就越不充分。由此可知，自我实现和创造是一切社会财富的源泉，是构成任何社会最根本的财富。因此，幸福的实现不仅表现了每一个体的最大价值，而且它同时表现着整个社会的最大价值。反之，作为幸福实现之根本阻碍的幸福异化也就成为整个社会及每一个体的最大威胁之一。

幸福异化与人的自由密切相关，它指出了人们所处的尴尬境地。幸福异化不但使得幸福的主体与幸福的客体完全对立起来，而且使幸福的主体受幸福的客体支配、束缚和奴役。同时，幸福异化使人的活动目的和手段处于完全倒置状态，从而丧失幸福的真意，歪曲幸福的本质，最终致使幸福的重心偏移、价值失衡，由此也就将人的幸福转变为人的不幸福。具体而言，幸福异化主要表现在以下三个方面，即人与自然关系方面、人与社会关系方面、人与自身关系方面。

首先，从人与自然关系方面来看，幸福异化表现为主体与对象的异化。自然界是人类活动的对象，现实的人是现实活动的主体。现实的人通过改造自然界实现自身幸福。可是，当人只关注自身的时候，他便会丧失其在实践系统中的秩序。幸福异化将主体放入依靠自然界服从其自身意志而保证其自身利益的境地。因而，作为人类活动对象的自然界，无法再为主体活动提供行动指南，而却成为主体必须加以控制和征服的一个不确定的他物。如此一来，人类一味地去征服自然界，将其改造成为符合人的习惯的对象。然而，这种试图通过征服自然界的办法来确保人的幸福的努力却失败了。因为征服自然也必然需要征服人的自然即人的本性，由此却造成了人与自然界之间的冲突。幸福是人的需要的满足，征服自然可以满足人的需要。可是，人的欲望却使得人的需要的满足具有无限性。因此，"根植于人类的社会本质中的不满足的欲望，意味着征服自然也没有一定的目标，也没有内在的终点"[1]。这也就是说，人的不满足的欲望导致人的无限性的需要，而为了满足这些需要，人们便盲目地、无限制地征服自然。然而，由于过度开发、大量耗费自然资源，出现了森林资源破坏、水土资源流失以及生物物种减少等多方面生态问题。这些生态问题威胁着人类的生存与发展，使得人与自然界之间的距离越来越远。

其次，从人与社会关系方面来看，幸福异化表现为主体与本质的异化。马克思主义哲学认为，人的本质是一切社会关系的总和。一切社会关系包含着物质的、精神的、经济的、政治的等各个方面。从社会关系来看，人始终是社会的人，社会也始终是人的社会。由此可见，个人的发展无法脱离社会关系的制约，社会关系的发展全面影响个人的幸福。从一般意义来说，人对自身的任何关系，都只能通过人对他人的社会关系才得以表现。因为个人幸福的实现需要其他社会成员来提供条件。在人与人对立的社会中，个人幸福根本难以实现，更无法谈及社会幸福的普遍实现问题了。社会成员之间的人与人对立缘于人与人相异化，人与人相异化直接导致幸福异化。在这种异化状态下，追求幸福的条件是根本无法实现的。毕竟，"活动的社会性，正如产品的社会形式以及个人对生产的参与，在这里表现为对于个人是异己的东西，表现为物的东西"[2]。也就是说，从根本意义上来

---

[1] William Leiss, The Limits to Satisfaction, University of Toronto Press, 1976:38.
[2] 中共中央马克思恩格斯列宁斯大林著作编译局：《马克思恩格斯全集》第四十六卷上，人民出版社，1979，第103页。

讲，人与人的关系表现为物与物的关系，不是由人来支配物，而是由物来支配人。如此一来，人的个性与独立性被消解，人成为一种孤立的个人，人的幸福也不过是虚假幸福。

最后，从人与自身关系方面来看，幸福异化表现为主体生存价值的虚无。与一般事物的价值不同，人的价值不仅体现在对自身需要的满足，而且体现为对他人及社会的贡献。人的这种价值也被称作人生价值，即是说，人怎样具有自己的生存价值，使自己的人生对他人、社会有意义。马克思从青年时代就开始强调人的职业选择不仅要为了个人生存，而且应该为了人类幸福。他说："在选择职业时，我们应该遵循的主要指针是人类的幸福和我们自身的完美。"[1] 事实上，为了人类的幸福也间接地表现和确证着人的生存价值。因为人是劳动的主体，凭借劳动才能向他人及社会贡献物质财富和精神财富。从这个意义上讲，主体的生存价值就是对人的劳动创造的尊重。按理说，劳动者创造的价值越多，对人类社会的贡献越大，它的生存价值也就越大。而在幸福异化的条件下，人的劳动具有非人的性质，他并不会由于劳动创造而获得尊重。也就是说，劳动者越是拼命地为社会创造价值，他自身的自由和价值越是虚无，就越是感觉不到幸福。

第二节 幸福困境的主要根源

人类的发展史就是一部追求幸福的历史。当然，影响人的幸福的因素是多种多样的。究其根本，制约人的幸福的因素主要集中在自然、社会、人自身和劳动这四个方面。因此，幸福困境的主要根源在于：一是自然环境的破坏；二是社会制度的弊端；三是价值观念的扭曲；四是异化劳动的遮蔽。

---

[1] 中共中央马克思恩格斯列宁斯大林著作编译局：《马克思恩格斯全集》第四十卷，人民出版社，1982，第 7 页。

一、自然环境的破坏

自然环境是人类赖以生存的物质基础，自然环境的优劣直接关系人类能否幸福。从广义来看，自然环境是指生物生活和存在的各种自然因素的总和。从狭义来看，自然环境就是指影响人类生存的自然因素总体。人类的生存环境既有自然的又有社会的，其中社会环境要以自然环境为基础，自然环境要靠社会环境来发展。可见，自然环境在人的现实生活中起着至关重要的作用。没有良好的自然环境，就没有人类的幸福生活。自从人类诞生之初，人与自然环境的关系便开始存在。因此，这个问题便也成为人类最初的哲学之思。人是自然之子则表明人永远无法脱离自然基质。从一定意义上讲，整个人类发展历程同时是一部人和自然环境交互影响的过程。诸多历史资料证明，自然环境在人类发展史中起着不可低估的作用。在生产力极其低下的远古时代，充沛的水资源、丰腴的土地等各种自然资源为人类的生存提供了直接的优越条件。在那个时候，人们无论是在思想上还是在意识上，都表现着对自然的敬佩之情。毕竟，人们对自然的控制能力还十分有限，他们只能依赖这种自然环境而生存。而后，随着人类社会和科学技术的不断进步，人们对自然环境的依赖程度趋于弱化，随之而来的是人们对自然环境的改造。尤其是在文艺复兴时期以后，科学取代神权占有一席之地，人的地位逐渐上移至中心位置。为了满足人类自身的种种需要，人类开始以主人姿态改造自然环境。因此，不难发现，人与自然环境之间是一种相互作用的辩证关系。从一定意义上讲，人是自然环境的产物，同时，人的活动也会影响自然环境。换言之，人既受自然环境制约，也反作用于自然环境。

人与自然之间存在着天缘性的关系，自然环境是人赖以生存的第一要素。然而，当前人类面临的最严酷的考验却是人与自然环境的关系恶化问题。众所周知，水土流失、资源枯竭、大气污染等各种环境和生态问题，几乎已经遍及全球而成为世界性的重大问题。凡此种种无不威胁着人类的生存与发展，因而也就不得不令人担心、忧虑以及恐慌，同时更不得不引发人们注重人与自然环境的关系。针对人与自然环境的关系问题，曾有无数哲学家们进行过探讨。那么，人在自然环境中究竟处于怎样一个地位？自然环境对人会有哪些影响？人对自然环境又会有哪些作用？无论他们对此从哪个方面作什么样的探讨，毋庸置疑，问题都是人永远从属于自然界，他永远生存在自然环境之中。无论人与自然界之间是相互统一还是相互对立的，人类从来都不可能独立生活于自然环境之外。简而言之，就人的存在与发展的终极价值而言，人与自然就是最基本的命运共同体。如此一来，一旦由于人的价值观念破坏了这种天缘关系，那么，人与自然环境关系恶化所带来的苦难必将落到人类自身。纵观古今中外的人类发展史，便可知这已是一个不容争辩的事实。尤其是近几个世纪以来，人类改造自然的"本领"越来越大，所以由此激起的奢望与雄心也越来越多。可是，在人类征服自然的过程中，人类生命的自然基础遭受了极为严重的破坏，从而导致人类正逐渐丧失自己最为根本的自然家园。每当人类企图依靠工业化、技术化等手段征服自然时，灾难也会随之而来，降临到人类身上。一种是源于自然界的各种各样的无情报复；另一种是源于人类自身的异化现象，即人由改造的主人变为欲望的奴隶。因此，从某种意义上讲，奢侈消费的生活方式就是以剥削为数不多的自然资源为代价的。可以说，20世纪就是这样一个时代——人类通过毁坏自然家园来实现纵欲的时代。曾有过这样的哲理：砍倒第一棵树是文明的开端，砍倒最后一棵树则是文明的终点。这就是说，自然、人类与文明三者之间是以亲近而敏感的方式依存着的。人类创造文明，文明服务人类；人类变革自然，新的文明出现。然而，值得注意的是，人类一旦以压榨自然资源为代价，就必然为人类文明的发展埋下深层的隐患。尽管作为高级动物的人具有超越其他动物的独特官能，可人也必须同动物一样首先保证其有机身体的存在。总而言之，人与自然环境之间的依附关系是永远无法摆脱的，这就从根本上规定和确立了人在自然界中的地位。

其实，一直以来，人与自然环境的关系问题是人类社会发展的中心问题。在这个方面，人们获得了诸多可喜可贺的成功经验；同时也得到了诸多可悲可叹的沉痛教训。不难发现，自然环境的破坏已经成为全世界面临的最为严重的生态问题。每年都有大量的水资源被污染，全世界每天都有上万人死于饮用污染的水，世界森林被乱砍滥伐，土地不断退化沙化，许多生物濒临灭绝。更为严重的是大气污染，当前的大气污染已经跨越国界遍及全球。

所有这些无不让人触目惊心。恩格斯强调，许多历史学家把古文明衰亡的原因归咎于战争和统治者的荒淫，而很少注意到支撑文明的生态环境的作用。文明的生态史观认为，战争不可能把一个辉煌的文明全部毁灭，真正使一个辉煌的古文明彻底消亡的原因，是支撑这个文明的自然资源，尤其是水资源的彻底破坏。当然，战争和其他政治因素，可以加速支撑文明的自然资源的耗尽。由此可知，这种生态史观的独到见解还是很意味深长的。

当然，自然环境的破坏原因多种多样，而最为突出的当属人这个因素。人为破坏成为自然环境破坏的主要原因，这已经在很多人中达成了共识。所谓自然环境的人为破坏则是指人类违背自然生态规律进行活动。诸如，排放废气、过度开采、污染水源、破坏山体等。像这样的例子，古今中外数不胜数，只是手段和程度不同罢了。尽管自然世界地域辽阔，但是其资源却极其有限；尽管自然生态包罗万象，但是其内部却紧密相连。然而，人类一味地向自然界索取，那么，不可再生资源就会因不断消耗而永远消亡。即便是可再生资源，若过量索取或过度消耗，终究也会削弱或毁坏自然生态的内部联系。更为严重的是，自然资源的损耗造成生态的失衡与环境的恶化，从而直接或间接地影响着人类的生存与发展。这也就是说，自然界的万事万物都有其自身存在和发展的规律，人的活动一旦违背这些自然发展规律便会受到无情的惩罚。"美索不达米亚、希腊、小亚细亚以及其他各地的居民，为了得到耕地，毁灭了森林，但是他们做梦也想不到，这些地方今天竟因此而成为不毛之地，因为他们使这些地方失去了森林，也就失去了水分的积聚中心和贮藏库。阿尔卑斯山的意大利人，当他们在山南坡把那些在山北坡得到精心保护的枞树林砍光用尽时，没有预料到，这样一来，他们就把本地区的高山畜牧业的根基毁掉了；他们更没有预料到，他们这样做，竟使山泉在一年中的大部分时间内枯竭了，同时在雨季又使更加凶猛的洪水倾泻到平原上。"[①] "因此我们每走一步都要记住：我们决不像征服者统治异族人那样支配自然界，决不像站在自然界之外的人似的去支配自然界——相反，我们连同我们的肉、血和头脑都是属于自然界和存在于自然界之中的；我们对自然界的整个支配

---

① 中共中央马克思恩格斯列宁斯大林著作编译局：《马克思恩格斯文集》第九卷，人民出版社，2009，第560页。

作用，就在于我们比其他一切生物强，能够认识和正确运用自然规律。"①换言之，人们不但要从沉痛教训中认识到自然环境生态规律的整体性，而且也要从现实生活中认识到人与自然环境关系的辩证性。面对自然环境，我们切莫胆大妄为；必须清楚，人类与自然共命运。一旦自然环境遭受人为破坏，势必会造成人类幸福的自毁。

此外，经验事实证明，工业革命与科学技术都对自然环境造成了破坏。因为随着工业革命的产生与科学技术的发展，人类逐渐摆脱了自然环境的历史束缚。如此一来，一些人也就开始肆无忌惮地掠夺和破坏自然界。在资本主义时代，工业革命所致的自然环境破坏已经相当严重，导致生物圈和技术圈失去生态平衡。具体而言，工业革命对自然环境所造成的危害主要表现在以下几个方面：其一，环境污染严重威胁着人类的生命健康。其二，农业集约化疯狂掠夺着国家的土壤肥力。土壤肥力的枯竭势必会酿成粮食资源的短缺从而影响人类的正常生活。其三，工业大生产加剧破坏着丰茂的森林资源。结果是，掠夺性砍伐引起森林资源的衰竭与生态环境的恶化。其四，环境异化强烈阻碍着人类的生存发展，成为一种异己的力量。另外，有些人还凭借科学技术不断向自然界残酷宣战。事实上，科学技术是一把双刃剑，即是说，任何一种科学技术的出现都会有善和恶两种效应。所以，一旦科学技术的负面作用发挥效力，那么，人类的生存环境势必会遭到严重破坏。当然，这并不是说科学技术本身不好。作为人的一种手段或工具，科学技术本身则是中性的。事实上，造成自然环境破坏的根本原因还在于人自身。正是人性中的贪欲迫使科学技术发挥负效应，才造成了人与自然环境之间的关系破坏。而人的幸福存在于人与自然环境的和谐关系中，所以，人与自然环境关系的破坏无疑会带来幸福困境。

二、社会制度的弊端

幸福始终是人的幸福，而人又是社会之人。即是说，人无时无刻不处在

---

① 中共中央马克思恩格斯列宁斯大林著作编译局：《马克思恩格斯文集》第九卷，人民出版社，2009，第560页。

社会活动与社会关系之中。社会制度就是一定的历史条件下，为规范人的社会活动与社会关系而形成的制度体系。同时，它也是一定的生产方式下，规范社会经济、社会政治以及社会文化等方面的制度的总称。此外，它还指一定的具体制度下，为规范具体部门、具体行业、具体岗位的制度规则。不难发现，社会制度其实是为了满足人的需要而形成的，它被广泛地运用在人的现实社会生活中。换言之，人总是要生活在一定的社会制度之中，人的幸福与社会制度有着密不可分的关系。可是，人的幸福却常常受社会制度阻碍而陷入困境。究其根本，是社会制度的弊端制约着人的幸福的实现。毕竟，社会制度具有普遍性，无论古今中外，社会制度无处不在。尽管不同的社会可能有不同的社会制度，但是绝对不可能存在没有社会制度的社会。即便发展到未来的共产主义社会，必要的社会制度也依然会存在。这是因为，一旦失去社会制度的权威，社会就会混乱地走向灭亡。当然，这并不是说社会制度是一成不变的。实际上，它会随着生产力与生产关系、经济基础与上层建筑这一社会基本矛盾的运动而不断变化发展。同时，社会制度的变化也会受外界自然环境与周围社会环境的影响。也就是说，社会制度具有变异性。可是，在一定社会历史时期，社会制度却还存在相对的稳定性。即是说，从总体来看，社会制度在一定时间内能够保证整个社会有序运行、平稳发展。但社会制度的总体稳定并不代表每个局部的社会制度也一定稳定。此外，从一定意义上讲，社会制度总是要反映某个阶级的利益。即是说，任何社会制度都会打上一定阶级的烙印。鉴于此，在阶级社会里，社会制度具有阶级性。进而言之，社会制度都是为统治阶级而服务的。正是由于社会制度存在以上基本特征，社会制度也就不可避免地会存在这样那样的弊端。而社会制度的弊端影响人的生存状况和生活质量，使得人的现实生活幸福陷入各种各样的困境之中。事实上，正是社会制度的多层次性决定着社会制度弊端的多方面性。

从宏观层面来看，社会制度是有关社会形态方面的规范。人类社会由低级发展到高级，依次出现五种社会形态，即亚细亚的社会形态、古希腊和古罗马奴隶制的社会形态、西欧中世纪封建制的社会形态、近代资本主义社会形态以及共产主义社会形态（其中包括社会主义社会形态）。与之相对应，人类社会也出现了五种社会制度形式，分别是原始社会制度、奴隶社会制度、封建社会制度、资本主义社会制度和共产主义社会制度（社会主义制度归属于共产主义社会制度）。可以说，有人类社会的地方，就必然有社会制度。社会制度是一个发展的过程，是社会基本矛盾作用的结果。它对人类的生存起着至关重要的作用，为人类生存提供了必不可少的保障。人类生活必然受一定社会制度的影响和制约，社会制度将人类生活归拢在一定的社会秩序内。幸福是人类现实生活所追求的终极目标，人类在各种社会制度下追求着幸福生活。当然，社会制度不同，人类的生存特点也不同。但是，各种社会制度的弊端都会阻碍人类真正幸福的实现。在原始社会中，人类是以血缘为纽带形成的较固定的氏族群体。这种社会制度的弊端则是生产力水平十分低下，人的生存状态与生活质量极差。就人自身而言，其生存没有一定的独立性，必须依靠某个社会共同体。同时，人与人之间的社会关系还仅限于孤立地点与狭小范围之内。奴隶社会制度出现后，主人与奴隶之间剥削与被剥削的关系形成了。奴隶主残酷地剥削和压迫奴隶，使奴隶过着悲惨的生活，使他们成了会说话的工具，毫无人身自由可言。更可悲的是，奴隶主可以任意打骂甚至打死奴隶而不受任何惩罚。封建社会制度建立后，出现了封建地主与广大农民的新型剥削及压迫关系。尽管广大农民拥有了一定的人身自由权利，但他们的生活却贫困到仅能维持生存。农民的负担极为沉重，他们不仅要向贵族地主缴纳地租，还要向封建国家缴纳赋税。到了资本主义社会制度以后，资产阶级与无产阶级的对立关系更是根深蒂固。资产阶级通过榨取无产阶级所创造的剩余价值来实现对工人阶级的剥削与压迫。由于工人阶级不占有生产资料而只凭借出卖劳力来维持生活，所以，尽管一定时期、一定范围内他们的工资随着生产力的发展而有所增长，但是工人的实际收入与生活水平相对于物价的上涨程度却呈明显下降趋势。在劳动过程中，工人愈发感到身心疲惫。一方面，他们工作在现代化生产线上，身体根本无法得到充足休息，精神更是常常处于高压状态。另一方面，工人的失业问题越来越严重，失业时间较长，找工作较困难，而且半失业、失业人数与日俱增。从某种程度上讲，资产阶级社会制度的弊端是资本具备了独立与个性，相应地活生生的个体却丧失了独立与个性。社会主义制度国家建立后，工人阶级和广大人民当家作主，人的生存状态和生活质量不断得到改善，从而为人的自由全面发展创造了条件。可是，在看到社会主义制度优越性的同时，还必须看到，如今社会主义制度下的人民生活水平同发达资本主义制度下的人民生活水平仍然存在着较大差距。也就是说，当今社会主义制度还在不断完善，而只有进入共产主义高级阶段后，人类幸福生活与优越社会制度才能实现完美融合。

从中观层面来看，社会制度是有关具体社会制度的规范。根据其所涉及的范围不同，这个层面上的社会制度可以分为经济制度、政治制度、文化制度以及家庭制度和法律制度等。可以说，社会制度是由这些基本制度或具体制度组成的有机整体。而这个有机整体的内部要素与系统结构之间却还存在着复杂联系。正如马克思指出的："人们在自己生活的社会生产中发生一定的、必然的、不以他们的意志为转移的关系，即同他们的物质生产力的一定发展阶段相适合的生产关系。这些生产关系的总和构成社会的经济结构，即有法律的和政治的上层建筑竖立其上并有一定的社会意识形态与之相适应的现实基础。"[1] 这也就是说，从社会制度的系统结构来看，由全部生产关系总和构成的社会经济制度，亦即经济结构，提供了其上社会制度据以存在的现实基础；法律制度和政治制度是建立在经济制度基础之上的上层建筑的各种制度；文化制度则从属于与社会经济制度相适应的社会意识形态部分。社会制度的系统结构，一方面决定着整个社会制度的变化和发展趋势，即物质生产的变化发展必然造成生产关系的变化发展，"随着经济基础的变更，全部庞大的上层建筑也或慢或快地发生变更"[2]；另一方面也表明了唯有其内部要素处于合理配置并协调发展的状态时，社会制度的规范本领及优化功能才能得以充分展示和全面发挥。然而，在社会发展过程中，并不是所有具体的社会制度都能协调发展，而往往会存在一些这样那样的制度弊端。此类社会制度的弊端主要表现为以下几种情形：其一，社会制度的系统结构较为单一，具体制度的分化水平较为低下。通常情况下，一种具体社会制度会统领和规范多种社会领域，致使不同社会领域的特征被忽略与怠慢。其二，社会制度的

---

[1] 中共中央马克思恩格斯列宁斯大林著作编译局：《马克思恩格斯选集》第二卷，人民出版社，1995，第82页。

[2] 中共中央马克思恩格斯列宁斯大林著作编译局：《马克思恩格斯选集》第二卷，人民出版社，1995，第83页。

内部要素冲突严重，系统结构的支撑力度较为薄弱。也就是说，各种具体社会制度之间缺少一种相互的、有效的支持。其三，原有健全的社会制度由于发展陷入自发状态，从而脱离原有完整的系统结构之制约与束缚。如此一来，各种具体社会制度之间的配合关系便趋于弱化，各种具体社会制度之间的协调发展势必受到威胁。然而，社会制度是人类幸福的重要保障，可以说，没有良好的社会制度就没有幸福可言。

从微观层面来看，社会制度是有关具体行为模式的规范。这一层面的社会制度是指各类具体工作部门的办事规则和各类具体行业的行为准则。例如，教育制度、医疗制度、商业制度、职工守则、学生守则等。微观层面的社会制度具体地规范着各行各业的部门关系和行为模式，直接调整着人们之间的交往关系和行为方式。从一定意义上讲，如果没有微观层面的社会制度的细节化，宏观、中观的社会制度恐怕也难以得到保障。可以说，微观层面的社会制度更侧重于功能的有效性。当然，这并不是说所有微观层面的社会制度都能促进社会发展。只有那些进步的社会制度，才能引领人类和社会的前进。实际上，这类社会制度的弊端总不可避免地表现在功能方面。具体而言，其弊端主要体现为两个方面：一是制度失灵。制度失灵就是指制度变得不大灵敏或完全失去效用。从一般意义上讲，作为连接人与社会关系的纽带，社会制度有着强大的规范功能。可是，社会制度也并非医治百病的万能良药，其自身也存在着无法完全抵抗的有限性。在任何时候它都不能被当作处理人类社会问题的唯一手段。倘若人的认识与制度理念之间存在着明显差别，那么制度就会出现形同虚设现象，即为制度虚设。同时，人的机会主义行为也会造成制度失灵。就是说，由于人刻意不去遵守制度而导致社会制度出现失灵现象。二是制度异化。制度异化就是指制度主体与制度客体对立，制度目的与制度手段倒置，从而导致制度原意与制度本质歪曲，最终使得制度走向反面，束缚人类发展。从根本意义来讲，制度的目的就是促进人类社会的发展，但是由于种种原因的存在，它却发生了异化。制度异化主要表现为：人同劳动产品相异化、人同遵守活动相异化、人同类本质相异化以及人同人相异化。可以说，制度异化反衬着制度与社会、制度与人之间的对立、疏远和分离关系。换言之，社会制度由维护社会秩序走向毁坏社会秩序，由推进人的发展走向抑制人的发展。如此，社会制度的弊端便无法带来社会发展和人的幸福。

三、价值观念的扭曲

幸福是人类追求的最大价值目标，无时无刻不反映着一种价值观念。价值观念衡量着人与世界的价值关系，引导着人类的认识活动与实践活动。同时，它还为人类的社会生活及文化选择提供依据。可以说，人的任何行为都要受价值观念的制约，价值观念对追求幸福有着不可估量的作用。那么，究竟何为价值观念呢？通俗地讲，价值观念就是人的思维中关涉价值追求的观念。从这个意义上说，人的价值观念从属于世界观范畴。具体而言，价值观念是指人在长久的现实生活、劳动实践和交往关系中所产生的一种较为稳定的价值认识。这种价值认识是以观念形式、判断方式以及理论形态来表达人的情感意志、选择意向、理想信念等。换言之，价值观念是人的头脑中的价值取向和总体观点。它表现为主体对事物的价值取舍形式及对行为的价值追求形式，更多地体现为主体对事物的较为稳定的理想信念和价值信仰。从哲学意义来看，价值观念属于意识形态范畴，归属文化最为核心的部分。价值观念通过文化渗透到主体的思想意识之中，成为主体的生活目标和行动指南。因此，可以说，人的幸福也是一种价值观念。然而，价值观念的扭曲却对人们追求幸福产生了巨大的负效应。价值观念的扭曲就是指主体对客观对象的价值认识歪曲了客观对象自身的规律和趋势。毕竟，任何一种认识或一种观念都会根据反映对象分为价值观念与非价值观念。其中，非价值观念是指主体对客观对象的规律和趋势的认识，而价值观念则是指主体对客观对象的价值和意义的认识。无疑，人对自然和社会的认识都囊括着价值观念与非价值观念两种认识。这也就是马克思当年所论述的人的活动的"两个尺度"，即物的尺度和人的尺度。人的幸福就是物的尺度与人的尺度相结合的真、善、美的统一。可是，由于幸福作为主体的幸福，它更为强调人的尺度这个方面。作为人的尺度，价值观念是一个有机系统，包括价值目的、价值手段、价值规则和价值机制等。同时，这也恰恰体现了价值观念的主体性。也正是由于价值观念具有主体性，价值观念的扭曲也就存在着极大余地。

人追求幸福的过程与价值观念的发展过程有着密切联系，而价值观念的发展及其变革本身又是一个极为重要的现实问题。从广泛意义来看，人的价值观念又可分为社会价值观念与个人价值观念两种不同形式。事实上，价值观念的扭曲就存在于这些价值观念的错综复杂关系之中。因为价值观念并非孤立地、赤裸地存在着，而是渗透于思想、道德、宗教、哲学、科学、艺术等方面。也就是说，价值观念受多种因素的综合影响，任何一方面出现问题，都可能出现价值观念的扭曲。此外，价值观念往往是间接地、复杂地作用于个体，并借助价值手段、价值规则等诸多具体形式发挥效力，从而实现它对主体行为的作用和影响。从此意义上讲，可将价值观念比喻为一个同心圆，它由一个主观念与多个次观念组成。同时，任何一种价值观念都存在一个主观念及一些与之相符的次观念。通常情况下，主观念比较抽象但保持稳定，而次观念相对具体却容易变动。基于此，出现两种问题行为。一种是主体只懂得自身所能感悟到的那些次观念，却遗忘甚至根本不懂得自身所拥有的主观念。也就是说，知其然而不知其所以然。如此一来，也就导致了价值目的与价值手段的混淆和颠倒，从而使得主体迷惑于价值手段当中而找不到人生的价值目的。还有一种是主体只懂得抽象的主观念，而却看不见那些具体的次观念。那么，最终结局只能是主观念流于形式而很难得以落实。事实上，这种主体认识的简单化必然导致人的价值观念的扭曲，而价值观念的扭曲必然带来人的幸福的困境。

人类社会发展史就是一部人类幸福追求史。价值观念不仅对个人幸福具有一定的影响，而且对社会幸福也具有一定的影响。作为主体内心的理想信念和价值取向，价值观念不仅决定着个人发展成什么样，而且决定着社会发展成什么样。在现实生活世界中，每个人都具有自身的独特性，也正是这种独特性，使得人们之间存在着明显的差异性和多样性。经实践证明，这种独特性的根源就在于人的价值观念不同。可以说，人的现实生活过程就是追求幸福的过程。具体而言，这一过程又包含两个方面：一是追求怎样的幸福；二是怎样去追求幸福。人的价值观念就规定着这两个方面，这两个方面的不同取决于价值观念的差异。价值观念是生活目的的依据。在价值观念的目的系统中，存在怎样的生活的根本目的和总体目的，就会存在怎样的现实的人的现实生活。即是说，主体的目的观念不同，主体的生活目的则不同。同样地，在现实生活世界中，每个社会也都具有各自的独特性。这种独特性的根源在于社会文化不同，这是一种达成共识的看法。可是，社会文化不同的根源又在于其内在核心——社会价值观念不同。事实上，任何社会都存在一种占据统治地位的价值观念体系。正是这种价值观念体系规定着整个社会的发展方向、发展性质和发展目的。比如，不同的社会价值观念规定着某个社会是民主的还是专制的，是自由的还是集权的。不言而喻，价值观念在社会能否成为幸福社会这个问题上也起着决定性作用。而幸福是人类社会追求的终极目的，因此，价值观念的扭曲会造成幸福困境。

从一定意义上讲，幸福是一个发展过程。因此可以说，它既受传统价值观念的影响，又受现代价值观念的影响。然而，任何一种价值观念都存在两面性，一面是好的一面是坏的，抑或说是一面是优的一面是劣的。按理讲，为实现人的幸福这个终极价值目的，人在构建价值观念时应持批判性继承的态度。也就是说，主体价值观念的形成应当遵照取其精华、去其糟粕的原则。进而言之，人在构建价值观念时要进行理性的判断与选择。这种判断与选择的根本标准就是对价值主体自身的总体需要和满足方式的认识。可是，长久以来，人们对这方面的认识却存在着很大的局限与偏差。这种认识的局限与偏差就会引起历史价值观念的扭曲。当然，这些传统价值观念在历史上必有其存在的合理性，甚至一些历史价值观念至今仍存在一定的借鉴意义。然而，不可否认的是，诸多历史价值观念都建立在扭曲的认识基础之上，人类生存发展的总体需要根本得不到真实的反映。如此一来，人类的真正幸福也就难以实现。随着人类自我认识的发展与深化，一种更为符合人类生存发展总体需要的现代价值观念正在逐步确立。可是，这种价值观念的确立绝非一件简单的事，而是一个长期且艰辛的建构过程。在这个构建过程中，仍需要价值主体进行理性的判断与选择。而就目前而言，现代价值观念依旧不容乐观，仍然存在着价值观念扭曲现象。毕竟，价值观念本身也存在着自身惰性与历史惯性。因此，可以说，自古至今，人类的真正幸福仍未实现。

伴随着中西文化交流与人类文明进步，中国价值观念与西方价值观念出现了融合现象。人的价值观念日益呈现多元化的发展趋势，貌似各种价值观念都有其存在的合理性。毕竟，每种价值观念都是一定社会历史发展的产物。因此，不同的价值主体就会为不同的价值观念作意义辩护。可以说，每一个国家、每一个民族都具有自身独特的价值观念，否则它们就没有办法诠释其自身的存在与发展。从总体来看，西方价值观念是侧重从个人主义出发、以个人幸福为目的的价值观念体系；而中国价值观念则是侧重从集体主义出发、以社会幸福为目的的价值观念体系。毋庸置疑，无论是西方价值观念还是中国价值观念，都必然具有某些优秀品质。幸福是人类追求的终极价值目的，那么，哪些价值观念最有益于人类幸福的实现呢？就此而言，西方价值观念存在着明显的弊端。因为这种价值观念的起点与归宿都是个人，所以它往往会导向个人主义价值观念、自由主义价值观念、利己主义价值观念、实用主义价值观念以及享乐主义价值观念等。如此一来，凡此种种价值观念的扭曲必然有碍于人类幸福的实现。然而，从一定意义上讲，民族发展史便是一部世界发展史。也就是说，各个国家、民族之间的文化交流必然会带来价值观念的融合与碰撞。改革开放以来，在正处于社会主义初级阶段的中国，有的人价值观念难免要受到其他价值观念的冲击。那么，盲目吸收传统价值观念和照抄照搬西方价值观念就会引起价值观念的扭曲，从而阻碍"人的全面发展"这个共产主义价值观念的践行。

四、异化劳动的遮蔽

幸福的指向一定是人，只有人才能充当幸福的主体。离开主体抽象地讨论幸福毫无意义。因此，幸福异化终归不外是人的异化。而究其根源，人的异化又源于劳动的异化。可以说，劳动的异化是一切异化现象的根源和基础。无疑，幸福困境最为根本的原因在于异化劳动对人的幸福的遮蔽。马克思在《1844年经济学哲学手稿》（又称《巴黎手稿》）中详尽地考察了异化劳动并加以揭示。他首先以资本主义条件下的工人同劳动产品的经济关系为出发点，通过细致考察和认真分析工人阶级的现实生存状况，进而揭示现代资本主义社会中普遍存在的异化现象。马克思所阐释的是一种客观的经济事实，而不是一种抽象的理论推导。他据此而集中阐述了异化劳动的如下四方面表征。

首先，劳动者及其产品的异化，或物的异化。这种异化反映了劳动者或工人的产品反过来成为他的异己物和支配物的关系。进而这一关系反映了人自身同感性世界、自然对象之间的对立现象。马克思指明，在资产阶级社会，劳动者创造的劳动成果越多，对象世界的异己力量就越大，他就会越加贫困。或者说，劳动者所创造的财富价值越夸张，他就越会变成价值无几的低廉劳力。可见，物的世界价值在增长的话，就相当于人的世界价值在降低。为此，马克思指出，这种异常的经济现象表明："劳动所生产的对象，即劳动的产品，作为一种异己的存在物，作为不依赖于生产者的力量，同劳动相对立。劳动的产品是固定在某个对象中的、物化的劳动，这就是劳动的对象化。劳动的现实化就是劳动的对象化。在国民经济的实际状况中，劳动的这种现实化表现为工人的非现实化，对象化表现为对象的丧失和被对象奴役，占有表现为异化、外化。"[1]劳动者及其产品相异化将直接导致劳动的现实化，同时意味着工人的抽象化，具体表现为工人在现实中面临饥饿、贫困甚至死亡；劳动对象化的过程即对象的丧失过程，以致劳动者赖以生存的必要产品被剥夺。这些必要产品不仅涉及生存的必要对象，更涉及劳动的必要对象。甚至连劳动本身也必须通过工人竭尽努力才可能占有。这样对劳动成果的占有如此异化，以至于工人制造的劳动成果越丰富，他所能享有的劳动成果却越少，从而越是遭其自身生产的劳动成果所支配。同时，因为工人同自身劳动产品相异化，所以，工人受自己的产品和对象的奴役而成为奴隶。可是，他要能够生存必须确保双重身份，其一是作为职业的工人，其二是作为肉身持存的主体。于是上述奴隶状态发展到极端便成为：他只有成为职业的劳动者才能维持自身的肉体持存，而他只有作为拥有身体的主体而持存才能充当劳动者或工人这一职业角色。"工人生产得越多，他能够消费的越少；他创造的价值越多，他自己越没有价值、越低贱；工人的产品越完美，工人自己越畸形；工人创造的对象越文明，工人自己越野蛮；劳动越有力量，工人越无力；劳动越机巧，工人

---

[1] 中共中央马克思恩格斯列宁斯大林著作编译局：《马克思恩格斯文集》第一卷，人民出版社，2009，第156～157页。

越愚笨，越成为自然界的奴隶。"①

其次，工人同劳动活动相异化，即自我异化。这种异化表明的是在劳动过程中，工人的生产行为同劳动之间的关系。这种关系体现的是工人同自身活动的关系，而这种活动却是一种异己的、非己的活动。从实际意义来讲，人的活动应该是一种自由自觉的创造性活动。然而，在异化的条件下，人的活动并不是他的自主活动，而是一种被动的、强制的活动。他的活动并不属于自己而是别人。同时，这种活动还反对他自身并使他丧失自身。可见，这种异化是从劳动活动中外化而来的。对劳动者而言，他的劳动活动是外在于他本身的。"他在自己的劳动中不是肯定自己，而是否定自己，不是感到幸福，而是感到不幸，不是自由地发挥自己的体力和智力，而是使自己的肉体受折磨、精神遭摧残。"②因此，工人在其劳作过程中就感觉不到自由，只有在他的劳作之外才感到自由；他不是在劳动过程之内，相反是在劳动以外才感到舒畅。由此可知，工人劳动是被强迫的劳动，而非自觉自愿的活动。劳动本身并不满足工人的需要，它只不过是充当了工人满足其劳动以外需要的手段。这种异己的劳动全然表现为："只要肉体的强制或其他强制一停止，人们就会像逃避瘟疫那样逃避劳动。"③在这一过程中，劳动不属于他本身而属于他者，甚至连他自己都不属于自己，而是属于别人。倘若说工人同劳动产品相异化展现的是异化的结果，那么，工人同劳动活动相异化展现的就是异化的过程。正是由于工人异化于其自身的劳动活动，才有工人异化于其自身的劳动产品。可以说在这种劳动活动中，劳动产品的创造意味着劳动活动的终结，劳动产品的异化意味着劳动活动本身的异化。

再次，工人同人的类本质相异化，即类本质异化。在这种异化中，物质也好，精神也罢，都背离人的本质发生异化现象，都化为人类生存与生活的

---

① 中共中央马克思恩格斯列宁斯大林著作编译局：《马克思恩格斯文集》第一卷，人民出版社，2009，第158页。
② 中共中央马克思恩格斯列宁斯大林著作编译局：《马克思恩格斯文集》第一卷，人民出版社，2009，第159页。
③ 中共中央马克思恩格斯列宁斯大林著作编译局：《马克思恩格斯文集》第一卷，人民出版社，2009，第159页。

外在手段。无疑，异化劳动造成了人同自身肉体本质的异化以及人同自身精神本质的异化。马克思批判地继承了费尔巴哈有关人是类存在物的观点。他批判费尔巴哈从精神、意识和思维等抽象特征或者人的某种自然属性来阐释人的类本质，而强调要从人的劳动、生产和生活出发，并以类为对象来阐释人的类本质。为此，马克思从费尔巴哈那里撷取来"类存在物""类生活"等概念，并赋予其新的内涵来对人的本质进行诠释。他指出"自由的有意识的活动恰恰就是人的类特性"[1]。人与其他动物不同的是，他具有意识活动的能力，因此人的生命活动呈现出意识活动的特点。所以，"正是由于这一点，人才是类存在物。或者说，正因为人是类存在物，他才是有意识的存在物，就是说，他自己的生活对他来说是对象"[2]。也正是在此意义上，人才是自由的存在物，他在感性领域的活动才是自由的。问题是，"异化劳动从人那里夺去了他的生产的对象，也就从人那里夺去了他的类生活，即他的现实的类对象性，把人对动物所具有的优点变成缺点，因为人的无机的身体即自然界被夺走了"[3]。这样一来，劳动的异化就造成了自然界、人自身、人的活动同人本身的异化，从而最终导致了人的类本质同他相异化，从而将人的类生活变为维持个人生活的手段。

最后，人同人相异化，即异化的直接结果。人同人相异化是马克思根据上述三种异化得出的结论。这一结论不仅符合逻辑推理，而且也符合客观事实。从逻辑推理的角度来看，人的类本质同他自身的异化无非具有两个层面的规定：首先，就个体而言，是他本身同他的他者关系相异化。其次，就整个人类而言，是所有人同他们的类本质的异化。就这一结论在客观领域的表征来看，人及其类本质的异化是通过人同劳动产品、劳动活动而表现出来的，其直接结果是人与人的异化。一个个体同他本身的对立同时呈现为他同

---

[1] 中共中央马克思恩格斯列宁斯大林著作编译局：《马克思恩格斯文集》第一卷，人民出版社，2009，第162页。
[2] 中共中央马克思恩格斯列宁斯大林著作编译局：《马克思恩格斯文集》第一卷，人民出版社，2009，第162页。
[3] 中共中央马克思恩格斯列宁斯大林著作编译局：《马克思恩格斯文集》第一卷，人民出版社，2009，第163页。

其他个体的对立。因为对本人适用的劳动对象、劳动活动、劳动产品这些东西，同样也适用于他人。因而一般而言，人对自身异化的种种关系只有借助他对他者的关系才能得以体现。因为"人对自身的关系只有通过他对他人的关系，才成为对他来说是对象性的、现实的关系"[①]。就这个意义而言，人同人的异化构成了异化劳动的最关键维度。在资本主义社会，劳动对象、劳动本身乃至人的类本质都是异化的。问题是，这些所有异化了的东西到底属于谁？事实表明，这些异化的产物既"不是神也不是自然界，只有人自身才能成为统治人的异己力量"[②]。这也就是说，所有异己的存在物既不可能从属于神，也不可能从属于自然界，而只能从属于一个有别于自身的他人。由此不难发现，不论是物的异化、人的异化，还是人同其类本质的异化，最终都要归结于人同人的异化。从这个意义上说，人同人的异化就在总体上表征了异化劳动。

综上，异化劳动的四方面表征密切相关，内在地形成了紧密的逻辑关系。所有的异化形式在某种程度上都能归结为"劳动者及其劳动产品的异化"的经济事态。劳动者对其劳动产品归属权的遗失势必导致其劳动活动过程的异化，而劳动活动过程的异化又势必引起人同其类本质的异化，人及其类本质的异化直接表现为现实中人同人的异化。人的幸福无法离开劳动，只有在自由自觉的劳动中，人的幸福才能得以确证和实现。资本主义社会的异化劳动现象便对人的现实幸福形成遮蔽。马克思对这一现象的理论揭示不仅暴露了资本主义生产关系中人的不幸，而且指出了实现人类幸福的唯一的和根本的路径——劳动的解放。因而异化劳动理论不仅适用于揭示资本主义条件下的异化现象，而且适用于揭示任何条件任何情况下的异化现象。可以说，马克思的异化劳动理论是我们认识和理解一切异化现象的理论武器和重要依据。那么，为什么会产生异化劳动呢？抑或说，异化劳动的根源到底是什么呢？对此，马克思诉诸异化劳动同私有财产的相互关系加以揭示：首先他指出，

---

① 中共中央马克思恩格斯列宁斯大林著作编译局：《马克思恩格斯文集》第一卷，人民出版社，2009，第165页。
② 中共中央马克思恩格斯列宁斯大林著作编译局：《马克思恩格斯文集》第一卷，人民出版社，2009，第165页。

私有财产是劳动异化的产物,其次,劳动异化的手段靠私有财产。进而言之,异化是人们在资本主义生产关系中存在的一种特殊状态。当然,这并不排除在社会主义生产关系中也存在个别异化现象,而只能说在资本主义条件下异化现象具有普遍性。事实上,人的幸福的实现过程,就是劳动解放的实现过程,就是不断地扬弃异化劳动的过程。只有将作为手段的被动强制的异化劳动,转变为既是手段又是作为目的的自由自觉的劳动实践,才能复归人的本质和实现人的真正幸福。

第四章　幸福的实现路径

幸福是人的幸福，真正实现人的幸福才是根本目的。从马克思主义哲学视角出发，人的幸福实现路径可以从物质基础、社会制度和个体因素三个方面探寻。在物质基础方面，坚持生产力发展和科学技术创新；在社会制度方面，建设经济制度、政治制度、文化制度和生态制度；在个体因素方面，提升主体认知能力、感知能力和创造能力。

第一节　夯实幸福的物质基础

幸福是由主体实践创造一定客观物质条件来满足自身需要而产生的愉悦的心理体验。无疑，幸福是需要把客观物质作为基础，通过"现实的人"的劳动创造来实现的，而人的第一个物质需要就是生产满足自身机能的物质资料。可见，物质基础是实现人民幸福的首要前提。倘若没有生产力的高度发展，就没有经济的繁荣昌盛，更不可能有物质的丰富满足。如此一来，幸福也就成了无源之水、无本之木。因此，我们必须大力发展生产力，筑牢人民幸福的物质根基。此外，随着现代社会的迅猛发展，科学技术的地位越来越凸显。作为第一生产力，科学技术从未像今天这样深刻影响并改变着人们的生产生活。在一定意义上讲，科学技术不但是生产力发展中的关键要素，而且还是幸福实现之源泉和动力。科学技术的每次进步和创新，都会给人们带来更为高级、更为便捷、更为丰富、更为自由的生活体验，从而不断提升着人民的幸福水平和幸福层次。

一、发展生产力，奠定幸福根基

幸福作为人的一种心理体验，是主体经过自由自觉的劳动创造活动赢得一定的客观物质条件，从而实现对物质生活需要和精神生活需要的满足而产生的愉悦感。很显然，人的幸福绝不是虚无缥缈的空中楼阁，它一定要以客观物质条件为基础，通过主体的劳动创造与努力奋斗而实现。可以说，客观物质条件是幸福的根本基础和前提条件，人的幸福必须基于一定的客观物质条件才能获得。而所谓客观物质条件，就是指那些满足人的现实需要却不以人的意志为转移的物质生活资料。由此不难发现，人类幸福的根基在于拥有一定的物质生活资料。为了能够生存和发展，人类就必须拥有满足衣、食、住等基本需要的物质生活资料。为了获得这些最基本的物质生活资料，人类又必须进行相应的物质资料生产。在物质资料生产过程中，一方面，人要同自然界发生关系；另一方面，人也要同他人发生关系。物质资料生产便由这两个方面的关系所构成，即生产力和生产关系。从根本意义上讲，是生产力与生产关系的社会基本矛盾推动着人类幸福社会的发展。作为社会基本矛盾的两个方面，生产力与生产关系是相互依存、相互作用的。但是，在这对矛盾中，生产力起着决定作用，它是矛盾的主要方面。生产力直接影响着人们的客观物质生活，这些客观物质生活又影响着人们的主观精神生活。故此，唯有大力发展生产力，才能创造出幸福赖以生成的物质生活条件，从而满足人们的物质生活需求；唯有大力发展生产力，才能创造出幸福赖以生成的精神生活条件，从而满足人们的精神生活需求。

在一定意义上讲，生产力体现着人类创造幸福的能力。从层次来看，生产力可以划分为物质生产力和精神生产力。其中，物质生产力是指人类创造物质财富的能力，它通过创造物质产品来满足幸福生成的客观条件，从而实现人的物质幸福。精神生产力是指人类创造精神财富的能力，它通过创造精神产品来满足幸福生成的主观条件，从而实现人的精神幸福。所以，幸福是主观与客观的统一。生产力在创造人的幸福过程中起着决定性作用，主要体现在两个方面：一是生产力的状况决定着人的物质幸福。人的物质幸福生成是以生产力为前提条件的，所有物质幸福都是以生产力创造的物质财富为内容的。二是生产力的状况决定着人的精神幸福。从某种意义上讲，生产力不仅创造物质幸福，而且创造精神幸福。因为只有在生产力不断发展的基础上，人们才能不断地拓展幸福的空间，提升幸福的层次，推进幸福的发展。随着生产力的发展，人类社会依次呈现三种社会形态：第一种是人的依赖性社会。人的依赖关系起初全然是自发形成的，这种社会形态的生产力发展水平还很低下，人们只能在狭隘的范围内和孤立的地点上发展自己的生产能力。尽管人们能迟钝地感知到一点点幸福，但是这种幸福却是微乎其微的。第二种是物的依赖性社会。在这种社会形态下，生产力的发展水平有所提高，于是形成广泛的物质交换、交往关系，多层需求的社会体系。可以说，这个阶段主要关注的还是物质幸福。然而，人之所以为人，相对于物质幸福而言，精神幸福却又显得格外重要。无疑，在物的依赖性社会中，人的幸福发展还不够全面。第三种是人的全面发展社会。在这种社会形态下，生产力的发展水平极大提高，人们拥有共同的社会能力成为他们的社会财富这一基础上的自由个性。即是说，个人得到自由全面发展。进而言之，物质幸福与精神幸福达到统一，人的真正幸福得以实现。因此，大力发展生产力，奠定幸福之根基，主要表现在两个方面：

一方面，大力发展物质生产力，实现人的物质幸福。物质生活条件是人的幸福的前提和基础，而物质生产力就是人们获得物质资料的力量。因此，从根本意义上讲，只有大力发展物质生产力，才能奠定人的幸福的根基。物质生产力反映的是物质资料生产过程中人与自然界的关系，是人们在物质资料生产过程中改造自然的巨大物质力量。它是以一个有机系统形式而存在的，是参与社会生产过程的各要素之和。其中，生产力的基本构成要素包含三个方面，即具有生产经验和知识技能的劳动者、以生产工具为主要内容的生产资料以及引入物质资料生产过程的劳动对象。所以，大力发展物质生产力，就要从生产力三要素入于。首先，优化劳动者的能力，促进物质生产力的发展。劳动者是全人类最首要的生产力，作为生产力系统中的主体性要素，它具有其他要素不具有的能动性。同时，劳动者既包括参与物质生产过程的体力劳动者，又包括参与物质生产过程的脑力劳动者。因而，优化劳动者的能力，充分发挥劳动者的积极性、能动性和创造性，有助于推动和促进物质生产力的迅速发展。其次，完善劳动资料，促进物质生产力的发展。劳动资料是指在生产过程中，人们用以影响和作用于劳动对象的所有物质资料与物质条件，它包含生产工具、土木建筑、道路河流以及用以当作劳动对象的器皿的物体等。在现代化生产过程中，劳动资料还包含能源系统、动力系统、运输系统以及与此有关的信息控制系统等。其中，最主要的劳动资料就是生产工具。生产工具是衡量社会生产力发展水平的客观标准，还是区别社会经济发展阶段的物质尺度。鉴于此，完善劳动资料，有助于推动和促进社会经济和物质生产力的发展。最后，扩大劳动对象，促进物质生产力的发展。劳动对象是指在生产过程中，人们利用劳动资料实行加工改造的所有的物质资料。这些物质资料大致可分为两种：一种是进入生产领域但未被加工的自然物，如正在开采中的煤矿等；另一种是进入生产领域已被加工的自然物，如纺织用的棉线、制造用的钢模等。扩大劳动对象，特别是进入生产领域内的物质资料，有助于丰富和促进物质生产力的发展。事实上，从根本意义上讲，物质资料的生产在人的幸福实现中起着基础性作用。离开以物质生产力为内容的物质资料，人的幸福实现的物质基础也就不复存在了。那么，没有一定物质保障的人的幸福，只能是虚无缥缈、不切实际的天方夜谭。因此，只有大力发展物质生产力，创造人类生活和发展的物质生活条件，人在现实生活中的实际幸福才有可能得以实现。

另一方面，大力发展精神生产力，实现人的精神幸福。人的幸福不仅包括获得物质文明产品满足的物质幸福，而且还包括获得精神文明产品满足的精神幸福。甚至可以说，人之所以为人，更为重要的是精神文明产品满足的精神幸福。在一定意义上讲，人类物质文明的发展是无法离开人类精神文明的。伴随着人类物质文明的发展，人类精神文明也在逐步进行着更深层次的蜕变，与此同时，还在不断地反作用于人类物质文明。其实，人类精神生产过程就是人脑对客观物质世界的反映过程，也就是精神产品的制造过程、物化过程。当然，人类物质文明程度越高，就越能够为精神生产提供相应的物质条件。例如，生产精神产品的物质材料、传送精神产品的物质手段、变革精神产品的物质工具等。如此一来，人们也就在深度和广度上对自然、社会以及思维拥有了卓有成效的认识，也就在形式和门类上对精神产品拥有了颇为广阔的开辟。这也就是说，人类精神文明必然反作用于人类物质文明。事实上，精神文明就是人类在改造世界过程中所获取的精神成果之和，既包括改造客观世界所获取的精神成果，也包括改造主观世界所获取的精神成果。它反映着人类智慧和社会道德的进步状况，在实现人类幸福中发挥着至关重要的作用。因此，要大力发展精神生产力，创造极为丰富的精神文明，有效地实现人的精神幸福。具体而言，主要体现在两个方面：其一，搞好科学文化建设。这一方面主要包括科学、文化、教育、艺术、卫生、体育等各项事业的发展。其二，搞好思想道德建设。这一方面主要包括思想政治、道德情操、理想信念、社会风尚等各种状况的发展。总之，发展精神生产力和进行精神文明建设的主体核心是人，其主要任务就是为发展物质生产力和建设物质文明提供强大的精神动力和智力支持，从而最终实现人的自由全面发展即实现人的真正幸福生活。

综上而论，不难发现，生产力对人类社会的发展具有重大根本性的意义。所以，坚持生产力标准与坚持人的幸福标准是根本一致的。人作为劳动者和生产者，既是物质生产活动的主体，也是精神生产活动的主体，他们是首要的生产力。而发展生产力的最终目的即是提高人的幸福水平，满足人们不断增长的各种物质生活需要和精神生活需要。因此，在一定意义上讲，生产力标准是衡量人的幸福的根本标准或最高标准。

二、推动科技创新，提升幸福水平

随着现代社会的发展与进步，科学技术的地位越来越显著。在人类社会历史发展的过程中，科学技术是一种革命性的力量，对历史发展起着重要的推动作用。从根本意义上讲，科学技术属于生产力系统中的非实体性要素。马克思也曾强调过："生产力中也包括科学。"[1] 这是由于，科学是一种完备知识体系，在进入生产过程之前，它是知识形态或观念形态的生产力，抑或是潜在生产力。而一旦它通过技术环节进入生产领域，同时再渗透到生产过程

---

[1] 中共中央马克思恩格斯列宁斯大林著作编译局：《马克思恩格斯全集》第四十六卷下，人民出版社，1980，第211页。

的其他各个要素中，那么，它便由知识生产力转化为现实物质生产力。发展现实的物质生产力，便能夯实幸福的物质基础。20世纪以来，尤其是第二次世界大战以后，科学技术得到了突飞猛进的巨大发展。电子计算机技术、航空航天技术、卫星通信技术、生物工程等相继出现，同时它们在影响和改变人的物质生活、精神生活和社会生活方面起着巨大作用。因此，邓小平在总结全球经济与科学技术发展的当代新经验时明确指出："科学技术是第一生产力。"[①] 这一著名论断充分说明了科学技术与生产力之间的关系，同时也丰富和发展了马克思主义哲学视野中的生产力学说。在一定意义上讲，科学技术的创新就是生产力的发展。

科学技术不仅是生产力发展的关键因素，也是幸福的源泉和动力。科学技术的每一项进步、每一次创新，都使得人们的生活更加便捷、更加丰富、更加自由、更加高级，从而不断提升着人类幸福的层次和水平。火的发现和利用，使人类告别了茹毛饮血的原始生活方式，过上了文明生活；电灯的发明和使用，使人类告别了黑暗；信息技术和互联网的出现，拉近了人们之间的距离，丰富了交流沟通的手段，使人类生活更加便捷。倘若没有科学技术创新而产生的电子设备，人们就不可能拥有随时随地欣赏音乐的幸福；倘若没有科学技术创新而产生的通信设备，人们就不可能拥有随时随地与家人朋友视频通话的幸福……

但是，科学技术是一把双刃剑，也具有一定的副作用，不能与幸福画等号。它既能改变人类实践的生活方式，推动人类社会向前发展，也能成为人类实践生活的障碍。从人与自然的关系来看，一方面，科学技术推动自然向人类转化发展；另一方面，科学技术又带来自然环境恶化问题，从而进一步影响人类的生命安全与生活健康。从人与社会的关系来看，一方面，科学技术推动社会为人类进步服务；另一方面，科学技术的运用又带来社会的矛盾冲突问题，从而进一步影响人类的和平相处与和谐发展。因而，我们强调要辩证地认识和运用科学技术的实践功能，将其发展控制在有利于人与自然和谐共生、人与社会和谐发展的实践范围内，使科学技术的发展日益生态化和

---

① 邓小平：《邓小平文选》第三卷，人民出版社，1993，第274页。

人性化。

第一，推进科学技术的生态化。科学技术发展的直接表现就是加强了人对自然的改造能力和人对自然的改造深度；而科学技术发展的现实结果就是创造了诸多自然本身无法生成的社会财富。不言而喻，科学技术的发展推动着人类社会的进步与社会文明的发展。如此一来，改造自然、创造财富便成了科学技术的固有使命。科学技术正是凭借这种方式来展示人的本质力量，表现人的社会价值，彰显国家的强大实力。因此，固然它也就成为个人、社会和国家之间争夺利益以及话语权的重要工具。长此以往，科学技术的工具价值理性被无限扩大，而科学技术的生态价值理性却被相对忽视。也就是说，人们只注重科学技术创新的物质利益和经济效用，却忽视了科学技术创新的生态效益和绿色价值。在这样的科学技术理念指导下，经济增长被单一地等同为人类幸福，并被看作科学技术创新的唯一价值目标。如此一来，忽视生态效益的做法就带来了资源短缺、环境污染以及生态危机等威胁人类幸福的种种灾难。然而，要避免威胁人类幸福的种种灾难，就要实现生产方式的变革；但要实现生产方式的变革，就要进行新的科学技术创新。当然，任何一项科学技术创新的最终目的都是形成技术产品，而技术产品一旦投入使用，势必会对自然、社会以及人类造成一定的影响。因此，科学技术创新不仅要考虑能否满足人类需要的问题，而且还要考虑是否产生自然生态问题。同时，还要考虑科学技术创新的综合应用能否实现自然、社会以及人类的统一发展问题。总之，科学技术的创新不仅要考虑它的经济效益和社会价值，而且还要考虑它的生态效益和绿色价值。故此，创新生态化的科学技术将成为一种发展的必然趋势。其典型表现有两种：一种是创新生态化的农业技术。人类的生存生活永远无法离开农业这个基础，但以化学为基石的农业技术却一直威胁着人类的健康生活。所以，发展生态化的农业技术对于人类的幸福生活有着极为重要的意义，也终将成为今后农业发展的重要方向和必然趋势。生态化的农业技术之创新要重点突破制约生态农业的技术瓶颈，开发具有普遍意义的农业循环技术。另一种是创新智能化的制造技术。智能化的先进技术代表着生态生产力的前进方向，反映着先进制造技术的发展趋势。创新智能化的制造技术，并将其渗透到有关人类幸福的生活的各个方面，必将成为生态化科技创新的趋势。

第二，推进科学技术的人性化。纵观整个人类世界，科学技术的发展不仅推动着人类物质生活的进步，而且促进着人类精神生活的提高。人类为了满足自身的生存和生活需要，不断进行认识世界和改造世界的实践活动。如此长期实践积累和创造的科学技术知识，是整个人类知识体系无比重要的组成部分。人类在推进科学技术创新的同时，既锻炼和提升了自己的认知能力，也发展和增强了自己的智力水平。科学技术作为一种文化知识，已渗透到精神生活的各个领域。它揭示了客观世界与人类自身的奥秘，破除了封建观念和迷信思想的束缚，是加强人类精神文明建设的强大武器。然而，科学技术的负面效应也会使人类生活饱受磨难。一旦借助科学技术发展物质生产力而忘却或脱离精神生产力，那么科学技术就会丧失其原本的为人控制并为人服务的本质，从而形成与人的本质对立的异己力量来统治人本身。因此，只有让科学技术人性化，赋予科学技术人性力量，才能防止科学技术异化，才能摆脱科学技术带来的社会问题，才能确保科学技术更好地善待人类、服务人类。所谓科学技术人性化就是指科学技术的人文化和人道化。即是说，科学技术的发展要坚持以人为本，要始终克服与人背离的状态而围绕人的生存生活来展开，进而使其真正成为属人的科学技术。当然，科学技术作为人的一种社会实践活动，必然要受到社会经济、政治以及文化的作用和影响，故此，它也就具备一种外在的背离人性的偏向。因此，创新人性化的科学技术，让科学技术回归属人世界，是一项具有重要意义的艰巨任务。具体来讲，首先，创新人性化的科学技术，要赋予科学技术人性化的价值观念。从一定意义上讲，科学技术并非死板的生产工具，而是拥有生命特性的价值工具。即是说，科学技术发展的根本目的在于为人服务，是为解决人类实际困难而诞生的，是为人类带来积极变化而出现的。因而，一旦离开为人服务这个根本目标，科学技术的发展便会脱离正常轨道。例如，信息技术的发展不是给人类带来信息交流而是信息泄露，生物技术的发展不是给人类带来环境优化而是环境恶化，那么科学技术的发展就丧失了其原有的本真意义和存在价值。其次，创新人性化的科学技术，要赋予科学技术人性化的人文情怀。可以说，任何一项科学技术的发展，都离不开人文精神的提升。科学技术作为一种新型文化，应该更多地渗透到民众生活之中，从而推进人类社会生活方式的转变。科学技术的发展不应局限于高深的学术领域，而应参与到教育、文艺、娱乐、旅游等平凡的生活领域。只有如此，科学技术的发展才能促进人类幸福生活的发展。

第二节 完善幸福的制度保障

人是一种社会存在物，所以，社会关系对人的幸福起着至关重要的作用。而制度就是这样一些具有规范性质的历史存在物，它作为人与人、人与社会之间的桥梁，一直调整着二者之间的相互关系，并以一种强制方式影响着人类社会的发展。也就是说，制度的本质就是社会关系的规范化、系统化。故此，制度对人的幸福具有一定的决定作用，保障、制约和促进幸福的生成、实现以及发展。从制度的社会功能来看，它决定着社会的财产关系，这是获得幸福的基本条件；同时，它还决定着主体的社会地位，这是获得幸福的必要条件。此外，它还具有导向功能、激励功能以及其他规范功能等。可以说，这些都是人的幸福得以实现的社会条件。因此，要实现人的真正的幸福，就要建立完善的、合理的、科学的社会制度。

一、建设有利于幸福的经济制度

一个社会的经济制度是指"由该社会的生产力状况所决定的生产关系的总和"[1]。但是，一定社会的经济制度，并不是指该社会现有的所有生产关系的总和，而是指该社会中占统治地位的那部分生产关系的总和。也就是说，它既不包含残余的旧有的生产关系，也不包含萌芽的新生的生产关系。这是由于，唯有占统治地位的生产关系，才能直接规定整个社会的性质，才能明

---

[1] 杨春贵，张绪文，侯才：《马克思主义哲学教程》，中共中央党校出版社，2009，第248页。

确区分社会形态的差异。所以，在一定意义上讲，经济制度就是占统治地位的生产关系。而这种生产关系又是人们在社会生产过程中形成的最根本的社会关系。在本质上讲，它是一种经济利益关系，从根本上规定着人们之间的物质利益。同时，生产关系又是一个庞大的有机系统，主要包含三个方面的内容，即生产资料所有制关系、人们在生产中的地位和相互关系以及产品分配关系。因此，正是生产关系这三方面的内容，构成人的幸福的社会基础。很显然，建设有利于幸福的经济制度就是建设有利于幸福的生产关系。具体而言，主要包括以下几个方面：

第一，推行平等就业机制。在一定意义上讲，就业就是民生之本。只有充分发挥自己的劳动创造能力获得就业机会，人类才能为自身的生存和生活创造必要的物质条件。然而，物质生活条件又是实现人的幸福的根本条件，所以，劳动就业就是影响人的幸福的根本因素。幸福源于劳动创造，就业保证劳动创造。因此，我们应当将劳动就业置于经济社会发展的首位。然而，长期以来，不公平就业和严重失业现象普遍存在。其中，就业不公平主要表现在：一是差别待遇严重。在劳动过程中，劳动强度低、时间短、环境好的工作收入高，而劳动强度大、时间长、环境差的工作却收入低。如此一来，越是劳动少的人越幸福，越是劳动多的人越不幸福。久而久之，幸福异化现象便普遍存在于人的现实生活世界之中。二是同工不同酬。就是说，做同样的工作，福利却不一样。同种劳动，价值却不同，势必会降低就业质量，影响人的劳动积极性。从根本意义上讲，没有人的积极劳动创造，就没有人的幸福的实现。三是性别歧视。在劳动过程中，女性就业难成为一种普遍现象。传统社会的男尊女卑观念始终在劳动就业中占有一席之地，凡事男性优先严重地打击和挫败了女性参与劳动的自信心。另外，有关失业现象的研究还表明，无论是个人失业还是普遍失业，都会给幸福带来巨大负面影响。甚至有的研究表明，失业对人的幸福的影响程度超过其他任何因素。因为就业不仅是获得收入的主要途径，直接影响着人们的物质生活，而且还是人的自尊、自信以及生活满意度的影响因素，间接影响着人们的精神生活。鉴于此，为了实现人的幸福，我们应当推行平等就业机制，其主要应体现在以下几个方面：其一，树立就业公平优先的经济发展目标，创造就业公平实现的有利宏观条件。这就是要把就业公平放在经济发展的显著位置，并加大力度实施积极的公平就业政策。与此同时，还要多渠道、多方式地增加就业岗位，以创造就业公平实现的有利宏观条件。其二，完善就业公平发展的法律法规制度，营造就业公平实现的良好法治环境。这就是要借助法律法规来规范必要劳动时间，扫除同工同酬障碍，取缔男女性别歧视。也就是说，要利用法律法规的约束力来推进劳动管理机制，健全劳动监察机制以及完善劳动调节机制。其三，加强就业公平保障的职业技能培训，推行就业公平实现的成熟体制机制。通过政府加大力度支持职业技能培训，形成一种职业技能水平与工资待遇水平相吻合的就业体系。

第二，完善产品分配制度。所谓产品分配制度就是指如何将劳动产品分割和配给社会主体的制度总称。一个良好的产品分配制度，可以充分调动社会各方面的积极性，不断地促进社会经济效率的提高，不断地推动社会生产力向前发展。从根本意义上讲，产品分配制度最终还是由社会生产力的客观条件所决定的。首先，生产资料所有制是决定产品分配制度的前提条件。纵观整个人类社会发展过程，在原始社会，实行生产资料公有制的平均分配制度。在奴隶社会、封建社会以及资本主义社会，实行生产资料私有制的按资分配制度。在共产主义社会低级阶段（社会主义社会），实行生产资料公有制的按劳分配制度。到共产主义社会高级阶段，实行生产资料公有制的按需分配制度。不难发现，生产资料所有制的建立促使着产品分配制度的形成。其次，生产力发展水平是决定产品分配制度的物质条件。社会产品的分配数量与分配方式，归根结底，取决于生产力发展水平和社会劳动生产率的高低。尽管生产资料所有制形式可能相同，但是由于社会生产力发展水平不同，那么，产品分配制度也就有可能不一样。当社会生产力水平有很大发展时，生产资料公有制下的产品分配制度，就不再像原始社会那样实行平均分配，而是实行社会主义社会的按劳分配。当社会生产力水平极大丰富时，就会实行共产主义社会的按需分配。最后，劳动的价值取向是决定产品分配的直接原因。劳动作为人的本质，有着多重意义和价值。当劳动是人的谋生手段，同时还存在重大差别时，那么，按劳分配制度就是一种比较完善的产品分配制度。而当劳动是生产个性特点和他人产品时，那么，按需分配制度就是一种极为完善的产品分配制度。从一定意义上讲，产品分配制度反映着劳动在人类社会发展中的地位。合理的产品分配制度促进人的劳动创造，而人的幸福就是在劳动创造过程中产生的。因而，完善产品分配制度有助于促进生产力的发展，更有助于促进人的幸福的实现。综上而论，完善产品分配制度就要实行生产资料公有制，促进生产力的大力发展，增强人的劳动创造能力。

第三，发展社会救助制度。所谓社会救助就是指当个体遭遇自然灾害或丧失劳动能力或拥有极低收入时，国家、政府以及其他社会主体实行的给予他们物质救助或精神慰藉的各种措施，这些措施的主要目的是保障贫困者的基本生活需要和最低生活水平。可以说，社会救助是社会保障体系中最古老、最基本的保障方式，在社会中起着调配资源、实现公平和维护稳定的作用。因此，从根本意义上讲，社会保障在实现人的幸福方面发挥着不可替代的作用。在人类社会长期发展过程中，世界上诸多国家都在陆续建立自己的社会救助制度。社会救助模式以综合型、针对型、保护型和济贫型最为典型。从一定意义上讲，欧美等经济发达国家的社会救助制度是相对比较完善的，它的广覆盖性充分体现了社会救助的意义和价值取向。第二次世界大战以后，一些新兴工业化国家也开始结合自身特点探索社会救助制度建设问题。然而，纵观古今中外所有的社会救助实践活动，虽然各国的经济发展水平、社会政治制度等诸多因素存在不同之处，各国的社会救助方式、内容以及水平等诸多方面存在差异，但是这些社会救助制度的建立仍然存在着许多相似的地方，它们的普遍性经验为发展社会救助制度提供了重要借鉴。其一，树立公平正义的社会救助理念，对救助对象应保尽保。从社会救助制度的发展历程来看，它的建立体现着人们对公平正义的执着追求。可以说，社会救助制度对于解决贫困者的后顾之忧、维护社会的稳定发展以及促进社会的公平正义有着良好作用。尤其是在现代社会中，社会救助制度作为一项反贫困的重要举措更是备受各国重视。因此，发展社会救助制度，一方面，必须秉承普遍性和公平性。也就是说，无论何时何地，只要是贫困者都享有得到救助的权利。另一方面，必须切实保障穷人得到救助。其二，建设完善的社会救助法律，使得救助工作有效落实。要想拥有完善的社会救助体系，首先应该拥有保障社会救助的法律体系。社会救助体系是指以保护人的基本生存权利和发展权利为出发点，综合分析穷困人口的多方面需求而形成的比较完整的制度体系。这种制度体系只有通过法律规范，才能实现程序的严格性和稳定性。其三，建立配套的社会救助政策，使得救助对象自我救助。一个良好的社会救助体系不但能够使救助对象及时全面地"进入"救助机制，而且能够使救助对象自信勇敢地"走出"救助机制。这就需要建立配套的社会救助政策，从根本上帮助困难群体走出困境。例如，通过减免税收方式扶持困难群众创业等。其四，建立多种渠道的社会救助筹资机制，使得救助经费切实可靠。因为世界各国情况不尽相同，世界上存在着两种社会救助管理模式：一种是中央集权的社会救助管理模式，另一种是地方分权的社会救助管理模式。就救助经费来源而言，主要还是以政府承担为主，同时发挥社会其他力量的作用。即是说，要采取多渠道收集社会救助资金的形式，为社会救助提供切实可靠的补充。总之，只有确保人们都过上有尊严的生活，人们才有可能实现真正的幸福。

二、建设有利于幸福的政治制度

从一般意义来看，政治制度就是指一定社会的统治阶级为了实现他们的政治统治，通过组织政权形式形成的政治原则和政治方式的总和。从广泛意义来看，政治制度是指一定社会的政治领域中，政治实体所必须遵循的各种规范和准则。因此，不难发现，政治制度是伴随人类社会政治现象而诞生的。它是统治阶级为了维护共同体的公共安全、公共利益以及分配方式等，对社会存在的各式各样的政治关系所作的一系列规定。然而，在现实生活世界中，人总是生活在一定社会中的人，因而人的幸福必然也要受他们所处的社会政治制度的影响和制约。政治制度不仅可以通过经济、文化以及生态等方面间接地影响人的幸福，而且其自身是影响人的幸福的直接因素。在政治制度中，民主、平等和公平都是影响人的幸福的至关重要的方面。可以说，没有广泛的民主，就没有人的真正幸福；没有地位的平等，也没有人的真正幸福；没有社会的公平，更没有人的真正幸福。所以，为了实现人的真正幸福，必须加强社会的政治制度建设。

第一，建设民主的政治制度。实现民主，是人的幸福的必然要求，是人类政治解放的基本目标。实际上，民主问题就是人权问题。人的本质是人权理论的基础，人权理论是民主理论的基础。从历史上看，民主最初的意思就是人民的权利或人民主权。尽管从古希腊雅典到近代资产阶级再到马克思主义，民主的性质发生着根本性的变化。但是，民主作为人民的权利这个一般内容却没有发生变化。即是说，民主仍然意味着每个人享有平等的政治权利。因而，从这个意义上讲，民主就是民主权，包括选举权、监督权、参政权、议政权等。马克思也指出："'民主的'这个词在德语里意思是'人民当权的'。"[①] 同时，民主还是一种国家制度、国家形式，即民主制度。其实，民主制度与民主权利是一致的。民主制度是人民权利的法律化和制度化，本质上还是人的权利问题。民主制度是依据社会民主权利的要求而建立的，它的根本目的就是要为实现这些民主权利赋予的政治前提和法律保障。可以说，历史上任何一种民主制度无不是为民主权利而服务的。脱离民主权利谈民主制度，就会丧失其客观依据和衡量标准。另外，民主制度与专制制度是相对的。马克思讲得很明白："不是君主的主权，就是人民的主权——问题就在这里！"[②] 相比而言，民主制度的根基在于重视人的价值和政治能力，强调在一定的范围内人人享有平等的政治权利。与之相反，专制制度的原则则在于轻视人、蔑视人，使人根本不能成为人。也就是说，在没有民主的专制制度下，大多数社会成员不是社会的主体，而是完成统治者意愿的工具，他们的尊严和权利遭到严重践踏。其实，人类追求民主就是为了反对专制。正是在此意义上，马克思对资产阶级的民主制度并非给予全盘的否定，而是在一定程度上肯定了这种民主的历史进步意义。

人类历史上有多种形式的民主，它们都客观地包含着共性的东西。马克思主义哲学并不否认民主的共性，但是它更为强调民主的个性即阶级性。凡是脱离阶级观点和历史观点去谈论民主的都是抽象主义。这是由于，民主作

[①] 中共中央马克思恩格斯列宁斯大林著作编译局：《马克思恩格斯选集》第三卷，人民出版社，1995，第312页。

[②] 中共中央马克思恩格斯列宁斯大林著作编译局：《马克思恩格斯全集》第一卷，人民出版社，1956，第279页。

为一种权利和制度都是具有阶级性的。"任何民主，和任何政治上层建筑一样（这种上层建筑在阶级消灭之前，在无阶级的社会建立之前，是必然存在的），归根到底是为生产服务的，并且归根到底是由该社会中的生产关系决定的。"① 因而，资本主义民主是建立在生产资料私有制基础上的政治制度，无论它的组织形式是多么完备，其最终目的都是保全私有制而实行资产阶级对劳动者的剥削。因此，可以说，资本主义民主是片面的和虚伪的，毕竟在资本主义社会，只是少数人享有民主权利。事实上，从历史的观点来看，只有建立无产阶级专政的人民民主，劳动人民才能真正成为社会的主体，才能真正地、广泛地享有民主权利。正如列宁所言："无产阶级专政，向共产主义过渡的时期，将第一次提供人民享受的、大多数人享受的民主，同时对少数人即剥削者实行必要的镇压。只有共产主义才能提供真正完全的民主，而民主愈完全，它也就愈迅速地成为不需要的东西，愈迅速地自行消亡。"②

第二，建设平等的政治制度。同民主一样，平等也是一种人权，平等就意味着人与人之间平等。当然，人的平等包含许多方面。在马克思主义哲学视野中，大体可归纳为两个方面：一方面是人的自身素质方面的平等；另一方面是人的社会地位方面的平等。人的自身素质就是先天遗传加之后天活动而形成人的活动的自身条件，它包括人的生理素质、心理素质以及思想文化素质等。在这个方面，马克思主义认为人与人之间始终是不平等的。正如世界上没有完全相同的两片树叶，世界上也没有完全相同素质的两个人。恩格斯在《反杜林论》中也曾多次批判杜林有关"两个人彼此完全平等"的错误观点。人的社会地位则是指人处在社会关系中的位置以及作为活动的人所具备的社会条件，它包括经济平等、政治平等和法律平等。其中，经济平等是政治平等与法律平等的基础，政治平等是经济平等与法律平等的保障，法律平等是经济平等与政治平等的表现。由于前文已经涉及经济平等，在这里着重论述政治平等和法律平等。政治平等强调的是人人平等地享有各项社会政

---

① 中共中央马克思恩格斯列宁斯大林著作编译局：《列宁选集》第四卷，人民出版社，1995，第405页。
② 中共中央马克思恩格斯列宁斯大林著作编译局：《列宁选集》第三卷，人民出版社，1995，第191～192页。

治权利，如民主权利、自由权利以及其他人身权利。法律平等强调的是在法律面前人人平等。那么，关于人的平等的两个方面是否矛盾呢？不矛盾。因为这两个方面是相互联系的不同问题。就个人而言，人与人之间确实存在着素质方面的差异。客观地讲，这种差异也确实影响着人的社会地位。但是，与动物相比，人是一个有机的整体。因而，人人都具有与动物相区别的人类这个物种所特有的素质和身份。从这个意义上讲，人与人之间又是相同的、平等的，都具有人之为人的本质特征。正如恩格斯所说："一切人，作为人来说，都有某些共同点，在这些共同点所及的范围内，他们是平等的。"[①] 即是说，依照人的素质不同可以将人分类，但就人之为人而言，人与人的社会地位还应该是平等的，要从人的观点出发来对待每一个人。可以说，这是人应有的权利。然而，人并不是抽象的人而是现实的人，他们总是生活在现实世界中的人。在阶级社会里，人与人、剥削阶级与被剥削阶级事实上是不平等的。那么，这就是人的实有权利。其实，自有人类社会以来，人的应有权利与实有权利之间就一直存在着矛盾。建立平等的政治制度就是要消除应有权利与实有权利之间的矛盾，而无产阶级的历史使命就是要通过消灭剥削阶级来实现人的政治解放，从而最终实现应有权利与实有权利之间的统一、人与人之间的社会地位平等。因而，从一定意义上讲，实现人的幸福就是要实现人的应有权利与实有权利的一致。

第三，建设公正的政治制度。事实上，社会公正与社会平等紧密相连。从某种角度来看，拥有了社会平等也就拥有了社会公正。社会公正反映的是一种主体生存生活状态，实现社会公正是实现人的幸福的必然要求。公正，亦即公平、正义。古往今来，公正一直被看作社会进步的标志、人类行为的尺度。建立公正社会、塑造公正主体，这始终是人类所向往和追求的幸福理想。首先，公正是一种社会制度。自从阶级社会出现以来，无论哪个阶级都主张公正，公然反对公正的人只是极少一部分，甚至可以说根本就不存在。可是，不同的阶级、不同的社会对公正的理解却不尽相同。随着人类社会的进步与发展，公正的内容也随之发生变化。在奴隶社会，公正的内容与

---

① 中共中央马克思恩格斯列宁斯大林著作编译局：《马克思恩格斯选集》第三卷，人民出版社，1995，第444页。

事实的不平等公然地联系在一起，如古希腊和古罗马的公平观认为奴隶制度是公平的。在等级森严的封建社会中，人的上下尊卑不同被认为是公正的，而资产阶级却宣布这种制度是不公平的，并强烈要求废除这种不公平的封建制度。于是，资产阶级便打着公正的大旗登上了历史舞台。他们煞费苦心地宣扬公正、吹嘘公正，但是由于生产资料私有制和阶级剥削压迫的存在，对于被剥削和被压迫的广大劳动人民而言，是根本没有公正的。正如马克思所说："'正义'、'人道'、'自由'等等可以一千次地提出这种或那种要求，但是，如果某种事情无法实现，那它实际上就不会发生，因此无论如何它只能是一种'虚无缥缈的幻想'。"[1] 唯有到了社会主义社会，剥削阶级与剥削现象逐渐被征服消灭，社会的公正才有可能出现并逐渐形成真正的公正。在马克思主义哲学视野中，人类社会的发展是趋向公正的。资本主义社会为社会主义社会所代替，其重要原因之一就在于资本主义社会是一个非公正的社会。按理说，劳动人民的劳动成果当属于全体辛勤的劳动人民。然而，在资本主义条件下，工人生产的财富越多，他们获得的成果越少。也就是说，资本主义社会到处渗透和充斥着不平等、不公正现象。同时，这也正体现了人类对真正的公正社会即共产主义社会的向往与渴望。其次，公正是一种关系范畴。即是说，公正表示的不是一种实体，而是一种彼此间的关系。倘若都是孤立的个人和孤立的事物，那么也就无所谓是否公正了。当然，公正也并不是泛指所有关系，而是特指人与人的社会关系。即是说，公正就是指处理人们的社会问题和协调人们的社会关系。其实，它主要强调的是一个人从他人或社会那里获得其所应得的事物。在这里，最为关键的是相称问题。在人与人的社会关系之中，凡是付出与收获相称的就是公正，凡是付出与收获不相称的就是不公正。也就是说，公正代表的是人与人、人与社会之间的相称关系。它有着丰富的具体内容，主要包括三个方面：贡献与满足之间的相称、权利与义务之间的相称以及自由与责任之间的相称。建设公正的社会制度，就是要实现这三个方面的统一。事实上，社会公正可以调动人们的积极性，促进社会发展；社会公正可以增强人们的凝聚力，促进社会稳定。因

---

[1] 中共中央马克思恩格斯列宁斯大林著作编译局：《马克思恩格斯全集》第六卷，人民出版社，1961，第325页。

此，实现人的幸福离不开社会公正。

三、建设有利于幸福的文化制度

文化是人类社会的独特现象，是社会生活的重要内容，还是历史发展的重要动力。广义文化和狭义文化统称为文化。广义文化是指人类将现实世界对象化的特殊活动及其一切成果；而狭义文化则是指人类的精神创造活动及其相应成果。不难发现，无论是广义文化还是狭义文化，它们都无法脱离人的实践活动，都是人的实践活动的劳动作品。这也就是说，文化的本质就是人化。而文化制度作为一种社会意识形态，是指一个国家通过法律形式规定和规范各种基本文化的关系。一方面，文化制度是社会制度完整体系的主要构成。作为思想上层建筑的文化制度同作为政治上层建筑的政治制度有着极为密切的联系。在社会发展过程中，文化制度作用的发挥始终有赖于政治制度；而在社会交替过程中，政治制度作用的发挥又始终离不开文化制度。另一方面，文化制度为社会其他层面提供精神动力和智力支持。广而言之，任何一种制度都属于文化范畴，任何文化又都属于人类本身。所以一种社会文化制度会从根本上决定着这个社会的大局。因此，文化制度作为一种社会规范和行为准则，也会在不同方面和不同程度上影响着人的幸福。那么，研究人的幸福就不得不研究文化制度。然而，无论如何，有利于幸福的文化制度，一定是遵循文化的"人化"本质的制度。所以，建设有利于幸福的文化制度，就是要构建合理的文化制度，为人的幸福提供文化方面的制度保障。具体而言，主要包含以下几个方面的内容：

第一，建设基层文化制度。建设基层文化制度的目的就是满足人们的基本书化需要。这种制度的建立应当以政府为主导、以公益为基础，为广大人民群众提供文化基础设施、文化公共服务以及文化传播平台。所以，建设基层文化制度主要体现在以下三个方面。首先，建设文化普及体系。建设文化普及体系就是要让所有人民群众均享有各种内容丰富和形式多样的文化产品，以普遍提高他们的精神生活水平和满足他们的精神生活需要。例如可以建设文化馆、图书馆、文化站等基层服务体系。当然，文化普及体系的建立方式是多种多样的，但它需要结合社会发展的具体情况因地制宜。文化普及体系的建立就是为了不断扩大文化覆盖面积，消除文化服务盲点，提高文化服务质量，使得广大人民群众在最大范围内享受精神需求的满足。其次，建设文化服务体系。建设文化服务体系就是要将文化产品与文化主体结合在一起。这种体系的建立应当是公益性的而非营利性的，应当是公立性的而非私立性的。这是因为，文化服务体系运行的首要目标就是使广大人民群众的基本文化权益得到保障。为此，文化服务体系运行有两种基本方式：一种是政府提供资金保障，开展积极的文化活动。文化活动不仅能够赋予人们认识世界和改造世界的物质力量，更能够赋予人们创造生活和享受生活的精神力量。从一定意义上讲，文化活动的终极指向是人的精神家园。它通过营造文化环境来潜移默化地影响人类的生存方式和生活方式。另一种是以政府为主导，吸纳文化企业参与文化服务，提供丰富的文化产品。毕竟，人的需要、目的和活动都凝结和聚集在文化产品上。只有拥有了丰富的文化产品，人的幸福理想才能得以实现。最后，建设文化传播体系。建设文化传播体系就是为了扩大文化的感召力、影响力和辐射力。其中，发展文化传播载体是建设文化传播体系的重要基础。电视台、通讯社、出版社、互联网以及杂志报纸等都是文化传播载体，它们的主要任务就是传播社会先进文化，提升主体文化素养。从一定意义上讲，人既是文化的产物，又是文化的主体。先进文化的传播对塑造能动的文化主体起着至关重要的作用。因此，要加强传播文化能力，打造一流文化媒体，使先进文化传播到人类社会生活的每一个角落。

第二，建设文化产业制度。随着人类社会的不断进步与发展，人们对文化产品的需求日益呈现出多元化与多样化的趋势。无疑，文化产业化终将成为一种必然。发展文化产业就是通过生产丰富多彩的文化产品来满足广大人民群众多样化的精神文化需要。从一定意义上讲，发展文化产业不仅能够满足人们的精神文化需求以实现精神幸福，而且还能够满足人们的物质文化需求以实现物质幸福。这是因为，发展文化产业还能带来社会经济的发展。可见，有效地发展文化产业能够促进人的幸福全面发展。但是，文化产业的有效发展却离不开文化产业制度的建设。具体而言，建设文化产业制度，主要包括以下两方面内容：一方面，构建文化产业体系。发展壮大各种文化企业，构建结构合理、种类齐全、竞争力强的文化产业体系。通常情况下，文化产业体系是由传统文化产业和新兴文化产业两部分组成的。传统文化产业主要包括出版发行、印刷广告、影视制片、演艺娱乐等内容，新兴文化产业则主要包括文化创意、动漫设计、移动数字等内容。构建文化产业体系就是要把传统文化产业与新兴文化产业融合在一起。其实现途径主要有三种：一种是培育大型文化产业集团，实现文化企业跨地区、跨行业发展；另一种是打造知名文化产品品牌，实现文化产品专业性、长久性发展；还有一种是不断优化文化产业布局，实现文化产业规模化、规范化发展。另一方面，扩大文化产品消费。从根本意义上讲，文化消费水平取决于社会生产力的发展水平。因而，一个社会的文化消费水平也会直观地反映这个社会的物质文明和精神文明程度。随着社会生产力不断向前发展，扩大文化消费势必成为今后文化产业发展源源不竭的内在动力。扩大文化产品消费，首先，要创新文化产品消费模式。可以说，不同的消费群体具有不同的消费倾向。创新文化产品消费模式就是要细分文化消费群体，并依照消费群体的收入状况以及文化产品的消费特性为人们提供专业化、个性化、特色化的文化服务。其次，要扩展文化产品消费范围。文化产品消费既能满足人的物质生活需求，更能满足人的精神生活需求。尽管如今多数文化产品消费在某种程度上还停留在高收入消费群体，但是低收入消费群体也渴望一定精神生活需求的满足。扩展文化产品消费范围就是要为不同群体提供相应文化产品以满足他们的精神文化需求。最后，要扩大文化产品消费领域，特别是积极拓展文化旅游产业，充分利用丰厚的人文资源促进文化产品消费。

　　第三，建设文化传承制度。随着人类社会发展，如今的文化形态已呈现多元化趋势。问题的关键是，一直以来，传统文化备受各种流行文化的冲击。因而，传统文化的传承性与续存性也就因此面临着巨大挑战。所以，建立文化传承制度，保护优秀传统文化，是文化发展的一项重要任务。首先，继承传统文化。每一个国家、每一个民族的文化，都会存在其既有的传统和固有的根基。这样的传统文化经过长时间的积淀和发展，就会成为维系民族团结的纽带、振奋民族精神的力量。可以说，传统文化无不包含着最为根本的精神基因、最为深层的精神追求。因此，我们必须高度重视传统文化的作用，把继承传统文化视为一种责任。当然,继承传统文化并非盲目地继承一切传统文化,而是要取其精华、去其糟粕地继承优秀的传统文化,让优秀的传统文化更好地滋养人类的精神家园。其次,发展传统文化。历史上任何一种文化都不可能与世隔绝,都需要从其他文化中吸收一定的养分。也就是说,在人类文明发展史上,不同国家、不同民族、不同地区的文化之间是相互交错、相互包容、彼此借鉴的。每一个国家、民族要想跟上时代发展的步伐,就要善于学习其他国家和民族的文化,借鉴其优秀文化成果以取诸家之长补自我之短。只有坚持学习和借鉴世界优秀文化成果,将外来优秀文化同本土传统文化融合起来,才能够使传统文化得到丰富发展。最后,创新传统文化。文化发展是一个历史的持续过程。即是说,文化发展是在既定传统基础上进行传承、变革和创新的。马克思曾指出,人们创造自己的历史并非随心所欲地创造,而是要在既定的、传承的基础上创造。无疑,文化发展历史也不例外。可以说,传统文化既是文化发展的母体又是文化创造的土壤,既铸就了历史的辉煌又闪耀着时代的光芒。为此,我们应当认真挖掘传统文化的思想精髓,赋予其新的时代内涵和时代精神来实现传统文化的创新。

四、建设有利于幸福的生态制度

幸福是人类追求的终极目的,它的实现离不开良好的生态。缺少生态的幸福不可能是真正的人类幸福,更不可能是全面的人类幸福。虽然当前学界有关生态幸福理论还不是很成熟,但是全球生态问题确实给人的幸福带来极大挑战。为此,一些学者们也提出生态经济、生态政治、生态文明等生态理念。不难发现,生态作为幸福的实现条件已经在学界达成共识。事实也证明,丧失生态的幸福永远不可能是永恒长久的人类幸福。在马克思主义哲学视野中,我们可以从客体、主体和实践三个角度来审视幸福与生态的关系。从客体的角度来看,人的幸福实现需要良好的自然环境,需要人与自然和谐共生。因为良好的生态环境是人的幸福实现和人类社会发展的基础。失去良好的自然生态环境,人的幸福就失去其存在的根基。从主体的角度来看,人的幸福实现需要良好的自身条件,需要人与人和谐相处。即是说,良好的社会环境也是实现人的幸福的必要条件。失去良好的社会环境，就会失去生态的幸福主体；失去生态的幸福主体，就没有人的幸福可言。从实践的角度来看，人的幸福实现需要良好的生态实践。因为人类社会生活在本质上是实践的，所以实践活动就是人的幸福的实现手段。倘若没有人类的合理实践，自然环境与社会环境也就不可能得到绿色发展，那么人的幸福也就丧失了其存在的基础和条件。因此，从根本意义上讲，人的幸福是一种基于生态客体、生态主体以及生态实践的整体幸福。然而，自从进入文明时代以来，生态维度的人的幸福现状却始终处于不乐观状态。在人与自然的关系方面，人类为满足自己的生存需要，不断地改造自然、征服自然。人类把自然界当成被征服的奴隶，进行着的侵占与掠夺。从此，乱杀乱砍、乱采乱挖、乱排乱放等破坏生态的行为不断涌现。长此以往，生态物种大量灭绝，有限资源濒临耗尽，环境污染不断恶化……诸多的自然生态问题反过来威胁着人类幸福的实现。在人与社会的关系方面，一些人为获得自己的切身利益，不惜损灾社会、损害他人。因而，拜金主义、享乐主义等社会生态问题不断涌现。毋庸置疑，人类幸福的普遍实现势必也要受这些社会生态问题的严重阻碍。在人与自身的关系方面，由于人们过多地重视物质财富的增长，而较少地关注精神健康，所以，价值虚无、内心空虚、道德沦丧、信仰危机等精神生态问题不断产生。毋庸置疑，精神生态问题带来的一定是人的不幸福。综上而言，生态是影响人的幸福的至关重要的因素，任何脱离生态因素的幸福都是空洞的。

幸福作为人的一种心理体验，是生态客观与生态主观的统一。因而，关涉人的幸福的生态既包括自然环境的生态，也包括社会环境的生态，更包括人自身的生态。生态制度是指保护生态所依靠的制度，无疑它是实现人的幸福的重要保障。因此，建设生态制度必有其存在的合理性与价值性。那么，究竟建设怎样的生态制度才有利于实现人的幸福呢？本书认为可以从两个方面出发：其一，实行生态生产制度。生产方式是人类获取物质生活资料的重要手段，是人类改造自然创造自身幸福的必要生产过程。在一定意义上讲，生态危机的根源就在于传统生产方式的非生态化，这种生产方式的非生态化严重影响着人的幸福。所以，要实现人的幸福，就要进行生产方式的变革。发展生态生产的目的就是消除非生态化传统生产方式给自然环境带来的消极后果，消除非生态化传统生产方式给人的幸福带来的严重阻碍。实行生态生产制度，就是要求将生态因素纳入生产领域，让其始终成为人的幸福的前提和基础。可以说，人与自然和谐共生思想为实现生态生产与人的幸福发展提供了内在逻辑。在人与自然和谐共生思想中，低碳经济和循环经济便成为生态生产的两种重要模式。所谓低碳经济是指低耗能、低排放、低污染的生产模式，它与高耗能、高排放、高污染的高碳经济生产模式相对。尽管全球气候变暖等生态问题看似是气候本身的问题，但实质都是人类进入文明时代以后进行不合理的生产活动而引发的问题。反过来，这些生态问题又阻碍和制约着人类的生存发展。因此，为了减少污染气体排放、保护自然环境、拯救人类家园，就需要发展低碳经济的生产模式，以使人类尽享低碳生活的幸福。而循环经济则是一种不断循环利用物质资源的生产模式，它打破了传统经济由"资源—产品—废弃物排放"的单向线性生产模式。从长远角度来看，循环经济其实是一种可持续的生态生产模式，它更为关注资源利用与环境保护的协调发展。当然，发展循环经济生产模式也要发展低碳经济生产模式。因为循环经济目标中的最少废物排放应该首先就是低碳排放。可以说，低碳经济生产模式适用于任何生产领域。总之，无论是低碳经济还是循环经济，它们都是在尊重自然的基础上进行生产，从而促进人与自然的共同发展、和谐进步。

其二，实行生态消费制度。马克思曾说，人类生存的第一个前提条件就是需要衣食住行等物质生活资料。也就是说，自从人类社会诞生以来，消费问题就存在了，物质生活资料消费是人类生存发展的首要条件。可是，随着人类社会的发展，消费问题日益出现在人们的经济生活和社会生活之中。全球生态环境恶化、世界社会秩序紊乱，严重干扰着人类健康生存和社会有序发展。人类的生存质量和生活质量面临着威胁，这就要求改变当前非生态化的消费方式。实行生态消费制度，就是要把人类消费活动归置到生态系统之中，让他们在尊重生态规律的前提下进行合理消费。这种合理消费既包括对自然资源的合理消费，也包括对社会产品的合理消费。其实，生态消费就是通过切断社会再生产往复运动的末端来实现对资源的节约和对生态的保护。这样一来，既能保证自然生态良性循环，又能保证社会生态稳定发展。因此，在一定意义上讲，生态消费即是绿色消费。绿色消费就是指消费有分寸、享受有尺度，即不过度消费。像享乐主义、拜金主义等均属于非生态消费。简而言之，坚持生态消费，就要坚持绿色消费；坚持绿色消费，就要坚持节约消费。与此同时，生态消费还意味着可持续消费。联合国环境规划署于1994年在《可持续消费的政策因素》报告中曾写道：可持续消费就是指"提供服务以及相关产品以满足人类的基本需求，提高生活质量，同时使自然资源和有毒材料的使用量减少，使服务或产品的生命周期中所产生的废物和污染物最少，从而不危及后代的需求"[1]。由此看来，在生态消费体系中，人不但要追求基本的物质生活需要满足，而且还要追求更高的精神生活需要满足。其中，物质方面的合理消费是提高生活质量的基本条件。但是，一旦出现过度消费即奢侈消费，便是对物质资源的极大浪费。精神方面的合理消费是提高生活质量的重要条件。因为人之所以为人的根本特性就在于人拥有精神生活和精神需求。当人的基本物质生活需要得到满足时，人的生活质量便由精神生活所决定。而精神消费有助于提升人的思想境界、道德素养、审美情趣等。所以，实行生态消费制度，可以平衡物质消费与精神消费的关系，从而实现绿色消费与可持续性消费。

总之，生态维度的幸福是人类共同追求的终极目标。它不仅需要人与自然和谐共生，而且需要人与社会共同发展。可以说，以实现生态维度的幸福为目标的发展观，都是为了让人类的生存更安康、更舒适、更自由，都是为了让人类的精神更鲜活、更充实、更解放，都是为了让人类的人格更完善、更活力、更健全。也唯有如此，生态问题才能得到缓解甚至消除，生态平衡才能重建甚至恢复。从一定意义上讲，生态发展的本真意义和最终目的无非也是使人类生活幸福。在马克思主义哲学视野中，要实现生态维度的人类幸福就要兼顾幸福客体、幸福主体和幸福实践三方面的统一。因此，建设有利于幸福的生态制度，也要着重把握这三个方面的生态特征。首先，确保生态性存在，遵循生态发展规律。可以说，人与自然作为宇宙的生态成员，共同构成了一个有机的生态共同体。在这个生态共同体中，每个存在物都各处其

---

[1] 曹明德：《生态法原理》，人民出版社，2002，第74页。

自身的生态位，并以独特的功能维系着系统的平衡。很难想象，一个生态位错乱的共同体能够赋予人类以真正意义的幸福！因而，只有确保每个存在物是生态性存在，人类真正的幸福生活才有可能实现。其次，培养生态性主体，建构生态理性信念。幸福始终是人的生态幸福，生态性主体即人的生态位。只有具有生态理性信念的主体，才能保证其自身幸福的生态位。这是因为，具有生态理性的主体不仅以自我需要满足为幸福，而且还会顾及自然与社会等诸多因素的生态存在，并以此约束自身行为去追求一种全面发展的幸福。最后，保持生态性实践，开启生态幸福之路。幸福是人类认识世界和改造世界的终极目的。然而，在人类的实践活动过程中，人与自然、人与社会的生态关系却遭受毁坏。究其根本原因，这是人类实践活动非生态化的后果。非生态化的实践活动急功近利地追求短期物质利益，极度忽视对人类的长远利益和整体需要的有效满足，从而导致人与自然、人与社会的关系紧张，影响人类幸福。因此，人类幸福呼吁一种新的实践方式即生态性实践。生态性实践逾越传统实践活动的狭隘视野，以满足人类长远利益和整体需要为着眼点，开创着人类自由全面发展的生态幸福之路。

第三节 提升主体幸福能力

作为人类追求的终极目的，幸福是人的生命生活之必然。自有人类社会以来，追求幸福便成为人类有意识的活动，他们创造各种有利条件以获得幸福。即便是在最初的原始社会，尽管人们并不清楚何为幸福，但是在岩洞中刻下壁画等诸多现象也清晰地反映了他们对幸福的向往。不同时代、不同民族、不同性别的人们都有着自身对幸福的感悟。然而，事实证明，人的幸福的实现不仅需要良好的物质条件和社会条件，还需要通过个人的自身努力不断提升主体的幸福能力。而提升主体幸福的能力主要包括三个方面：其一，提高主体的幸福认知能力，以马克思主义的幸福思想为指导，树立正确的价值理念和幸福理念；其二，提高主体的幸福感知能力，学会在现实生活世界中感知幸福；其三，提高主体的幸福创造能力，通过主体的劳动不断创造幸福、发展幸福。

一、提高幸福认知能力

幸福认知能力是实现幸福的前提条件和重要基础，任何人若想获得幸福都必须首先知道幸福何在。倘若你还不知道幸福在哪里就去追求幸福，那只会越追越远。可见，实现幸福离不开人的幸福认知能力。那么，究竟何为幸福认知能力呢？这就要追溯到人的认知能力这一概念。从一般意义来讲，认知能力就是指人运用大脑对信息进行加工、存储以及提取的能力。换句话说，认知能力就是指人们对事物的结构、功能以及规律的驾驭能力。从哲学意义来讲，认知能力则是指主体在认识过程中所能正确发挥出来的自觉能动性。这种自觉能动性构成人与物的本质区别，所以，就此意义而言，认知能力也是人所特有的一种本质能力。同时，人的自觉能动性主要表现为两个方面，即能动地认识世界与能动地改造世界。无疑，这两方面是不可割裂的。可以说，它们是同一过程的两个方面，而这里所说的能动地认识即是主体的认知能力。在追求人的幸福的过程中，离不开认识主体发挥自觉能动作用。幸福认知能力就是主体在追求幸福过程中所能正确发挥出来的认识的能动性。这种能力能够帮助主体实现幸福并提升幸福质量。在追求人的幸福的过程中，主体幸福认知能力的作用是显而易见的。就以幸福的认知主体而言，一个真正的幸福者应当是具有较强幸福认知能力的人。一个人能否正确迅速地识别幸福、把握幸福、获取幸福，除了一些其他条件以外，其幸福认知能力的高低强弱是一个尤为关键的因素。幸福认知能力实际上就是幸福主体在思维中对幸福客体的把握程度，即是说，幸福认知水平与幸福认知能力有着紧密联系。幸福主体应当以马克思主义幸福观为指导，提升主体的幸福认知能力以实现真正幸福。具体而言，主要表现为以下几个方面：

首先，正确认知物质幸福与精神幸福的关系。幸福的实现最初必须有赖于一定的物质条件，物质需要的满足是实现人的幸福的前提条件。脱离一定的物质基础很难拥有人的现实幸福，物质保障是实现人之幸福的必不可少的条件。可是，物质需要的满足绝非人类追求的终极价值目的。毕竟，在一定的条件下，人的幸福可能随着物质财富的增加而减少。例如，我国的 GDP 位居世界第二，然而，如今的中国人比过去更加幸福吗？这恐怕很难简单地得到肯定答案。起码相当多的人对社会生活比过去更为不满，精神疾病的发病率与死亡率不断高升也很说明问题。如此一来，不难发现，人类追求的终极价值目的并不是物质生活的最大化，而是幸福本身的最大化。人的幸福不仅包含物质生活需要的满足，而且还包含精神生活需要的满足。精神需要的满足是实现人类幸福的又一必要条件，精神境界的提升为实现人类幸福供给充足的养料。所以，我们既不能把物质生活资料当作幸福的唯一源泉，也不能把物质生活资料当作人的幸福本身。倘若如此，一方面，人们会沉浸在过度的物质消费过程中，便把单纯的物质享受当作人生的主题，从而使得现实生活单调乏味沉闷无聊，精神内容在现实生活中占据较小比重。正如马克思所指出："享乐主义把丑恶的物质享受提高到了至高无上的地位，毁掉了一切精神内容。"[1]物质主义幸福观使得价值虚无，进而迫使人变成单向度的人。另一方面，人们会迷失在纯粹的物质追求过程中，从而丧失人生远大的理想信念，导致幸福追求迷茫无助、漫无目的。人缺少信念就好比船缺少舵手，只能浑浑噩噩地随波逐流。当然，纯粹的精神生活满足也并非幸福的真正本意，亦不可能等同于人的幸福本身。这样所谓的幸福最终只能是唯心主义的虚假幸福，或者是宗教主义的彼岸幸福。因此，主体一定要学会认知物质幸福与精神幸福的辩证关系。在追求人的幸福的过程中，不仅要注重物质幸福的发展，而且要注重精神幸福的发展。只有物质幸福与精神幸福达到高度统一，人们才有可能过上真正美满的幸福生活。

其次，正确认知个人幸福与社会幸福的关系。个人幸福与社会幸福是相互依存、相互联系、密不可分的。从个人的角度来看，幸福是单独个人的心理体验和实践活动。然而，抛开个人所处的社会环境，脱离个人所处的社会关系，单独地论及个人幸福，恐怕实际上是难以实现的。毕竟，作为社会的一个成员，人的种种活动都是在社会实践中完成的，因而个人行为与社会环境是不可分割的。从社会的角度来看，幸福是整个社会所拥有的整体幸福。

---

[1] 中共中央马克思恩格斯列宁斯大林著作编译局：《马克思恩格斯全集》第四十二卷，人民出版社，1979，第636页。

即是说，社会全体成员所实现的最大幸福。为此，可以说，撇开个人幸福去抽象地谈论社会幸福，实际上是没有任何价值和意义的。这是由于，社会是由个人构成的，社会幸福离不开个人幸福。从一定意义上讲，社会幸福就是每个人的最大幸福。正确认知个人幸福与社会幸福的关系，就要做到两个方面：其一，追求个人自身幸福的同时，不以损害他人利益为前提。个人幸福与社会幸福是互为前提的一个有机整体，任何人在实践活动中都离不开社会的支持与帮助，他人生活状况的优劣也会关系到个人自身的幸福。其实，"爱别人，就是爱那些使我们自己幸福的手段，就是要求他们保存、他们幸福，因为我们发现我们的幸福与此相联系。这就是把我们的利益与我们所交往的人们的利益混合在一起，以便为共同的福利而工作"[①]。其二，追求个人自身幸福的同时，要以社会幸福为终极目标。个人幸福与社会幸福是紧密联系的一个有机整体，个人在追求幸福的过程中应当以社会幸福为前提，始终保持个人幸福与社会幸福处在同一条轨道上，不能偏离社会发展的终极目标，自寻个人幸福之路。也就是说，个人的言行举止要符合社会的发展规范，社会要提供有利于个人发展的机会。同时，个人还应树立崇高的社会幸福理想信念，尽个人的最大努力回馈社会、贡献社会。

再次，正确认知创造幸福与享受幸福的关系。人的幸福实现是一个持续发展的过程，是创造幸福与享受幸福的辩证统一。现实生活世界中的一切事物都是变化发展的，因此，人欲获新型的幸福必须依靠主体的创造精神。提升主体的幸福认知能力，就是要求主体首先在观念上认识到劳动创造是幸福之源。只有依靠劳动创造，主体才能获得幸福。劳动创造是人类社会发展的动力，它使人类历史发展具有价值。马克思曾说："我的劳动是自由的生命表现，因此是生活的乐趣所在。"[②]可见，唯有劳动创造是崇高的，它可谓人类幸福之源泉。缺少劳动创造，幸福就是无源之水；抛开劳动创造，幸福就是梦想、幻觉。然而，当下现实生活中仍然有许多人存在不劳而获的思想，妄图在追求自身幸福的过程中探寻一条便捷之路，因而一部分人便一味地贪图

---

① 周辅成：《西方伦理学名著选辑》下卷，商务印书馆，1987，第89页。
② 中共中央马克思恩格斯列宁斯大林著作编译局：《马克思恩格斯全集》第四十二卷，人民出版社，1979，第37～38页。

享受而藐视劳动创造。如此一来，享乐主义与拜金主义就在人类社会发展过程中抢占了一席之地。事实上，短暂的感官刺激获得的只能是短暂的精神快乐，而只有源源不断的劳动创造才能获得持久的幸福。当然，这并不是说，强调劳动创造的重要性就意味着否定人的享受的重要性。毋庸置疑，主体劳动创造的最终目的就是实现人的需要的满足。然而，从一定意义上讲，满足人的需要本身就意味着实现人的享受。因此，人的享受不仅有物质层面的，而且还有精神层面的。就历史发展的基础和前提而言，物质享受无疑是最重要的；而就历史发展的方向和趋势而言，精神享受也愈来愈重要。因此，人不仅要享有物质生活幸福，而且还要享有精神生活幸福。甚至可以说，享有精神生活幸福可以使人感受到更大幸福。人的享受随着人的需要而不断变化发展，正是劳动创造不断满足这些需要和享受，从而将人的享受不断推向幸福的新境界。此外，我们还应该意识到，劳动创造本身也是一种幸福享受。

最后，正确认知当前幸福与长远幸福的关系。幸福有当前幸福与长远幸福之分。就具体个人而言，当前幸福就是眼前需要得以满足而产生的幸福，长远幸福则是将来需要得以满足而产生的幸福。个人的真正幸福在于，既要懂得享受当下幸福，又要懂得创造长远幸福。因为人们生活在现实世界中，他们所能体悟的是眼前幸福。所以，就一般意义而言，人应当重视并感悟眼前幸福。但同时，也要考虑长远幸福。毕竟，眼前幸福是相对短暂的。我们应当考虑如何将短暂的眼前幸福延续到将来的长远幸福之中。从某种程度上讲，眼前利益与长远利益之间的关系就反映着眼前幸福与长远幸福之间的关系。所以，我们应当妥善处理眼前利益与长远利益之间的关系。在幸福方面，做到胸怀长远幸福着眼眼前幸福，谋求长远幸福实现眼前幸福，从而最终实现眼前幸福与长远幸福的和谐统一。倘若眼前幸福与长远幸福相互矛盾、相互对立，那么我们就只能牺牲眼前幸福而选择长远幸福。毕竟，世间万事万物都是不断变化发展的，这是一个自古以来永恒不变的定律。就整个人类而言，当前幸福就是指当下一代所拥有的幸福，而长远幸福则是指子孙后代所拥有的幸福。由于人的发展不仅包含自我成长，而且还包含后代延续，所以，我们不仅要着眼于自己一代的眼前幸福，而且还要着眼于子孙后代的长远幸福。倘若一直盲从地只顾当下一代的眼前幸福，那么，子孙后代的长远幸福势必要受到严重影响。当然，这并不是说，我们否认当下一代拥有幸福。恰恰相反，我们主张当下一代的眼前幸福与子孙后代的长远幸福的统一。毕竟，幸福既不单纯地等同于眼前幸福，也不单纯地等同于长远幸福。一旦眼前幸福与长远幸福发生矛盾碰撞时，我们还是应当牺牲眼前幸福顾虑长远幸福。总之，真正的幸福在于，既拥有眼前幸福又拥有长远幸福。在马克思主义哲学视野中，共产主义幸福就是此类幸福，既拥有了每个人的眼前幸福，又拥有了全人类的长远幸福。

二、增强幸福感知能力

何为幸福？仁者见仁，智者见智。也就是说，不同的人对幸福有着不同的理解。即便是同一个人，处在不同的时期也会对幸福有着不同的认识。然而，所有这些幸福却都具有一个共同特点：无论现实的客观条件怎样，幸福始终是主体心灵上的愉悦体验。没有主体心灵的感知，就没有主体幸福的出现。常人言：身在福中不知福。其实，这句话说的就是主体缺乏对幸福的心灵感知。在现实生活世界里，很多时候人们并不缺乏幸福所需的客观条件，而是缺乏对幸福的感知能力，以至于他们时常会感受不到幸福的真实存在。因此，提升主体的幸福感知能力对于获得幸福起着至关重要的作用。那么，何为主体的幸福感知能力呢？这个就要从人的感知能力概念说起。从心理学的角度来看，感知能力是指人对感官刺激赋予价值和进行认知的本领。感官对刺激的敏感程度决定着人的感知能力的强弱。从哲学的角度来看，感知能力就是主体对外界事物的感性认识水平。这种能力主要体现在情绪、情感、感觉、知觉等方面。由此不难发现，哲学视野中的幸福感知能力就是幸福主体对幸福客体的感性认识水平。从一定意义上讲，主体幸福不能完全取决于外部的客观条件，大部分还是要取决于主体内心的感知能力。因此，可以说，人的幸福不是由别人赐予的，而是每个人的内心真实感受。过着锦衣华服和钟鸣鼎食生活的人未必幸福；而过着布裙荆钗和粗茶淡饭生活的人也未必不幸福。但是，毋庸置疑，主体一旦缺少幸福感知能力，那么，他们便很难获得幸福。环视当今世界，腐败分子因金钱过多而忐忑不安的例子比比皆是，知名明星因精神抑郁而痛苦自杀的案例也屡见不鲜。诸多例子统统表明，在现实生活世界里，人们并不缺乏幸福生成的外在物质条件，而是缺乏幸福生成的内在感知能力。内在感知能力在幸福中起着主导作用，这是由人的幸福的本质意义所决定的。因为就其根本性质而言，幸福是主体灵魂中的愉悦。正是基于这个缘由，主体的幸福感知能力也就在一个人能否拥有幸福的问题上起着主导作用。幸福感知能力的培养并非一朝一夕的事情，提高幸福感知能力是一个循序渐进的过程。具体而言，幸福主体应该做到以下几个方面。

第一，学会感悟点滴，懂得幸福常在。俗话说得好，生活中并不缺乏美，只是缺乏发现美的眼睛。幸福也是如此，生活中并不缺乏幸福，而是缺乏感悟幸福的能力。事实上，幸福就在我们身边。拥有真诚的爱情是一种幸福，拥有美满的家庭是一种幸福，拥有真挚的友情是一种幸福，拥有成功的事业亦是一种幸福……由此不难发现，只要我们善于感悟生活中的点点滴滴，就会发现幸福隐藏于平凡的世界之中。在现实生活世界里，保持对事物的新奇感，体悟生命中的真善美，提高对幸福的感受力，发觉生活中的真幸福。这也就是说，人的幸福是需要发现和感知的。通常情况下，人们会认为生命中最美好的时刻莫过于心无牵挂、全然放松的时光。然而，米哈里·契克森米哈赖却发现，生命中最愉悦的时刻往往是在一个人为做艰巨而有价值的事情而付出全部体能和智力的时候。哲学家密尔也曾感悟道："自问是否幸福，幸福的感觉就荡然无存了。"① 即是说，人唯有全力以赴投入生活细节之中，才能够深深地感悟到幸福的真实所在，倘若直接去寻找，反而找不到幸福感了。那么，怎样可以得到人生幸福呢？罗素讲道："所有人生的现象本来是欣喜的，不是愁苦的；只有妨碍幸福的原因存在时，生命方始失去它本有的活泼的韵节。"② 幸福常在，在于感悟。从根本意义上讲，幸福的感悟伴随着人的一生。不同的人生发展经历，展现不同的幸福侧面。有些人会感知到物质财富带来的幸福，有些人会感知到精神财富带来的幸福。前者即是物质幸福，后者则是精神幸福。然而，物质幸福存在于客观条件中，很大程度上受制于客观环境。一旦这种客观环境改变，幸福便会突然被抛到九霄云外。精神幸

---

① 米哈里·契克森米哈赖：《幸福的真意》，张定绮，译，中信出版社，2009，第4页。
② 罗素：《幸福之路》，吴默朗，金剑，译，中央编译出版社，2009，第6页。

福则大大不同，它是至高至纯的幸福。毕竟，就本质而言，幸福就是关乎生活的精神感应而非物质满足。因此，这就要求人们不断提升幸福感知能力，感悟生命生活中持续不断的点滴幸福。可以说，幸福的感知任务永无止境，人总是处在感知幸福的途中。

第二，学会取舍欲望，懂得知足常乐。在马克思主义哲学中，需求即是人的本性。也就是说，人生而有需求。这句话有两层含义：一层含义是说，人一生下来便有某种欲望；另一层含义是说，人的生命过程中一直伴有某些欲望。可以说，人的欲望是追求幸福的内在动力。没有欲望的满足，就没有幸福的实现。当然，这并不是说所有欲望的满足都意味着幸福的实现。这是由于，一方面，人的欲望本身是多种多样的。有些欲望是正当的、合理的欲望，它符合人的本性、接近人的幸福；而有些欲望则是不正当的、不合理的欲望，它违背人的本性、背离人的幸福。即是说，倘若人的欲望是正当的、合理的，那么欲望的满足就会推动人的幸福的发展。反之，倘若人的欲望是不正当的、不合理的，那么欲望的满足就会阻碍人的幸福的发展。另一方面，人的欲望是在不断膨胀的。随着人与社会的发展，人的欲望逐渐地膨胀。结果导致，一种情况是多样化的个人欲望不能满足，从而引致人的挫败感和不幸感；另一种情况是处在一定社会条件下的个人欲望过度膨胀，从而妨碍自身幸福与他人幸福的实现。前者可谓是欲望的不可满足，而后者则是人的贪欲、纵欲。所谓欲望的不可满足就是说，人的一个欲望得到了满足，便会产生另一个更高层次的欲望，而另一个更高层次的欲望得到了满足，则会产生比这更高层次还高的欲望……如此不断攀升，貌似欲望永远无法得到完全彻底的满足，因而人们常会觉得人生充满悲剧而不幸福。事实上，欲望难以穷尽恰恰佐证了它是人类追求幸福的内在动力。至于人的贪欲、纵欲，一般被看作某种欲望的无限膨胀，从而使得个人沉溺于此，并不择手段地追求这种欲望的满足。它不仅没能带给个人幸福，而且还会损害社会幸福。虽然这些欲望不应该得到满足，然而，幸福作为终极目的，却是人类一直追求的。幸福的实现离不开自我的努力和社会的创造，但更重要的还是需要在自我调整中实现幸福。伴随着个人成长与社会发展，人的欲望呈现多样性。因而，要想实现人的真实幸福，就要审视和权衡种种欲望，舍掉不合理、不正当的欲望。与此同时，我们还应看到不知足带来的祸害，懂得知足常乐的人生道理。几千年前，中国的哲学家老子就曾深刻地讲道："祸莫大于不知足，咎莫大于欲得。故知足之足，常足矣。"

　　第三，学会面对挑战，懂得感恩回报。人类追求和实现幸福的过程从来都不是一帆风顺的，几乎通往幸福之路的每一步都充满着各式各样的挑战。从一定意义上讲，挑战与机遇是并存的。然而，人的幸福并不是虚无缥缈、触不可及的东西，而是需要人们面对挑战把握机遇才能获得的。如此一来，妥善处理挑战与机遇的关系，便成为实现幸福的关键所在。人们只有学会面对现实、接受挑战、把握机遇，才能获得物质与精神的幸福，实现个人与社会的幸福。随着人类社会的进步与发展，思想与行动、理想与现实都是在相互作用、相互影响的过程中不断更新发展的。面对挑战的新型化与观念的更新化，我们决不能畏首畏尾、恐惧退缩。当然，我们也不能盲目地接受挑战，更不能充满希冀地坐等机遇。唯有正视挑战与机遇的关系，才更有利于实现人的幸福。面对挑战，我们要坚持马克思主义幸福理念，坚持物质幸福与精神幸福相统一，在实现社会幸福的过程中实现个人幸福。我们坚决不能放过任何良好机遇，要为抓住良好机遇做充足的准备。这种准备主要包括以下内容：一是科学知识的储备；二是思考方法的积累。在此基础上，要抓住机遇，还必须具备敏锐的洞察力、精准的判断力，同时还必须善于运用他人的劳动成果。即使如此，实现人的幸福之路也并不那么畅通无阻。因为人生有顺境和逆境之分，所以实现幸福也有难易之分。然而，无论如何，人们都不应当放弃对幸福这个终极目的的追寻。在人生顺境中，我们以轻松愉悦的心情去实现幸福；在人生逆境中，我们以坚韧不拔的毅力去追寻幸福。其实，不管是在顺境还是逆境中，人的幸福都可以实现。从根本上来说，最重要的在于辩证地看待顺、逆境，用心感知其中的幸福。此外，充满挑战的幸福人生中，总会收到诸多他人的恩惠。因为每个人都是社会中的一员，都会受到社会环境带来的恩惠。因此，感恩在实现人的幸福的过程中便显得尤为重要。就一般意义而言，感恩就是指感激他人所提供的帮助，并对他人的帮助予以回报。常言道，鱼知水恩，乃幸福之源。可以说，感恩是一种积极的生活态度。只有懂得在现实的生活中感恩，才能够时常感知到幸福的滋味。人不应当在现实生活中一味地索取，而应在接受他人恩惠时心存感激，并在适当的时候予以回报。美国前总统罗斯福曾说，人对生活时时怀有感恩之情，便能使自身永远保持健康心态、完美人格以及进取信念。由此可见，一个懂得感恩的人便是幸福之人。因为这些懂得感恩的人会更加懂得敬畏、谦卑和珍惜，因而他们也会更能感觉到快乐、欣慰和幸福。从一定意义上讲，感恩本身就是一种幸福的感悟。

三、强化幸福创造能力

人的幸福有着丰富的内容和多层境界，追求并且实现幸福乃是人生的目的。然而，幸福并不会直接从天而降。它不是原有的既定存在，也不是现有的静待享受。倘若把人的幸福寄希望于命运之神的眷顾，妄图坐享其成地等待或静候幸福从天上掉下来，那是绝对不可能获得真正的幸福的。幸福是通过不断努力奋斗和现实创造而实现的。可以说，幸福的实现就是幸福的创造过程。这是因为，一方面，幸福的实现条件首先在于人的劳动创造；另一方面，劳动创造的最终目的在于人的幸福实现。进而言之，幸福实现的唯一源泉就是人的劳动创造，这也就为人的幸福实现指明了方向。既然人的幸福的实现必须依靠劳动创造和努力奋斗，那么，毋庸置疑，我们为实现幸福必须投身于轰轰烈烈的劳动创造之中。人的劳动创造具有多重意义，马克思就曾经精辟地论述道：其一，劳动创造作为生存的手段具有谋生的意义；其二，劳动创造意味着个体生命特征及个性特点的施展；其三，作为生产他人需要的劳动产品的活动，劳动创造体现着个人的社会本质。在劳动创造过程中，人不仅创造了满足物质生活需要的物质幸福，同时还创造了满足精神生活需要的精神幸福。只有在劳动创造的实践活动过程中，人们才能实现和提升自己的人生价值，才能发展和完善自己的幸福能力。只有主体的劳动创造活动，才能带来属于自我的幸福。正如恩格斯在《反杜林论》中讲道："通过社会化生产，不仅可能保证一切社会成员有富足的和一天比一天充裕的物质生活，而且还可能保证他们的体力和智力获得充分的自由的发展和运用。"[1]从一定意义上讲，实现幸福的社会劳动还是对虚幻幸福的彻底颠覆。《国际歌》中也唱道："从来就没有什么救世主，也不靠神仙皇帝。要创造人类的幸福，全靠我们自己。"这充分表明，要真正实现人的幸福，只能依靠自己去创造。劳动才是人的第一需要。经验事实也充分证明，没有人的劳动活动改造自然、社会和自身，就根本不可能存在人的真正现实幸福生活。因此，我们要获得更多的幸福，就要提高主体的幸福创造能力。具体而言，主要包含以下三个方面：

第一，唤醒人的创造潜能。马克思指出："当人凭借劳动改变外部自然时，也就同时改变他自身的自然。他使自身的自然中沉睡着的潜力发挥出来，并且使这种力的活动受他自己控制"[2]。言外之意，人的内在的各种潜能都是人类自然历史发展过程在个人身上留下的自然积淀和文化积淀的结晶。作为自然界的最高存在物和社会的创造性实践者，他们用文化积淀熔炼了自然发展的精粹，铸就了人类特有的自然文化结构，即人的文化生理和文化心理。特别值得一提的是，这种文化积累会在人的生理组织结构尤其是心理器官上留下深深的文化印迹。也就是说，这些作为人类自然历史发展过程结晶的自然积淀和文化积淀，蕴含着无穷的、丰富的、多种的发展可能性。然而，这些可能性只会作为人的创造潜能沉睡在人的体内，只有等待一定条件、一定时机成熟时才会醒来。换言之，激发人的创造潜能是需要某种特定条件的，条件短缺势必阻碍潜能向现实的演变，甚至还有可能导致人的自然文化结构扭曲，人的创造潜能将遭到永久的窒息和泯灭。因此，人们要获得真正的幸福，首先就应该努力唤醒沉睡着的创造潜能，创造一个与人的本质相适应的属人世界。可以说，这是实现真正人的幸福的最基本的要求。提高主体的幸福创造力，离不开主体创造潜能的开发。人们应当以自身的实际为出发点，通过积极的劳动创造的实践活动不断地开发自己的潜能，壮大自己、完善自己和发展自己以实现自身的人生价值。只有如此，人们的心灵空间才能变得

---

[1] 中共中央马克思恩格斯列宁斯大林著作编译局：《马克思恩格斯文集》第九卷，人民出版社，2009，第299页。

[2] 中共中央马克思恩格斯列宁斯大林著作编译局：《马克思恩格斯全集》第二十三卷，人民出版社，1972，第202页。

充盈而温暖，人们的幸福道路才能变得宽敞而明亮。当然，人的创造潜能是无限的，人的努力奋斗是没有终点的，因而人的幸福实现也是不会终结的，它始终处在人类劳动创造的历史发展过程之中。鉴于此，对于我们每个人而言，要想获得真正的幸福，就应当将开发潜能与劳动创造结合起来，将有限生命与无限潜能结合起来，在无限的潜能开发和辛勤的劳动创造中感受幸福。

第二，实现人的现实创造。劳动创造将人的丰富潜能对象化，把可能性转变为现实性，就是人的幸福的实现过程。"因此，一方面为了使人的感觉成为人的；另一方面为了创造同人的本质和自然界的本质的全部丰富性相适应的人的感觉，无论从理论方面还是从实践方面来说，人的本质的对象化都是必要的。"[①] 倘若人的本质力量还处在可能性的状态，那么，此时的人还仅为一个抽象的主体，而并非一个现实的主体。也就是说，只有在对象化的劳动实践中，人才能真正拥有主体的规定。从一定意义上讲，实现人的现实创造就是实现人自身潜在的主体性。而只有实现人自身潜在的主体性，人的现实幸福才能得到实现和发展。事实上，人实现自身潜在的主体性主要体现在两个方面：一方面，在人与自然的对象性关系方面。体力、脑力、意志以及情感等多种因素形成主体的能力，而主体自身的这种能力只有通过与自然发生对象性关系才能得以展现。另一方面，在人与社会的对象性关系方面。人的一切本质特征都要在社会关系中得到规定。同时，人的所有潜在本质力量也要通过社会关系变为现实。社会关系就是一个多领域、多方位的关系网络。个人只有进入这个关系网络之中，并同其他个人进行交互活动，获得经济、政治、文化等诸多关系的规定，其自身潜在的本质力量才能得以发挥。总而言之，人是幸福的创造者，劳动是幸福的唯一源泉。幸福不是天国的奖赏与上帝的恩赐，也不是大脑的苦想与理论的思辨，更不是自然的恩惠和他人的施舍。真正的幸福就是实现人的现实创造，是在劳动创造的基础上获得的。

第三，发展人的创造能力。作为目的本身的人类能力的发展，是人的幸福实现的实质。对象性关系的存在是相互的，只有创造人与自然、人与社会全面发展的对象性关系，同时正确确立人在这种良好对象性关系中的主体地

[①] 中共中央马克思恩格斯列宁斯大林著作编译局：《马克思恩格斯全集》第四十二卷，人民出版社，1979，第126页。

位，人才能得到真正的、自由的、全面的发展即实现幸福。也就是说，只有真正做到人是劳动创造的最终目的，人的幸福才能得到真正实现和全面发展。然而，现实的人是劳动创造的最终目的，则意味着人不受盲目力量的支配，自己能够主宰和驾驭自己的命运。从自然的角度来看，人不再承受自然外力的强迫与驱逐，他们通过创造能力将自然外力的迫害作用降至基本不影响人类正常活动的范围。从社会的角度来看，人不再承受社会关系的强压与抑制，他们通过创造能力使得人的活动发展超越纯粹谋生手段，真正实现人与人之间的联合，使得人成为劳动活动的目的。事实上，人成为目的只有通过劳动创造才能实现，也只有通过劳动创造才能得以表现出来。人只有把实现自己本质力量的劳动创造本身当成目的，而降低劳动创造所具有的谋生性质和依赖他人的性质，个人的主体性特征才能真正成为劳动创造活动的目的。从某种意义上讲，人的主体性发挥就是人的本质力量的发展。然而，人的本质力量却有着丰富多彩的内容和无限发展的趋向。可以说，任何一个时代、任何一个民族都无法完全将人的本质表现出来。但是，只要充分地发展人的创造能力，使人真正主宰自己的劳动活动，并在抉择自身发展上有足够自由，同时能够调整自己的各种需求关系，人的本质就有可能获得健全的、全面的发展。故此，拓展人的创造能力是人的全面发展之关键所在，是实现人的真正幸福之根本所在。只有拥有了丰富多彩的创造能力，并坚持不懈地进行劳动创造活动，才能实现人的本质力量的全面发展，才能实现人的幸福的持续永恒。事实上，劳动创造没有终点，人的幸福也没有终点，它们永远处在一个不断发展的过程之中。因此，从一定意义上讲，获得人的创造能力本身也是一种幸福。

第五章　新时代党的人民幸福思想是马克思主义幸福观的丰富和发展

为人民谋幸福作为中国共产党人的根本初心，始终是中国共产党百年来的奋斗目标和价值旨归。新时代党的人民幸福思想作为习近平新时代中国特色社会主义思想的有机组成部分，系统地回答了"何为人民幸福""为什么要实现人民幸福""怎样实现人民幸福"等关涉治国理政全局的重大时代课题，是马克思主义幸福观的丰富与发展。

第一节　新时代人民幸福的科学内涵

党的十八大以来，以习近平同志为核心的党中央，把马克思主义基本原理和党的基本理论运用于中国特色社会主义实践，以人的全面发展为视角，以不断提升人民群众的幸福感、获得感为旨归，系统全面地阐述了新时代人民幸福问题，形成了新时代党的人民幸福思想。这些思想内涵丰富、科学，具有鲜明的理论特质、实践特征和时代意蕴。习近平同志反复强调："人民对美好生活的向往，就是我们的奋斗目标。"[①]"美好生活"作为共产党人的重要命题和奋斗目标被提出，充分彰显了新时代党的人民幸福思想重大而深远的人学意义。这既是习近平总书记治国理政的主旨表达，也是我们党有担当的

[①] 习近平:《习近平谈治国理政》，外文出版社，2014，第4页。

体现。要实现新时代人民幸福，首先就需要深刻理解和着重把握其科学内涵。

一、"人民美好生活"是新时代人民幸福的本质要义

习近平同志指出："为人民谋幸福，是中国共产党人的初心。我们要时刻不忘这个初心，永远把人民对美好生活的向往作为奋斗目标。"[1]坚持人民幸福初心，带领人民创造美好生活，充分凸显了中国共产党人的服务宗旨、根本立场和价值追求。因此，可以讲，新时代人民幸福就是新时代人民的"美好生活"。美好生活可谓人类永恒的追求。自人类诞生以来，便开始追求"美"和"好"，不断向往美好生活。尤其当处在经济匮乏、条件艰苦的环境下，人们向往美好生活的愿望则更加强烈。古往今来，曾有不少哲学家对美好生活作过深入思考与形象描绘，并形成了一系列独到见解和深邃阐释，为后人理解和探究美好生活留下了可贵思想资源。不过，总体而言，这个时期对美好生活的理解与阐释大多还都停留在本能追求与自发意识层面，而尚未形成系统认知、理性认识。很多时候，人们是依照自身在现实生活中的体悟来憧憬未来美好生活的。这种意识、直觉虽然是自发形成的，但它作为一种崇高的生活理想、集体无意识追求，在指导人们正常生活与有序发展中却有着极强的领航作用。在新时代，"美好生活"既是一个日常通俗话语，又是一个重要严谨命题，不仅表达着人民群众的美好愿望和理想追求，更承载着我们党治国理政的新理念、新战略。

"美好生活"的提出，一是着眼于我国社会主要矛盾变化。历经改革开放40多年的发展，"中国特色社会主义进入新时代，我国社会主要矛盾已经转化为人民日益增长的美好生活需要和不平衡不充分的发展之间的矛盾"[2]。从客观意义来看，这种转化就是要求继续推进发展，同时要着力解决好发展上的不平衡不充分问题，以更好地满足人民不断增长的经济需要、政治需要、文化需要、社会需要、生态需要等。因此，"美好生活"的治国理念便应运而生。二是源于全面把握社会主义现代化建设。现代化建设包罗万象，但归根

---

[1] 习近平：《在党的十九届一中全会上的讲话》，求是，2018年第1期。
[2] 习近平：《习近平谈治国理政》第三卷，外文出版社，2020，第9页。

到底是人的现代化。人是现代化最根本的目的，不能实现人的现代化，就不能实现真正意义的现代化。即是说，现代化建设着实应以人们的具体生活为落脚点。唯有进行全面的现代化建设，才能使人们的生活得到切实改善，从而迎来"美好生活"。三是源于深刻理解马克思主义理论主题。人类解放、人的自由全面发展是马克思主义理论的永恒主题。不同发展时期、不同历史阶段，这个永恒主题被赋予不同的发展目标和历史任务。纵观人类发展过程，只有物质生活需要首先得到基本满足，然后其他生活需要才可以逐步得到满足，进而一步步达到人的全面发展。如此一来，马克思主义理论主题在不同历史时期所凸显的内容和重点就是不一样的，所呈现的层次亦是从低向高依次增进。迈入新时代，凸显"美好生活"正是彰显了这一理论主题在当代中国的深化与发展。

实现"美好生活"之关键因素在于处理好人的全面发展同美好生活需要满足之间的关系。在人学视域中，这两者不仅在理论上紧密相连，而且在实践上也紧密相连。其一，人的全面发展无法脱离美好生活需要的满足。作为我们的理想目标，人的全面发展既是一种理想追求和价值旨归，也是一种现实的社会实践活动和实践过程。从根本意义上讲，人的全面发展势必是在人们的社会实践活动过程中通过不断满足人的需要来达到的。唯有人的需要不断得以满足，才能充分证明人的发展实实在在落地生根了。在现实社会生活中，人们生活得好不好、发展得快不快，其最终都要以人的需要的满足为评判尺度。事实上，人的需要的不断延展也体现着人的发展，人的需要的满足状况也体现着人的发展状况。可见，人的全面发展离不开人的美好生活需要，它本身就是在人的美好生活需要得以满足的过程中创造出来的。一言以蔽之，没有人的美好生活需要，就没有人的全面发展。其二，美好生活需要的不断涌现推动着人的全面发展。在现实世界，人的需要总是产生于人们对现实状况与自身条件的不满意。马克思曾讲："自古以来'条件'就是这些人们的条件；如果人们不改变自身，而且如果人们即使要改变自身而在旧的条件中又没有'对本身的不满'，那么这些条件是永远不会改变的。"[①] 正是人们对现实

---

① 中共中央马克思恩格斯列宁斯大林著作编译局：《马克思恩格斯全集》第三卷，人民出版社，1960，第440页。

状况与自身条件不满意，才导致人们对新的需要极为渴望。这种极为渴望得以满足的新需要便成了人的全面发展的内驱动力。新的需要不断产生，现实矛盾不断解决，如此循环往复，不断促进人的全面发展。在新时代，社会主要矛盾发生转化，既成为满足人的需要的重大动力，又成为促进人的全面发展的巨大推力。综上可见，美好生活需要和人的全面发展是互相关联、互相影响、互相作用的。

然而，人们对于"美好生活"理论内涵的理解却存在较大歧义。一种理解认为，美好生活不存在统一的固定标准，仅是人们的一种纯粹的心理感受。不同的人面对相同的生活，内心感受不可能相同，相同的人在不同时段面对同种生活，内心感受也会不尽相同。另一种理解是将美好生活置于功利地位，认为评判生活美好与否、幸福与否的标准是功利需求能否得以满足。当然，在种种功利需求之中，物质利益需求被放在了第一位。即是说，仅有物质利益的需求被满足才为"实"，其他利益需求的满足都为"虚"。很显然，以上两种关于"美好生活"的理解各执一偏，都不太合理。就第一种理解而言，生活美好与否、幸福与否的确同人的心理体验与心理感受密切相连。可以讲，生活美好不美好、幸福不幸福就是个体对其现存生活状态的一种内心表达与情感映照，无法剔除那些主观心理因素进行纯粹客观判定。倘若让美好与幸福完全陷入情感理解之中，必然会滑向相对主义，致使出于个人理解与个人感受来讨论美好与幸福不具有任何意义和确定性。也就是说，谈论美好与否、幸福与否不仅需要看主观心理感受，而且要看客观现实效果。离开客观现实效果，主观心理感受不会真正实现美好。即便偶尔再现一下美好，那也绝不会是长久的美好。退一步而言，即便肯定主观心理感受存在合理性，也不可仅是承认个体主观心理感受，而是应当更加关照绝大多数人的主观内心感受。就第二种理解而言，美好生活确实同功利物质需求满足紧密相关。不谈功利的美好便不是实实在在的现实美好，可是，仅将"美好"归结为物质财富的增多、物质欲望的满足，岂不是又走向了另外一种极端尴尬境地？就像大哲学家苏格拉底讲过的那样，没有经过审视的人生是不值得过的。仅有物质生活之满足，没有精神生活之充盈，不可称之为完整生活，更不可称之为美好生活、幸福生活。无疑，美好生活中存在着人的功利需求的满足，而又不能全然陷入功利。它应是在认可功利的条件下、追求功利的基础上，创造超越功利的精神境界，从而赋予"美好"更多的人文情怀与精神内涵。毋庸置疑，"美好生活"是一种全面生活，既包含主观心理体验，又包含客观物质需求；既包含经济生活，又包含政治生活、文化生活、社会生活等。唯有全方位提升这些生活，才能称其为真正意义上的"美好"。

在马克思看来，人的美好生活就是全面生活。在探究唯物史观的立足点时，马克思将生活与生产通用并联系起来。他指出，现实个人是他们自己的物质生活条件，这些个人如何展现自己的生活，他们自己就是那个样子的，这与他们的生产具有内在一致性。在这里，生产作为人的存在方式、社会的存在方式，既包含物质生产，又包含需要、人口、社会关系、精神等生产。同全面生产相匹配，生活也一定是全面的。可见，马克思的生产理论与生活理论是全面的，而绝非单一的。准确理解马克思生产理论的全面性便会准确掌握生活理论的全面性。此外，在马克思那里，美好生活就是人的自由全面发展。可以说，这是美好生活的至高理想追求。作为未来社会理想状态的一种设定，美好生活就是以个人自由个性和能力全面发展为预设前提和根本目标的。未来社会就是要"培养社会的人的一切属性，并且把他作为具有尽可能丰富的属性和联系的人，因而具有尽可能广泛需要的人生产出来——把他作为尽可能完整的和全面的社会产品生产出来（因为要多方面享受，他就必须有享受的能力，因此他必须是具有高度文明的人）"①。而要达到这样的理想目标，就只能彻底改变和努力摒弃现实社会生活里的各种异化。唯有如此，美好生活的实现才具有现实的可能。换言之，美好生活的根本落脚点就是人的自由全面发展。即是说，"美好"是要借助"自由全面"来体现的。不难发现，人民美好生活的实现与人类自由解放的实现是同一历史过程。这充分彰显了中国共产党人的美好生活观同马克思主义人类解放理论的内在一致性。

具体而言，美好生活就是美好生活需要的满足。作为美好生活的有机组成，美好生活需要影响着美好生活的形成、发展和实现。需要最初是美好生活的动力因素，只有有了更多的生活需要和更高的生活追求，生活里的其他

---

① 中共中央马克思恩格斯列宁斯大林著作编译局：《马克思恩格斯全集》第四十六卷上，人民出版社，1979，第392页。

各个要素才能被激活并焕发出无限生机与活力，从而为现实生活通向美好生活提供强大动力。概言之，人的需要推动着美好生活的形成、社会生活的改变。此外，人的需要决定着美好生活的主要内容和价值取向。就是说，有怎样的需要就会有怎样的生活。人的需要及其满足方式决定着生活内容与生活方式的样式。因此，美好生活离不开美好需要的引领，实现美好生活必须要满足人的需要。那么，何为"需要"？何为"美好生活需要"？这并非一个不证自明的概念，而是一个需要从理论上阐释的概念。依照唯物史观，人的需要不是凭空产生、随意出现的，它源于人的存在方式。而实践又是人之基本存在方式，人的需要就是随着这种基本存在方式——实践产生而产生、发展而发展。因为实践常常表现为现实的生产活动，因此，马克思在谈论需要时往往将其与生产、再生产放在一起。在马克思的视野里，需要与生产是相互依赖、彼此共生的。伴着社会生产、社会生活产生变化，人的需要也会产生相应新变化。人所在的社会环境、历史阶段不一样，其可用条件、生产手段也不一样，因而人的需要也不一样。不止如此，伴随着社会实践的不断发展与深入，人的需要的内容、形式、范围也在不断变化、延展。进而言之，由于社会的深入发展，人的活动范围和活动广度在不断加大、加深，因此形成的生活需要、生活空间也在相应增多、增大，最终实践活动内容的多样性、形式的多样化促使人的需要内容的多样性和形式的多样化。在新时代，"人民美好生活需要日益广泛，不仅对物质文化生活提出了更高要求，而且在民主、法治、公平、正义、安全、环境等方面的要求日益增长"①。这也就是说，新时代人的需要明显出现多样化、多层次化特征。其实，"这些需要的产生，也像它们的满足一样，本身是一个历史过程"②。故此，"美好生活需要"亦是一个历史发展过程。

美好生活需要既具有历史性又具有时代性，所以必须历史地、具体地看待人的生活需要。如此一来，人的需要之合理性与正当性便在现实生活中得以凸显。事实上，需要是否合理、是否正当总会存在一定尺度。什么是合理

---

① 习近平：《习近平谈治国理政》第三卷，外文出版社，2020，第9页。
② 中共中央马克思恩格斯列宁斯大林著作编译局：《马克思恩格斯全集》第一卷，人民出版社，1956，第123页。

的尺度？什么是正当的尺度？唯物史观谈及两大尺度，即内在尺度与外在尺度。内在尺度是指依照人自身生存发展实际需要而作出的评判。凡是符合人自身正常生存发展实际的需要就是合理的、正当的需要。反之亦然。也就是说，判定一种需要合理与否、正当与否，主要是看它同人自身的正常生存与发展是否相符，是否有利于推动人自身的正常生存与发展。同时，这也是人的需要的基本要求和根本底线。事实上，内在的尺度不但展现了人的需要本质，而且也展现了人的创造能力。这正是人的需要内在尺度之特殊魔力。就像马克思所指出的那样，"动物只是按照它所属的那个种的尺度和需要来建造，而人却懂得按照任何一个种的尺度来进行生产，并且懂得怎样处处把内在的尺度运用到对象上去；因此，人也按照美的规律来建造"①。需要的外在尺度是指依照现实条件、客观发展作出评判。无疑，美好生活需要值得人们去向往与追寻，不过它的提出与满足要切合实际。凡是那些背离现实客观条件、逾越历史发展阶段的需要都没有实现和满足的可能。我们必须清楚地看到，尽管我国的历史方位处在了新时代，但基本国情没有变，社会主义初级阶段仍是我们面临的现实情况。这样的实际就是满足美好生活需要的出发点和立足点。我们会竭尽全力来满足人民所追求的美好生活需要，然而这些生活需要无疑须具备现实条件且经过奋斗才能够实现。否则，这些需要就只能成为虚无缥缈的梦幻泡影。可见，并非被提得越高的生活需要越是美好的生活需要，而只有那些具备现实基础、富有实现条件的需要才能被称为"美好"的需要。

事实上，合理需要的内在尺度就是合目的性，合理需要的外在尺度就是合规律性。合目的性就是指需要要满足人的生存需求、合乎人的发展目的，进而实现人的自由解放和全面发展。当然，人的合理需要既不是一般意义的设想目的，更不是随随便便任意提出的，它必然是符合一定客观规律的。毕竟，在形式上，人的需要是主观的；在内容上，人的需要是客观的。之所以客观，主要是因为需要的对象、手段以及活动均是客观的。唯有遵照客观规律，人的需要才会符合实际且正当合理。事实上，人的需要的合目的性和合

---

① 中共中央马克思恩格斯列宁斯大林著作编译局：《马克思恩格斯全集》第四十二卷，人民出版社，1979，第97页。

规律性是统一的，两者之间互相依存、互相联系、互相转化。即是说，实现人的发展这一目的有赖于尊重现实客观规律。同时，认识规律、把握规律还不能忽视人作为目的所发挥的能动创造作用。因此，着重强调合理需要、正当需要，其主要原因在于随着现代社会的进步，人的需要开始出现异化现象，即"需要异化"。的确，在现实生活中，人们的需要不断丰富、不断发展变化。然而，不容乐观的是，需要在工具理性与现实利益的驱使下，越来越偏离人的发展这个轨道且发生严重变异。因此，阻碍"真实需要"的"虚假需要"便开始变得流行起来。正如在《单向度的人》中，马尔库塞指出："现行的大多数需要，诸如休息、娱乐、按广告宣传来处世和消费、爱和恨别人之所爱和所恨，都属于虚假的需要这一范畴之列。"① 很显然，我们要严格抵制这种妨碍人的发展、阻拦社会进步的异化需要——"虚假需要"。

谈及"美好生活""美好生活需要"，还有两个根本无法绕开的关键问题，那就是"谁来享有美好生活""满足谁的美好生活需要"。毫无疑问，这两个问题的主体肯定是"人"。但是，应该是什么样的"人"呢？毕竟人可分为不同的阶层、不同的群体，而不同人群代表的利益、追求的需要肯定不一样。按照需要主体划分，人的需要可分为个体、集体、社会等需要类型。有时候这些需要是一致的，有时候这些需要又是矛盾的。那么，怎样在建构美好生活的前提下兼顾这些需要之间的关系呢？因为这些需要背后还关联着更多重要需要，如现时需要和长远需要、当代这辈的需要与子孙后代的需要……因此，在处理需要与需要的关系时，应当在个体需要得以尊重的基础上，重点关注集体需要、社会需要。这是因为，事实证明，倘若集体需要、社会需要无法得到科学对待与合理满足，最终个体需要也一定难有落脚之处。当然，凸显集体需要与社会需要之关键，绝不是忽视个体需要，亦不是以集体需要、社会需要来代替个人需要，而是在美好生活的创建之路上，每个人都有权利享有美好生活，不能落下任何一个人。可见，在"美好生活""美好生活需要"的主体选择上，"人民"才是最为合适、最为恰当的。在这里，"人民"不是一个简单的集合概念，而是一个由诸多社会成员追求着共同利益和共同

---

① 马尔库塞：《单向度的人》，刘继，译，上海译文出版社，2008，第6页。

目标而凝聚成的有机统一体。其实，需要与人的社会性密不可分。尽管人的需要中包括自然需要，但它同动物界之自然需要迥然不同，明显带有社会印记。即是说，人们无论处在哪个时代，其自然需要都受制于当时的社会条件与社会关系。此外，个体需要诚然有其自身特征与要素。不过，这些特征与要素是不会全然脱离社会这个要件而独立存在和孤立发展的。正因如此，人的需要之个体性与社会性才不能被割裂。进而言之，个人和人民更是不能被割裂的。所以，唯物史观非常强调人民群众的主体地位。在新时代的中国，美好生活之创造主体、享有主体均为人民群众。同时，美好生活之实现模式则为共创、共建、共享。就此而言，美好生活的实现成为真正可能，正是因为人民的主体地位得以确立。

最后，还有一个哲学问题有待澄清，即作为"美好生活"的主体，人究竟是目的还是手段以及两者的关系问题。应该充分肯定的是，作为主体，人始终是社会生活和社会发展的目的。关于这一点，康德和马克思都曾作过明确表述和深刻论证。也就是说，人是目的，离开人和人的全面发展，社会再发展、社会再进步都是毫无价值的。在美好生活方面亦是一样，人自始至终都是根本目的。因此，新时代中国以增强现实生活中人民福祉为构筑美好生活的宗旨，使人民拥有充裕的获得感、幸福感和安全感。习近平同志指出，"带领人民创造美好生活，是我们党始终不渝的奋斗目标"[①]。可见，将人作为根本目的这个价值旨归是中国共产党人永远坚持的基本原则。然而，我们又不能只见"目的"不见"手段"。其实，在社会生活中，人作为活动主体，既是目的也是手段。实现人的自由全面发展这一目的诚然至高无上，但是它的实现绝非坐享其成，而是要通过努力奋斗。即是说，人亦是达到自身目的的手段。倘若人仅是将自身作为目的而非手段，那么这一目的的实现必然是空洞的。人既是目的又是手段，二者是不可分割的统一体。就像习近平同志强调的那样，"社会主义是干出来的，幸福是奋斗出来的"，"人世间的一切幸福都需要靠辛勤的劳动来创造"[②]。美好生活的建构亦不例外，它是要依靠奋斗来实现的。唯有实干，美好生活梦想才能得以实现。全面小康社会建成以

---

① 习近平：《习近平谈治国理政》第三卷，外文出版社，2020，第35页。
② 习近平：《习近平谈治国理政》，外文出版社，2016，第4页。

后，我们更要勇挑重担、埋头苦干了。当然，这里值得强调的是，人成为手段并非意味着可以把人简单定义为工具，而其根本目的在于凸显人们的责任与担当。只有每个人都具有这样的责任与担当意识，那么美好生活才会如期而至，人的全面发展才有希望实现。

二、新时代人民幸福是高质量幸福

进入新时代，中国社会发展也随之迈入了新阶段。与以往发展阶段不同，高质量发展成为这一阶段最为显著的特征。之所以突出高质量发展，其根本原因在于新时代发展中各方面矛盾、各方面问题、各方面需求都集中在了发展质量上。在社会发展中，数量方面的缺口问题已基本解决，而质量方面的缺口问题却仍然较大。可以说，之前存在的"有没有"矛盾已逐步解决，而如今"好不好"矛盾又凸显出来了。在一定意义上讲，社会生活的内容与形式取决于经济社会的发展状况，人的需要的产生与发展也取决于经济社会的发展状况。在新时代，随着人民收入水平的不断提升、中等收入人群总是的不断扩大，人民群众的消费结构便开始出现多样化、不同化和个性化等特征。他们对产品质量、服务质量、服务品质的要求越来越高，无疑这就要求社会生活的发展要由"数量"转向"质量"，要注重质量发展优势。不难发现，高质量发展与人的需求变化直接相关，是新时代人的需求变化引起了高质量发展，同时高质量发展也会引领人的需求向着更高质量、更高层次发展。因此，新时代人民幸福、人民美好生活亦讲求"高质量"。

首先，新时代人民的高质量幸福体现在美好生活内容的广阔延展上。美好生活内容扎根于生动的现实生活中，新时代人民幸福便着眼于现实的人的实际生活，以现实的人是历史生成性的社会存在为立足点，准确把握人所处的现实世界为持续生成这样的内在规律，通过密切关注人的现实生活的丰富样态、多重内容来凸显美好生活。正因是如此，人的生活才有具体性、生成性。所以随着社会生产力的不断进步、不断发展，人民的需求结构不断改变、不断多样，从而美好生活的内涵和内容也随之不断变化、不断丰富。正如习近平同志所指出的："现在，人民群众对美好生活的向往更多向民主、法治、公平、正义、安全、环境等方面延展。"① 这也就是说，人民群众向往的美好生活之内容与内涵是历史的、具体的、延展的。新时代社会主要矛盾发生了重大转变，人民的美好生活需求已经由之前的"有没有"问题转变成了如今的"好不好"问题。之前，美好生活主要是看生活资料在数量上对人民需求的满足程度，而如今则主要是看生活资料在质量上对人民需求的满足状况。人民对生活资料的期盼由从无至有发展到从劣至优，直接证明了生产在进步、社会在发展。可以说，原来是在满足人民对生活资料的数量要求，即解决"有没有"问题，而现在是在满足人民对生活资料的质量要求，即解决"好不好"问题，人民需求由量的方面转向质的方面，这也应该是美好生活发展过程的题中之义与必然要求。

在新时代，美好生活内容的广延性表现在，它既要实现人民物质需求的满足，更要实现人民精神需求的满足。伴随社会生活水平的显著提升，人民的需求不但在类型上越来越多元，而且在层次上也越来越高升，原有的物质文化生活水平已无法满足人民日益增加的美好生活需要，人民期待和追求更高水平、更高质量的物质文化生活。同时，人民还对政治民主、社会公平、环境安全等多个方面提出更高水平和更高层次要求，更加追求丰富的精神文化生活和人的自由全面发展。必须看到，经过不懈努力，我国的社会生产水平、社会生产能力都在大幅度提升，如今存在的主要突出问题便是发展的不平衡和发展不充分问题。因此，党的十九大进行综合研判，鲜明指出："中国特色社会主义进入新时代，我国社会主要矛盾已经转化为人民日益增长的美好生活需要和不平衡不充分的发展之间的矛盾。"② 此外，新时代人民美好生活理应包含物质文化生活与精神文化生活两个方面的内容。精神文化生活作为新时代人民美好生活的重要组成部分，在创造人民幸福中发挥着关键作用。所以，习近平同志强调，精神文明建设应以促进人民福祉为核心，使人民群众日益增长的精神文化需求不断得以满足。

其次，新时代人民的高质量幸福体现在美好生活主体的全面覆盖上。新

---

① 习近平：《在中央全面依法治国委员会第一次会议上的讲话》，《人民日报》，2018 年 8 月 25 日。

② 习近平：《习近平谈治国理政》第三卷，外文出版社，2020，第 9 页。

时代人民美好生活的实现始终无法离开"人民"二字，全体中国人民都是新时代美好生活的主体。美好幸福生活的创造是为了人民，同时人民又是美好幸福生活的创造者、实现者和享有者。因此，习近平同志多次在重要场合突出强调"人民"这个美好幸福生活主体，他指出："我国是工人阶级领导的、以工农联盟为基础的人民民主专政的社会主义国家，国家一切权力属于人民。我们必须始终坚持人民立场，坚持人民主体地位，虚心向人民学习，倾听人民呼声，汲取人民智慧，把人民拥护不拥护、赞成不赞成、高兴不高兴、答应不答应作为衡量一切工作得失的根本标准，着力解决好人民最关心最直接最现实的利益问题，让全体中国人民和中华儿女在实现中华民族伟大复兴的历史进程中共享幸福和荣光！"①不难发现，只有维护好人民的经济利益、政治利益、文化利益等才能实现人民幸福。另外，马克思主义认为，人民群众是物质财富、精神财富的创造者，这也是中国共产党人一直坚持和奉行的根本立场。在新时代，中国共产党人创造性地提出"以人民为中心"，正是进一步发展了马克思主义的群众观、人民观。

进而言之，新时代人民幸福是指全体人民实现美好幸福生活，而绝非指某些人、某部分人实现了美好幸福生活。也就是说，在这里，"人民"的范畴不仅包括当代全国各族人民、全体中华儿女，而且还包括我们的子孙后代。正如习近平同志强调的那样，"全面建成小康社会，一个也不能少；共同富裕路上，一个也不能掉队"②。"人民"既是中国共产党所依靠的根本力量，也是中国共产党奋斗的坐标。在党的十九大报告中，"人民"二字出现200多次，这充分展现了"人民"在中国共产党伟大事业之中的分量。追求崇高理想、实现崇高理想是中国共产党人的崇高使命，党的幸福与人民的幸福是完全一致的。从最为本质的意义来看，党的先进性就体现在一心为人民谋幸福，一心带领人民创造幸福、实现幸福。让人民幸福成为高质量幸福，具体表现为：一是，人民幸福成为党的思想理论的历史起点与逻辑起点。在《共产党宣言》中，恩格斯明确指出："过去的一切运动都是少数人的或者为少数人谋利益的运动。无产阶级的运动是绝大多数人的、为绝大多数人谋利益的独立的运

---

① 习近平：《习近平谈治国理政》第三卷，外文出版社，2020，第142页。
② 习近平：《习近平谈治国理政》第三卷，外文出版社，2020，第66页。

动。"① 可见，为人民谋利益、为人民谋幸福，促进马克思主义诞生，引领着共产党人的崇高信仰、伟大思想和实际行动。自中国共产党诞生以来，他们就不忘初心、勇担使命，带领全体中国人民不断创造美好幸福生活，逐步实现中华民族伟大复兴的中国梦。二是，人民幸福成为共产主义运动的根本主题与主要旋律。几种社会形态都曾在人类历史上出现过，其共同特点就是它们的根本追求是统治者的利益。然而，共产主义运动则大不相同。不管是在革命、建设时期，还是在和平、发展时期，共产主义运动都是以人民利益、人民幸福为根本主题和主要旋律。三是，人民幸福成为检验党的实践工作得失成败的试金石与根本标准。能否为人民创造幸福生活是衡量党的思想路线、方针政策以及现实行动的根本尺度。作为马克思主义使命型政党，中国共产党的历史使命和全部责任就是为民谋利、为民造福，团结带领全体中国人民为实现自身利益而不懈努力奋斗。迈进新时代，全国各族人民在中国共产党的正确领导下，一直在为实现新时代人民美好幸福生活而接续奋斗着。四是，人民幸福成为一代又一代共产党人前进的动力源泉与驱动力量。一代代中国共产党人所表现出来最伟大和最无私的品格在于他们内心时刻牢记百姓之幸福，始终坚持为百姓谋幸福。纵观社会主义运动发展史，中国共产党一直在"赶考"。人民的根本利益和人民的幸福生活，始终是"赶考"的动力源泉和驱动力量。中国共产党人时时刻刻凭借崇高追求、伟大力量奔赴在"赶考"的路上，将人民利益、人民幸福永远书写在中国特色社会主义的伟大旗帜上。正如习近平同志指出的："现在，党团结带领中国人民又踏上了实现第二个百年奋斗目标新的赶考之路。时代是出卷人，我们是答卷人，人民是阅卷人。我们一定要继续考出好成绩，在新时代新征程上展现新气象新作为。"②

最后，新时代人民的高质量幸福体现在美好生活实践的持续发展上。实现美好生活不仅是一个奋斗目标，更是一个奋斗过程。因此，习近平同志鲜明指出，新时代人民赋予美好生活新的期待。这种期待既包含人民对需求的

---

① 中共中央马克思恩格斯列宁斯大林著作编译局：《马克思恩格斯选集》第二卷，人民出版社，1995，第262页。

② 《中国共产党第十九届中央委员会第六次全体会议文件汇编》，人民出版社，2021，第102页。

第五章 新时代党的人民幸福思想是马克思主义幸福观的丰富和发展

内容提出更多要求,也包含人民对需求的层次提出更高要求。他讲道:"我们的人民热爱生活,期盼有更好的教育、更稳定的工作、更满意的收入、更可靠的社会保障、更高水平的医疗卫生服务、更舒适的居住条件、更优美的环境,期盼孩子们能成长得更好、工作得更好、生活得更好。"① 在此,"更"字充分展露了人民向往着丰富的美好生活内容、多样的美好生活形式、强烈的美好生活愿景。同时,实现美好生活作为人的实践过程是永续发展的。也就是说,实现美好生活是一个永远进行、永无止境的发展过程。"保障和改善民生要抓住人民最关心最直接最现实的利益问题,既尽力而为,又量力而行,一件事情接着一件事情办,一年接着一年干。坚持人人尽责、人人享有,坚守底线、突出重点、完善制度、引导预期,完善公共服务体系,保障群众基本生活,不断满足人民日益增长的美好生活需要,不断促进社会公平正义,形成有效的社会治理、良好的社会秩序,使人民获得感、幸福感、安全感更加充实、更有保障、更可持续。"② 在这里,"更"字突出强调了美好生活的现实超越性和永续发展性。一方面,实现美好生活是超越现存生活状况、改善现存生活条件、提升现存生活体验的实践过程。另一方面,实现美好生活是扩大人民生活需求、推动人类历史发展、促进人类社会进步的实践过程。归根到底,唯有不断进行美好生活实践,人民才能真正享有安稳的、持续的、发展的美好生活体悟。

恩格斯讲过,人自身是由劳动创造的。劳动是人类最基本的生存方式,其物质生活需要、精神生活需要都要通过劳动来实现满足,因此,新时代人民幸福也要来源于劳动。习近平同志强调:"幸福不是毛毛雨,幸福不是免费午餐,幸福不会从天而降。人世间的一切成就、一切幸福都源于劳动和创造。"③ 毋庸置疑,劳动创造物质财富和精神财富,是新时代人民幸福的直接来源。另外,在同全国劳动模范代表座谈时,习近平同志还指出:"劳动是推动人类社会进步的根本力量。幸福不会从天而降,梦想不会自动成真。实

---

① 习近平:《习近平谈治国理政》,外文出版社,2016,第4页。
② 习近平:《习近平谈治国理政》第三卷,外文出版社,2020,第35页。
③ 习近平:《习近平在同全国劳动模范代表座谈会时的讲话》,《人民日报》,2013年4月29日。

现我们的奋斗目标，开创我们的美好未来，必须紧紧依靠人民、始终为了人民，必须依靠辛勤劳动、诚实劳动、创造性劳动。"① 习近平同志特别强调了脚踏实地进行劳动的重要性。实现人民幸福生活、实现伟大中国梦是中国共产党人的奋斗目标，这需要一代又一代的中国人接续奋斗。全体人民只有一起"撸起袖子加油干"，美好幸福生活才能得以创造。马克思也讲过，"历史承认那些为共同目标劳动因而自己变得高尚的人是伟大人物；经验赞美那些为大多数人带来幸福的人是最幸福的人"②。其实，劳动本身也是一种幸福体验。在劳动过程中，人们可以尽享幸福滋味，劳动是人的幸福独有的表现形式。在新时代，劳动的中国式表达即"奋斗"。在2018年新年贺词中，习近平同志指出："幸福都是奋斗出来的。"③ 在2018年春节团拜会上，他再次指出："我在今年的新年贺词中说过，幸福都是奋斗出来的。今天，我还要说，奋斗本身就是一种幸福。只有奋斗的人生才称得上幸福的人生……奋斗者是精神最为富足的人，也是最懂得幸福、最享受幸福的人。"可见，新时代是一个奋斗时代，是中国共产党人同全体中国人民一起团结奋斗、不懈奋斗的时代。这种奋斗精神须融入伟大斗争、伟大工程、伟大事业、伟大梦想之中，让新时代成为奋斗者的幸福时代。

综上所述，新时代人民幸福就是新时代人民的美好生活，就是新时代人民的高质量幸福。因此，为新时代人民谋幸福是新时代中国共产党的立党宗旨和根本目标，也是习近平新时代中国特色社会主义思想的根本内容。新时代人民幸福是人民大众的现实幸福，而不是笼统的、抽象的、空洞的虚幻幸福。幸福不是从天上掉下来的，不是轻轻松松就可以实现的，需要全社会、每个人的共同努力奋斗。

---

① 习近平：《习近平谈治国理政》，外文出版社，2016，第44页。
② 中共中央马克思恩格斯列宁斯大林著作编译局：《马克思恩格斯全集》第四十卷，人民出版社，1982，第7页。
③ 习近平：《二〇一八年新年贺词》，人民网，http://jhsjk.people.cn/article/29738430。

第二节 新时代党的人民幸福思想的理论特质

新时代党的人民幸福思想有着显著的中国特色，与中国理论、中国道路、中国文化融为一体。它不仅为中国人民幸福指明方向，而且也为整个人类幸福贡献智慧。立足新时代，习近平同志"对关系新时代党和国家事业发展的一系列重大理论和实践问题进行了深邃思考和科学判断，就新时代坚持和发展什么样的中国特色社会主义、怎样坚持和发展中国特色社会主义，建设什么样的社会主义现代化强国、怎样建设社会主义现代化强国，建设什么样的长期执政的马克思主义政党、怎样建设长期执政的马克思主义政党等重大时代课题，提出一系列原创性的治国理政新理念新思想新战略"[①]，是新时代党的人民幸福思想的主要创立者。同时，他还以人类共同福祉为着眼点，以大国领袖担当为己任，对"建设一个什么样的世界、怎样建设这个世界"等重大课题进行了深入思考，提出构建"人类命运共同体"的美好宏伟蓝图。新时代党的人民幸福思想是体系完备、内容科学、意蕴丰厚、价值久远的思想理论，具有鲜明的理论特质。其一，人民性。人民性在新时代党的人民幸福思想中最为显著，这一思想继承并发展了唯物史观中的人民群众观。其二，时代性。新时代是我国社会发展的新历史方位，是深刻把握新时代党的人民幸福思想的时代坐标。其三，实践性。实践性是新时代党的人民幸福思想的重要品质，这一思想创造性地继承和发展了马克思主义劳动实践观。

一、人民性：坚持人民立场

马克思主义人民观指出，人民群众是物质财富、精神财富的创造者，是社会发展进步的根本变革力量。中国共产党始终继承并发扬马克思主义人民观，并将其运用到治国理政的实践活动之中。在新时代，中国共产党人提出"坚持以人民为中心"的发展思想，这充分彰显了中国共产党人始终如一的根

[①]《中国共产党第十九届中央委员会第六次全体会议文件汇编》，人民出版社，2021，第10页。

本立场和价值旨归。正如习近平同志所强调的："我们要始终把人民立场作为根本立场，把为人民谋幸福作为根本使命，坚持全心全意为人民服务的根本宗旨，贯彻群众路线，尊重人民主体地位和首创精神，始终保持同人民群众的血肉联系，凝聚起众志成城的磅礴力量，团结带领人民共同创造历史伟业。"① 新时代坚持人民立场，其实就是始终坚持一切依靠人民、一切为了人民，努力为实现人民美好幸福生活而奋斗，追求和探索全体中国人民达到共同富裕，从而不断促进人的全面发展、自由发展。

从本质意义来看，"以人民为中心"是唯物史观的时代表达与重要体现。"历史唯物主义强调，人民群众是历史的创造者，是真正的英雄；人民群众自己创造自己的历史，是历史活动的主体。历史经验也充分昭示，坚持和发展新时代中国特色社会主义的根本力量在于人民，只有依靠人民才能创造历史伟业，不断续写新时代中国特色社会主义新篇章。"② 人民是中国共产党的根基、血脉和力量，只有坚持人民的主体地位，依靠人民的坚强力量，才能实现中华民族的历史伟业。为此，习近平同志也多次强调："人民是历史的创造者，人民是真正的英雄。"③ 可以说，这一命题是坚持马克思主义人民观的生动体现，是坚持党的根本服务宗旨的内在要求，是新时代党中央治国理政的突出特色。人民居于主体地位，其主要原因在于人民是历史发展主体、社会实践主体、价值创造主体以及价值实现主体。当然，依靠人民群众创造中华民族历史伟业，还需要深入人民群众、扎根群众实践、学习人民智慧，并将人民群众的满意度作为衡量中国共产党工作的首要标准。

此外，作为马克思主义政党，中国共产党一切工作的起点和归宿都是为了人民，他们没有自身特殊利益，只有人民利益。在新时代，这也是"坚持以人民为中心"的本质内涵与实践要求。从根本上说，共产党是为人民幸福、人民利益而诞生的政党，其终极目标就是实现"每个人的自由发展是一切人

---

① 习近平：《习近平谈治国理政》第三卷，外文出版社，2020，第136页。
② 中共中央党校（国家行政学院）：《习近平新时代中国特色社会主义思想基本问题》，中共中央党校出版社，人民出版社，2020，第105页。
③ 习近平：《习近平谈治国理政》第三卷，外文出版社，2020，第139页。

的自由发展的条件"①的理想的共产主义社会。纵观中国共产党的发展历史，中国共产党作为忠实的马克思主义践行者，不管是在革命时期，还是在建设时期和改革时期，都一以贯之地坚持以人民的需要、人民的追求、人民的幸福为工作中心，将人民置于最高地位。自中国共产党成立伊始，"为人民服务"就被确定为党的根本宗旨；改革开放之初，"人民日益增长的物质文化需要同落后的社会生产之间的矛盾"的解决又被确定为党的根本任务；改革发展之中，"人的全面发展""坚持以人为本"又被相继提出；进入新时代，面对人民的新需求新期待，"以人民为中心"的思想又被明确提出。新时代的党中央强调，中国共产党人始终不变的初心是"为人民谋幸福"，"为什么人的问题，是检验一个政党、一个政权性质的试金石"②。党的十九大以来，解决新时代社会主要矛盾被提上日程。习近平同志指出，要从社会主要矛盾出发，着力解决好当今时代发展不平衡、发展不充分的问题，大幅提升发展水平、发展质量，以更好地满足人民日益增长的经济需要、政治需要、文化需要、社会需要以及生态需要等。这充分显示了"以人民为中心"已成为新时代中国共产党人根本的政治立场和政治遵循。因此，习近平同志强调，我们"始终要把人民放在心中最高的位置，始终全心全意为人民服务，始终为人民利益和幸福而努力工作"③。可见，人民利益、人民幸福是中国共产党始终如一的价值追求，也是中国共产党始终坚持的群众观点和群众路线。

党源于人民，中国共产党的全部工作必须以人民利益、人民幸福为最高标准。党的使命、党的价值、党的生命都在于不断满足人民对美好生活的期待，不断实现人民对现实利益的诉求，从而努力使人民过上幸福安康的生活。为新时代人民幸福而努力奋斗，从根本上充分体现了新时代中国共产党的性质宗旨，生动诠释了新时代中国共产党的价值立场，形象表达了新时代中国特色社会主义的理想追求。其实，以人民美好生活为奋斗目标就是以人民幸福为奋斗目标的具体体现。以人民美好生活为奋斗目标，根本在于"为什么

---

① 马克思，恩格斯：《共产党宣言》，中共中央马克思恩格斯列宁斯大林著作编译局译，人民出版社，2016，第51页。
② 习近平：《习近平谈治国理政》第三卷，外文出版社，2020，第35页。
③ 习近平：《习近平谈治国理政》第三卷，外文出版社，2020，第139页。

人的问题"。纵观中国共产党历史,党的整个奋斗史就是一部依靠人民、为了人民的历史,都是一部以人民为中心、人民至上的历史,就是一部扎根于人民、服务人民的历史。以人民美好生活为奋斗目标,核心在于站稳人民立场。中国共产党代表最广大人民的根本利益,其立场不是虚无缥缈的,而是实实在在的。他们始终自觉站在人民一边想问题、办事情,始终捍卫人民利益。以人民美好生活为奋斗目标,核心在于落实具体行动。在新时代,"坚持以人民为中心"的思想体现在了中国社会发展的各个环节、各个方面。例如,我们强调中国梦就是人民的梦,全面建成小康社会的路上一个都不能掉队,全面深化改革成果要更多、更公平地惠及全体人民,全面依法治国要使人民群众感受社会的公平正义,全面从严治党要使党保持同人民的血肉联系,精准扶贫决不落下一人、一户……所有这些都是为了满足人民美好生活期待的现实要求和实践行动。

毋庸置疑,美好生活是社会和谐之根本、人民幸福之基础。中国共产党无论是干革命,还是搞建设,乃至抓改革,其目的都是使全体人民过上美好幸福生活。检验党的工作成效最终也要看人民生活是否得到真正改善,人民需求是否得到真正满足,人民利益是否得到真正维护。新时代人民美好生活不再局限于只满足物质生活需求,而是要追求政治生活上的民主、文化生活上的文明、社会生活上的公正以及生态文明上的美丽。人民不仅期盼拥有稳定富足的物质基础,而且期盼拥有更高质量的社会产品,更是期盼拥有和谐绿色的生活环境。如此,人民才能真正感受到现实世界的更多"美好"。进入新时代,党中央的工作始终以服务人民为中心,以造福人民为动力,将改革发展重任担在肩上,落实一系列惠民措施,使全体人民更多更公平地共享发展成果,不断满足人民日益增长的美好生活需要。当然,人民的利益需求是多方面的,故很有必要抓好整体和突破重点。近几年来,人民最关心的教育事业、就业机会、收入分配、社会保障、医疗健康以及人口发展等突出问题逐一被解决。在坚持基本民生得以保障的前提下,新时代党中央特别惦念困难群众,时刻关心他们的安危冷暖、疾苦忧愁。正如习近平同志在2017年新年贺词中讲道:"新年之际,我最牵挂的还是困难群众,他们吃得怎么样、住得怎么样,能不能过好新年、过好春节。我也了解,部分群众在就业、子女教育、就医、住房等方面还面临一些困难,不断解决好这些问题是党和政府义不容辞的责任。全党全社会要继续关心和帮助贫困人口和有困难的群众,让改革发展成果惠及更多群众,让人民生活更加幸福美满。"① 另外,完善制度建设和合理引导预期也是新时代实现美好生活的重要举措。

共同富裕是人类自古以来的向往与追求。不过,只有社会主义达到一定程度,共同富裕才能真正实现。作为马克思主义政党,中国共产党一直将创造人民美好生活和实现人民共同富裕作为不懈奋斗的目标。正如习近平同志强调的:"我们追求的发展是造福人民的发展,我们追求的富裕是全体人民共同富裕。改革发展搞得成功不成功,最终的判断标准是人民是不是共同享受到了改革发展成果。"② 就生产力和生产关系的社会基本矛盾而言,"共同"体现的是社会生产关系的性质,反映的是社会成员占有财富的方式;"富裕"体现的是社会生产力的发展水平,反映的是社会成员占有财富的程度。可见,共同富裕其实是一个体现社会生产力与社会生产关系矛盾的概念。中国共产党始终坚持共同富裕的根本原则,把全体人民共享改革发展成果作为价值目标。新中国成立后,毛泽东同志持续探索人民共同富裕的问题,认为"现在我们实行这么一种制度,这么一种计划,是可以一年一年走向更富更强的,一年一年可以看到更富更强些。而这个富,是共同的富,这个强,是共同的强,大家都有份"③。随后,伴着改革开放,邓小平同志深刻总结以往的经验和教训,将共同富裕作为中国特色社会主义的基本原则,再次强调要实现共同富裕以及如何实现的问题,并把共同富裕创造性地归纳为社会主义本质内涵。党的十三届四中全会以后,江泽民同志重申:"实现共同富裕是社会主义的根本原则和本质特征,绝不能动摇。"党的十六大以后,胡锦涛同志强调要"使全体人民共享改革发展成果,使全体人民朝着共同富裕的方向稳步前进"④。

---

① 习近平:《习近平谈治国理政》第二卷,外文出版社,2017,第 368 页。
② 中共中央文献研究室:《习近平关于社会主义社会建设论述摘编》,中央文献出版社,2017,第 35 页。
③ 中共中央文献研究室:《毛泽东文集》第六卷,人民出版社,1999,第 495 页。
④ 胡锦涛:《胡锦涛文选》第二卷,人民出版社,2016,第 291 页。

党的十八大以来，习近平同志站在新的历史方位，格外注重全体人民共同富裕问题，着重指出社会主义在本质上要求实现共同富裕。与资本主义不同，社会主义主张"以人民为中心"，致力于追求全体人民共同富裕和实现人的全面发展。在庆祝中国共产党成立95周年大会上，习近平同志特别强调："带领人民创造幸福生活，是我们党始终不渝的奋斗目标。我们要顺应人民群众对美好生活的向往，坚持以人民为中心的发展思想，以保障和改善民生为重点，发展各项社会事业，加大收入分配调节力度，打赢脱贫攻坚战，保证人民平等参与、平等发展权利，使改革发展成果更多更公平惠及全体人民，朝着实现全体人民共同富裕的目标稳步迈进。"[①] 无疑，逐步实现全体人民共同富裕是新时代中国特色社会主义的显著特征之一。进入新时代，我国社会主要矛盾发生重大转化。为了适应新时代矛盾变化，既要发展高质量经济，做大"蛋糕"以解决不充分发展问题，又要协调收入分配，分好"蛋糕"以解决不平衡发展问题。因此，习近平同志多次强调改革发展成果共享问题。实践也充分证明，唯有全体人民共享发展成果，在共享发展中逐步实现共同富裕，社会主义制度的优越性才能得以凸显，中国共产党的执政之基才能更加牢固。值得注意的是，逐步实现共同富裕是一个系统工程，需要形成"全民共享、全面共享、共建共享、渐进共享"的发展局面。

人的自由全面发展是马克思主义理论的最高价值和重要组成，亦是新时代党的人民幸福思想的重要内容和价值导向。人的自由全面发展与"以人民为中心"之间体现的是一般与具体的关系。人的自由全面发展是共产主义发展的一般原则，"以人民为中心"是中国特色社会主义的具体实践。在新时代，就要坚持人民立场，落实"以人民为中心"的发展思想，以期实现对人民多样化、多层次、多方面需求的更好满足，进而不断推动人的自由全面发展。在马克思看来，人的自由全面发展即为"人以一种全面的方式，就是说，作为一个完整的人，占有自己的全面本质"[②]。也就是说，人的全面发展就是人作为目的对自身本质的全面占有。就人的本质而言，人的自由全面发展内

---

① 习近平：《习近平谈治国理政》第二卷，外文出版社，2017，第40页。
② 中共中央马克思恩格斯列宁斯大林著作编译局：《马克思恩格斯文集》第一卷，人民出版社，2009，第189页。

涵十分丰富，既包括人的能力全面发展，又包括人的关系充分发展，还包括人的个性自由发展。习近平同志从人的本质出发对人的发展曾作过这样的阐述："人，本质上就是文化的人，而不是'物化'的人；是能动的、全面的人，而不是僵化的、'单向度'的人。人类不仅追求物质条件、经济指标，还要追求'幸福指数'；不仅追求自然生态的和谐，还要追求'精神生态'的和谐；不仅追求效率和公平，还要追求人际关系的和谐与精神生活的充实，追求生命的意义。"[1] 不难发现，这一阐述是从人同社会的关系维度揭示人的本质和人的自由全面发展的。事实上，人的自由全面发展离不开社会的全面进步。在党的十九大报告中，习近平同志明确要求："保证全体人民在共建共享发展中有更多获得感，不断促进人的全面发展、全体人民共同富裕。"[2] 可见，新时代党的人民幸福思想继承并发展了马克思主义关于共同富裕和人的自由全面发展思想，赋予其更完整、更具体的现实意义。

二、时代性：立足于新时代

中国共产党有着宝贵的传统经验，科学判断历史方位并合理制定大政方针。党的十八大以来，以习近平同志为核心的党中央深刻认识到世情国情党情之变化，作出中国特色社会主义进入新时代的重大判断。这个新时代是党奋斗的新历史起点，它赋予党的历史使命和宏伟目标新的时代内涵，它是标识党的思想理论和重要任务新的时代坐标。在社会主义历史发展的伟大进程中，新时代标志着新起点、新阶段、新进展。习近平同志强调："新时代是中国特色社会主义新时代，而不是别的什么时代。"[3] 当然，新时代没有逾越社会主义初级阶段这个基本国情。它是社会主义初级阶段中的阶段，而不是别的什么阶段。中国特色社会主义进入新时代有着坚实基础和充分依据，是中国共产党几代人历尽千辛万苦，经过成立新中国、迈入新时期、推向新世纪、步入新起点接续奋斗而实现的。站在新起点上，中国共产党人继续坚持和发

---

[1] 习近平：《之江新语》，浙江人民出版社，2007，第150页。
[2] 习近平：《习近平谈治国理政》第三卷，外文出版社，2020，第18页。
[3] 习近平：《习近平谈治国理政》第三卷，外文出版社，2020，第70页。

展中国特色社会主义，与时俱进地进行理论创造和实践创新。正如习近平同志说的那样："坚持和发展中国特色社会主义是一篇大文章，邓小平同志为它确定了基本思路和基本原则，以江泽民同志为核心的党的第三代中央领导集体、以胡锦涛同志为总书记的党中央在这篇大文章上都写下了精彩的篇章。现在，我们这一代共产党人的任务，就是继续把这篇大文章写下去。"① 不言而喻，这篇大文章的终极目标是社会发展与人民幸福。

党的十八大以来，中国特色社会主义伟大事业获得了伟大"历史性成就"、发生了伟大"历史性变革"。之所以称其性质为"历史性"，那是因为其影响至深、作用之大。也正是如此伟大的历史成就与历史变革，才使中国特色社会主义呈现一派欣欣向荣的历史气象。党的十九大将这些成就概括为10个方面，即"经济建设取得重大成就、全面深化改革取得重大突破、民主法治建设迈出重大步伐、思想文化建设取得重大进展、人民生活不断改善、生态文明建设成效显著、强军兴军开创新局面、港澳台工作取得新进展、全方位外交布局深入展开、全面从严治党成效卓著"②。很显然，这些伟大成就是全方位的，对中国社会生活有着重大影响。同时，这些伟大成就还是开创性的，对中国社会发展有着重要意义。中国前所未有地走近世界舞台中央，接近实现中华民族伟大复兴目标。当然，这些伟大成就更是增强了中华民族进入新时代的创造能力和决胜信心，"我们党以巨大的政治勇气和强烈的责任担当，提出一系列新理念新思想新战略，出台一系列重大方针政策，推出一系列重大举措，推进一系列重大工作，解决了许多长期想解决而没有解决的难题，办成了许多过去想办而没有办成的大事，推动党和国家事业发生历史性变革"③。这些"历史性变革"和"历史性成就"，涵盖社会基本矛盾的各个方面，对实现整个社会的历史性飞跃、推进中国特色社会主义进入新阶段具有重大意义。

这一新阶段的变化集中体现在社会主要矛盾发生历史性转化。矛盾是推

---

① 中共中央文献研究室：《十八大以来重要文献选编》（上），中央文献出版社，2014，第114页。
② 习近平：《习近平谈治国理政》第三卷，外文出版社，2020，第2～6页。
③ 习近平：《习近平谈治国理政》第三卷，外文出版社，2020，第7页。

动事物发展和社会变化的动力源泉。马克思主义矛盾学说表明，社会主要矛盾发生转化是不因人的意志而转移的，它同社会生产力水平是紧密相关的。随着社会生产力不断发展，新时代"我国社会主要矛盾已经转化为人民日益增长的美好生活需要和不平衡不充分的发展之间的矛盾"①。这一政治论断，充分反映了社会矛盾运动与社会变化发展的辩证统一，深刻体现了历史性成就与历史性变革的非凡影响。它是习近平新时代中国特色社会主义思想的重要成果，也是新时代党的人民幸福思想的重要成果。就社会生产而言，中国社会发展已经呈现出新特征。改革开放40多年的快速发展，我国经济紧缺、供给不足等社会状况发生了重大根本性转变。人民温饱问题稳定解决，人民生活水平达到小康，社会进步发展出现新特征。之前社会主要矛盾里的"落后的社会生产"已不合时宜。就社会需求而言，伴随着社会生活水平的不断提升，人民的需求不但类型广泛多元，而且层次明显提升，这种需求已从物质生活需要上升为美好生活需求。之前社会主要矛盾里"日益增长的物质文化需要"也已无法真实体现人民的需求变化。中国共产党的十九大站在新的历史方位，综合分析各方面情况，鲜明提出新时代中国社会主要矛盾为"人民日益增长的美好生活需要和不平衡不充分的发展之间的矛盾"②。可以说，这一表述是非常及时、科学、正确的。当然，这个社会主要矛盾依然没有背离社会主义初级阶段这个基本国情，新时代属于社会主义初级阶段里的新发展阶段。

新时代有着丰富的科学内涵，从历史和现实、目标和路径、国内和国际相结合的维度全面绘制了新时代人民美好生活的宏伟蓝图，为夺取新时代中国特色社会主义伟大胜利指明了前进方向，为实现中华民族伟大复兴的中国梦提供了基本遵循。

其一，这个"新时代是承前启后、继往开来，在新的历史条件下继续夺取中国特色社会主义伟大胜利的时代"③。这一内涵以社会主义发展史为着眼

---

① 习近平：《习近平谈治国理政》第三卷，外文出版社，2020，第9页。
② 习近平：《习近平谈治国理政》第三卷，外文出版社，2020，第9页。
③ 中共中央宣传部：《习近平新时代中国特色社会主义思想学习纲要》，学习出版社，人民出版社，2019，第15页。

点，以当今中国发展实际为立足点，明确了中国特色社会主义新时代的发展脉络和历史定位。进入新时代，我们开创未来之根本保证仍然在于继续坚持和发展中国特色社会主义。正如习近平同志所指出的："我们这一代人，继承了前人的事业，进行着今天的奋斗，更要开辟明天的道路。"[①] 这也就是说，坚持和发展中国特色社会主义依然是新时代中国共产党的全部理论主题与实践主题。

其二，这个"新时代是决胜全面建成小康社会、进而全面建设社会主义现代化强国的时代"[②]。这一内涵以国家发展目标为着眼点，以原有奋斗成果为立足点，明确了中国特色社会主义新时代的战略规划和实践路径。在"两个一百年"奋斗目标实现过程中，2020年已如期"全面建成小康社会"，实现了第一个百年奋斗目标。如今，我们又开启实现第二个百年奋斗目标——"全面建成社会主义现代化强国"的新征程。同时，党的十九大根据我国发展现实，还在之前"三步走"基础上安排了"两步走"新战略。就世界发展史而言，中国现代化历程之速度、规模、广度以及深度都出现了超乎寻常的发展。进入新时代，从本质来看，就是要凸显中国特色社会主义的优越性，就是要实现中国强起来。因此，可以讲，新时代即为"优越时代""强国时代"。

其三，这个"新时代是全国各族人民团结奋斗、不断创造美好生活、逐步实现全体人民共同富裕的时代"[③]。这一内涵以社会主义本质要求为着眼点，以整体努力奋斗方向为立足点，明确了新时代未来生活的详细规划和价值取向。社会主义事业的主要任务是"为绝大多数人谋幸福"，人民幸福是党的全部工作的目标与归宿。无论是干革命，还是搞建设，抑或是抓改革，中国共产党人的奋斗目标都是努力使人民过上美好而幸福的日子。在新时代，美好生活和共同富裕成为当今中国社会发展的出发点与落脚点，这充分反映了党的"以人民为中心"的发展思想、"全心全意为人民服务"的根本宗旨、中国

---

① 习近平：《习近平谈治国理政》第二卷，外文出版社，2017，第57页。
② 中共中央宣传部：《习近平新时代中国特色社会主义思想学习纲要》，学习出版社，人民出版社，2019，第15页。
③ 中共中央宣传部：《习近平新时代中国特色社会主义思想学习纲要》，学习出版社，人民出版社，2019，第16页。

特色社会主义的本质要求。随着社会发展，新时代人民的需求呈现多样化特点，人民更加追求和向往美好生活、幸福生活。这个时代，党的重要任务就是更多更好地满足人民多样化新需求，下大力气解决人民之所急、所需、所盼，让全体人民享有更公平的改革发展成果，体悟更加美好、更加安康、更加幸福的生活。同时，不断促进全体人民共同富裕取得新进展。习近平同志特别强调："广大人民群众共享改革发展成果，是社会主义的本质要求，是我们党坚持全心全意为人民服务根本宗旨的重要体现。我们追求的发展是造福人民的发展，我们追求的富裕是全体人民共同富裕。"[1]

其四，这个"新时代是全体中华儿女勠力同心、奋力实现中华民族伟大复兴中国梦的时代"[2]。这一内涵以中国共产党人的历史使命为着眼点，以全体人民团结奋斗为立足点，阐明了新时代中华民族的发展愿景和民族特征。中国梦就是人民的梦，就是实现人民幸福的梦。在新时代，中华民族进入强起来的伟大发展进程之中，人民生活水平不断改善和提升，国家综合实力不断增强和壮大，实现中华民族伟大复兴的中国梦是全体中国人民的共同梦想，是全体中华儿女的"最大公约数"。进入新时代，"我们比历史上任何时期都更接近、更有信心和能力实现中华民族伟大复兴的目标"[3]。当然，"中华民族伟大复兴，绝不是轻轻松松、敲锣打鼓就能实现的"[4]。这就要求新时代中国共产党人必须团结全部力量、艰苦奋斗，带领全体中国人民走好新一阶段的长征路。唯有如此，中华民族伟大复兴中国梦的宏伟目标才能够得以实现。

其五，这个"新时代是中国日益走近世界舞台中央、不断为人类作出更大贡献的时代"[5]。这一内涵以大国担当为着眼点，以自身发展为立足点，前

---

[1] 中共中央文献研究室：《习近平关于社会主义社会建设论述摘编》，中央文献出版社，2017，第34～35页。
[2] 中共中央宣传部：《习近平新时代中国特色社会主义思想学习纲要》，学习出版社，人民出版社，2019，第16页。
[3] 习近平：《习近平谈治国理政》第三卷，外文出版社，2020，第12页。
[4] 习近平：《习近平谈治国理政》第三卷，外文出版社，2020，第12页。
[5] 中共中央宣传部：《习近平新时代中国特色社会主义思想学习纲要》，学习出版社，人民出版社，2019，第16页。

瞻性地描绘了新时代中国的世界角色和世界定位。中国的发展与世界的发展紧密相连，中国的发展离不开世界的发展，世界的发展直接制约中国的发展。在国际格局调整和重塑过程中，中国的角色至关重要。在过去很长一段时间里，中国并不是国际社会中的主角，那时候中国在国际社会里的影响和作用非常有限。党的十八大以来，中国经过长期努力发展已经充分发挥负责任大国的作用，成为世界经济增长的主要动力源、稳定器。同时，中国还积极参与全球治理，鼓励形成国际共识，大力倡导全球行动，特别是"一带一路"建设，同沿线国家一起打造新型国际交流、国际合作平台，为世界的共同进步、共同发展注入新活力和新动力。一些重大举措、重大成就均表明，中国正在迈入世界舞台中央。其国际影响力、国际感召力、国际塑造力都在大幅度提升，已经成为受全球瞩目的引领者、建设者、贡献者。正如习近平同志所强调的："中国共产党是为中国人民谋幸福的党，也是为人类进步事业而奋斗的党。中国共产党是世界上最大的政党。我说过，大就要有大的样子。中国共产党所做的一切，就是为中国人民谋幸福、为中华民族谋复兴、为人类谋和平与发展。"[①] 进入新时代，面对诸多外部挑战，我们必须做好自己的事情，发挥自己的才智，为国际社会发展贡献中国方案，为人类社会进步贡献中国智慧。总之，新时代中国共产党人一直将为中国人民谋幸福与为整个人类谋幸福作为自己的使命。

三、实践性：扎根中国现实

马克思主义幸福观具有一个十分重要的理论特质——实践性。它批驳享乐主义、拜金主义、个人主义等各种错误幸福观，强调人们要摒弃不劳而获的平庸幸福观。新时代党的人民幸福思想继承和发扬了马克思主义幸福观的这种理论品质，创造性地提出新时代人民奋斗的幸福思想。可以说，"奋斗"既是新时代人民幸福的重要内容，也是新时代人民幸福的实现路径，为中国人民追求新时代幸福提供了方式和方法。当然，无论是哪个幸福主体，他们

---

① 习近平：《习近平谈治国理政》第三卷，外文出版社，2020，第436页。

都离不开现有社会条件和时代背景而盲目实现自身真正幸福目标。即是说，再美好的生活也要依托相应现实状况来实现，否则，就会是异想天开或空中楼阁。新时代人民幸福是指处在新时代背景下的人民对现实世界的美好感受与愉悦体验。就人的本质而言，幸福就是人的需求的满足，但人的需求又是不断发展、不断变化的。为此，可以讲，幸福不仅是人们的奋斗结果，更是人们的奋斗过程。我国的社会发展经历了从"新中国"至"新时期"，再从"新时期"至"新时代"这样的转变过程。与之对应，我国的奋斗目标也经历了从"站起来"至"富起来"，再从"富起来"至"强起来"这样的飞跃过程。伴随着不懈努力的奋斗，人们的美好生活需求层次越来越高。进入新时代，人们的幸福观也发生着重大变化。

中国特色社会主义是依靠奋斗而来，新时代中国特色社会主义仍需通过奋斗而来。习近平同志指出："我们要坚持把人民对美好生活的向往作为我们的奋斗目标，始终为人民不懈奋斗、同人民一起奋斗，切实把奋斗精神贯彻到进行伟大斗争、建设伟大工程、推进伟大事业、实现伟大梦想全过程，形成竞相奋斗、团结奋斗的生动局面。"[1] 在这里，不难发现，"奋斗"充分彰显了新时代党的人民幸福思想的实践性。换言之，"奋斗"即为"实践"，它是"实践"在新时代的一种全新表达。习近平同志强调："新时代是奋斗者的时代。新时代属于每一个人，每一个人都是新时代的见证者、开创者、建设者。"[2] 同时，他还在党的十九大报告中首次提出"时代新人"一词，并特别强调"青年一代"是新时代奋斗者的主体。习近平同志说："青年兴则国家兴，青年强则国家强。青年一代有理想、有本领、有担当，国家就有前途，民族就有希望。中国梦是历史的、现实的，也是未来的；是我们这一代的，更是青年一代的。中华民族伟大复兴的中国梦终将在一代代青年的接力奋斗

---

[1] 中共中央党史和文献研究院，中央"不忘初心、牢记使命"主题教育领导小组办公室：《习近平关于"不忘初心、牢记使命"论述摘编》，党建读物出版社，中央文献出版社，2019，第242页。

[2] 中共中央宣传部：《习近平新时代中国特色社会主义思想学习纲要》，学习出版社，人民出版社，2019，第20页。

中变为现实。"①事实上，之所以"青年一代"为新时代奋斗主力军，其中一方面是由他们的历史地位与时代使命决定的，另一方面是由他们的成长特点与成才需要决定的。在一定意义上说，"青年一代"的奋斗状况关涉能否实现第二个一百年的奋斗目标。

扎根现实，不忘初心，牢记使命。伟大斗争、伟大工程、伟大事业、伟大梦想的实现，需要一代又一代共产党人的共同努力、接续奋斗。一旦忘掉初心与使命，那么所有一切都将半途而废。习近平同志指出："中国共产党人的初心和使命，就是为中国人民谋幸福，为中华民族谋复兴。这个初心和使命是激励中国共产党人不断前进的根本动力。"②初心，即为最开始为什么要出发、出发的最终目的是什么；使命，即为应尽的重大责任是什么，完成的根本任务是什么。在马克思主义的指导下，中国共产党人始终"为绝大多数人谋利益"，将共产主义的实现作为最终理想和最高目标，将中华民族伟大复兴的实现作为历史责任和重大使命，团结和带领全体中国人民扎根中国现实、艰苦卓绝奋斗、谱写壮丽史诗。作为马克思主义政党，中国共产党自成立伊始，就一直追求和探索国家富强、人民幸福。进入新时代，重申初心、突出使命就是要让新时代全体党员从中汲取源源不断的原生动力。习近平同志强调："我们党要求全党同志不忘初心、牢记使命，就是要提醒全党同志，党的初心和使命是党的性质宗旨、理想信念、奋斗目标的集中体现，越是长期执政，越不能丢掉马克思主义政党的本色，越不能忘记党的初心使命，越不能丧失自我革命精神。"③新时代中国共产党人的奋斗目标仍然是国家富强、民族振兴、人民幸福，其远大理想仍然是共产主义。无论哪个时期，永恒的初心和终身的使命都是中国共产党人立于不败之地的重要钥匙和法宝。遵照党的十九大安排部署，"不忘初心、牢记使命"主题教育在全党范围内陆续开展。这充分表明，新时代中国共产党不忘初心使命、矢志不渝奋斗，一直坚守对人民的赤子之心。此外，习近平同志还指出理想信念的重要性。他讲道："理想信念是共产党人精神上的'钙'，理想信念坚定，骨头就硬；没有理想

---

① 习近平：《习近平谈治国理政》第三卷，外文出版社，2020，第54页。
② 习近平：《习近平谈治国理政》第三卷，外文出版社，2020，第1页。
③ 习近平：《习近平谈治国理政》第三卷，外文出版社，2020，第529页。

信念,或理想信念不坚定,精神上就会'缺钙',就会得'软骨病'。"[1] 理想信念在中国共产党人那里从来不是虚幻的,而是一直贯穿在"为中国人民谋幸福、为中华民族谋复兴"的初心使命之中的。中国共产党人坚守马克思主义信仰,坚定中国特色社会主义信念,将党的初心和使命牢记于心,永远将人民幸福生活作为奋斗目标,秉着毫不松懈的精神状态与勇往直前的奋斗姿态,一往无前地踏入实现中华民族伟大复兴的进程中。

扎根现实,勇于担当,敢于斗争。越是在困难与矛盾面前,越是需要担当和斗争。强烈担当和勇敢斗争是新时代党的人民幸福思想的精神特质。可以说,中国共产党是诞生在斗争中、成长在斗争中、壮大在斗争中的马克思主义政党。历经百年的不屈不挠、英勇奋斗,斗争精神早就渗透到党的血脉之中,贯穿在革命时期、建设时期和改革时期。如今,我们正处在中国梦实现的关键期、改革发展的攻坚期,其前进道路并非畅通无阻。这个时候急需斗争精神和责任担当。面对新的历史使命,唯有勇于担当、敢于斗争,才能踏平新长征之道路,攻克新征程之难关,从而最终取得新时代中国特色社会主义的伟大胜利。不言而喻,大事难事需要担当,风险挑战需要斗争。当下,国际形势变化多端,周边环境敏感复杂,改革任务任重道远,现实问题百感交集,社会矛盾叠加凸显,思想观念相互碰撞,利益诉求来回激荡,风险挑战纷至沓来。因此,特别需要将敢担当和勇奋斗运用到防范重大风险挑战之中。正如习近平同志所强调的:"我们必须始终保持高度警惕,既要高度警惕'黑天鹅'事件,也要防范'灰犀牛'事件;既要有防范风险的先手,也要有应对和化解风险挑战的高招;既要打好防范和抵御风险的有准备之战,也要打好化险为夷、转危为机的战略主动战。"[2] 这就要求我们要在实践中培养顽强拼搏的意志,提高认识风险的能力,增强善于斗争的本领。唯有如此,党的事业和人民幸福才能最终实现。

扎根现实,知行合一,真抓实干。幸福始终在干事和创业之中,奋斗绝不是某种空喊的口号。从根本意义上讲,幸福都是依靠实际行动奋斗出来

---

[1] 中共中央文献研究室:《十八大以来重要文献选编》(上),中央文献出版社,2014,第339页。

[2] 习近平:《习近平谈治国理政》第三卷,外文出版社,2020,第219~220页。

的。知行合一、真抓实干是新时代人民幸福思想的实践品质。习近平同志多次强调"空谈误国,实干兴邦",中国共产党是靠实事求是、艰苦奋斗兴党兴国的。进入新时代,习近平同志作为领袖,力行知行合一、真抓实干,非常重视内政与外交、治党与治国、世界发展与全球治理等方面的全面思考与科学谋划。同时,他不仅注重理论创新,更注重实践创新,并用实践创新促进和检验理论创新。如今,共同富裕任务和现代化强国目标已经十分明确,最重要的事情就是落实到行动中。为此,习近平同志强调:"我们要拿出抓铁有痕、踏石留印的韧劲,以钉钉子精神抓好落实,确保各项重大改革举措落到实处。"①"要树立正确政绩观,多做打基础、利长远的事,不搞脱离实际的盲目攀比,不搞劳民伤财的'形象工程''政绩工程',求真务实,真抓实干,勇于担当,真正做到对历史和人民负责。"②

此外,立足新时代,中国共产党科学总结实践经验,提出"五位一体"总体布局。在经济建设方面,倡导新发展理念,深化供给侧结构性改革,加快创新型国家建设,推进现代化经济体系建设,努力形成新发展格局,实现高质量经济发展。这为新时代人民幸福奠定了雄厚的物质基础。在政治建设方面,坚持人民当家作主,健全政治制度体系,加强行政权力监督,全面推进依法治国。这为新时代人民幸福创设了良好的政治环境。在文化建设上,树立高度文化自信,培育践行核心价值观,加强思想道德引领,繁荣文艺事业和文化产业,建设社会主义文化强国。这为新时代人民幸福提供了积极的文化环境。在社会建设方面,切实保障并改善人民生活,努力解决最现实的人民利益,"打造共建共治共享的社会治理格局"③。这为新时代人民幸福营造了和谐的社会环境。在生态文明建设上,推动绿色发展,加强环境保护,着力解决问题,不断推进人与自然的现代化。正如习近平同志所强调的:"我们要建设的现代化是人与自然和谐共生的现代化,既要创造更多物质财富和精神财富以满足人民日益增长的美好生活需要,也要提供更多优质生态产品以

---

① 中共中央文献研究室:《十八大以来重要文献选编》(上),中央文献出版社,2014,第736页。
② 习近平:《习近平谈治国理政》,外文出版社,2016,第400页。
③ 习近平:《习近平谈治国理政》第三卷,外文出版社,2020,第38页。

满足人民日益增长的优美生态环境需要。必须坚持节约优先、保护优先、自然恢复为主的方针，形成节约资源和保护环境的空间格局、产业结构、生产方式、生活方式，还自然以宁静、和谐、美丽。"[1] 这为新时代人民幸福提供了优美的生态环境。综上而言，进入新时代，"五位一体"总体布局不断形成、深入推进，充分展现了中国共产党在中国特色社会主义建设上的理论认识不断深化，实践经验不断丰富。

第三节 新时代党的人民幸福思想的当代价值

新时代党的人民幸福思想有着丰富的科学内涵，形成了完整的理论体系，是新时代人民获得幸福的基本遵循和指导思想，也为人类的幸福追求提供了中国方案。在马克思主义哲学视野中，探究新时代党的人民幸福思想的当代价值对于人们认识幸福、创造幸福有着重要的理论价值和实际意义。毫无疑问，深入挖掘新时代党的人民幸福思想有利于丰富和发展马克思主义幸福观，有利于为实现中国人民幸福提供科学指引，有利于为追求整个人类幸福贡献中国方案。

一、丰富和发展了马克思主义幸福观

新时代党的人民幸福思想作为新时代中国特色社会主义的重要内容，从多方面丰富和发展了马克思主义幸福观。

其一，丰富和发展了马克思主义现实幸福观。在批判宗教中，马克思对虚幻幸福展开批判，指出人的幸福具有现实性。马克思认为，幸福在宗教世界里是缺少人这个主体范畴的，人所绝对服从的是没有人作为主体的最高存在，因而幸福便是神旨意的结果，而不是人的主观感受。可是，在马克思的视野中，幸福是现实的人的幸福，并非对象本身的属性。当然，更不可能是

---

[1] 习近平：《习近平谈治国理政》第三卷，外文出版社，2020，第40页。

上帝的恩赐，抑或神的启示。马克思强调，幸福是人的主观感受，它与人的主体性相伴而生。为此，马克思运用思辨力量将神控制人的根基摧毁，使神失去至高无上的光环，进而肯定人生存的现实基础、人实践的主体力量。在论证幸福主体时，马克思不仅实现了由"神"至"人"的非凡超越，而且实现了由"抽象的人"至"现实的人"的非凡超越，还实现了由"自然的人"至"社会的人"的非凡超越。不难发现，探究幸福就要立足人学视野，从人自身实际出发。马克思主义幸福观始终以"现实的人"为逻辑起点，以"人的幸福"为价值旨归，探究幸福的现实路径。它不仅具有很强的理论价值，同时还具有很强的现实意义，既为新时代党的人民幸福思想提供重要的理论资源，又为新时代党的人民幸福思想提供有益的实践启示。新时代党的人民幸福思想是以习近平同志为核心的党中央在新时代对马克思主义幸福观的中国化、时代化，是马克思主义幸福观的基本原理与中国具体实际相结合的最新理论成果，丰富和发展了马克思主义幸福观。

坚持人民幸福是中国共产党一直以来的价值追求。"为人民服务""人的全面发展""以人为本""坚持以人民为中心"等，都充分显示了中国共产党作为马克思主义政党的根本立场。随着社会的发展进步，新时代中国共产党人顺应人民美好生活期待，立足新形势、新要求、新问题、新目标，形成一系列治国理政的新理念、新思想、新战略，从而更好地为新时代人民幸福的实现提供正确引领和基本遵循。在新时代，我们党认真剖析时代特点，提出新的社会历史方位；我们党认真剖析历史变化，提出新的社会主要矛盾；我们党认真剖析发展规律，提出新的社会发展理念……中国共产党立足现实生活世界，强调追求美好生活就要创造能够满足"美好生活需要"的一切现实条件。新时代的幸福不是虚幻的幸福，而是现实的幸福。这种"现实"表现为，每个人的幸福都要有牢固的生活基础。只有社会生产力发展，才能为人的幸福奠定现实物质基础。在新时代，这种生活基础不仅包括物质方面，还包括政治方面、文化方面、社会方面、生态文明方面等。换言之，新时代的幸福扎根于人的现实生存方式。同时，这种"现实"还表现为幸福的享有者都是"现实的人"。新时代中国共产党最为关切的是现实生活世界里人的生活状况。当然，这里的人既存在自然属性，又存在社会属性。从根本意义上讲，新时代的幸福就是建立在经济关系和阶级利益基础之上"现实的人"的幸福。此外,这种"现实"也表现为,追求幸福的实践活动都是"现实活动"。这种"现实活动"即是对象化的感性活动,其目的就是满足新时代人民的现实需要——物质文化生活需要和精神文化生活需要。

其二,丰富和发展了马克思主义群众幸福观。与唯心史观截然不同,唯物史观认为历史的创造者是人民群众。之所以如此,首先在于唯物史观是从"现实的人"的本质出发来说明历史的创造者问题的。在唯物史观视野中,人是处在一定社会关系中且具有能动性的"现实的人"。社会属性即是人的本质属性,人即是处在社会关系中的人。当然,人的本质不是一成不变的,而是变化发展的。毕竟,社会关系是多种多样、复杂变化的。其次,唯物史观还从整个社会历史发展过程角度出发来论证历史的创造者问题,认为从一定意义上讲,尽管每个人都在创造自身的历史,但是这并不意味着社会历史就是这些人所创造的历史的总和。其实,从整体来看,社会历史就是一定人类群体的认识活动与实践活动的发展过程。而且,这个生产过程是以某种特定的物质生产方式为基础的。再次,唯物史观还从社会历史发展必然性角度来阐明历史的创造者问题。凡是符合历史规律、历史必然的力量都是推动历史发展、历史前进的力量。反之亦然。唯有推动历史发展、历史前进的人才是真正的社会历史创造者。最后,唯物史观立足人与历史的层次关系来考量历史的创造者问题。人与历史的层次关系分别包括人类同历史的关系、群体同历史的关系以及个体同历史的关系。当历史主体被理解为整个人类时,无疑整个人类应当被肯定为总体历史过程中的主体。正因如此,马克思主义认为,人们自己的历史是由自己创造的。人民群众在社会历史发展中起着决定性作用,不仅是社会物质财富的创造者,而且是社会精神财富的创造者,更是社会变革的主力军。换言之,人民群众创造世界历史、创造现实幸福。

在中国,社会主义制度给人民群众创造历史和创造幸福提供了有益的经济条件、政治条件、文化条件、社会条件以及生态文明条件等。不过,也存在诸多有待改进和提升的地方。进入新时代,我们的国情依然没有变,仍是社会主义初级阶段。同时,发展不平衡、发展不充分问题更加凸显。这就要求我们必须深化改革,加强"五位一体"建设,进一步充分调动人民群众的积极性，努力发挥人民群众的创造力。作为马克思主义政党，中国共产党为人民而诞生、因人民而兴盛。正如习近平同志所强调的："党的根基在人民、血脉在人民、力量在人民，人民是党执政兴国的最大底气。"[①] 无论是在革命阶段，还是在建设阶段，抑或是在改革阶段，中国共产党都一直坚持紧紧依靠人民攻坚克难、取得胜利。伟大历史成就的取得归根到底在于我们党始终将人民置于至高无上的位置，始终将"我是谁、为了谁、依靠谁"牢记于心，始终将人民幸福印刻在通往民族复兴之路上。党的十八大以来，以习近平同志为核心的党中央运用并发展了马克思主义群众史观，创造性地提出"坚持以人民为中心"的发展思想。这一思想的提出，充分展现了马克思主义政党的执政理念与根本立场，鲜明体现了中国共产党人的价值旨归。"以人民为中心"的发展思想，丰富和发展了马克思主义群众幸福观，立足时代高度和历史高度，概括总结了人民群众在中国特色社会主义伟大实践中的创造作用、主体地位。这一思想深刻反映了人民群众的价值追求与利益诉求，充分表达了中国共产党人的根本初心与历史使命，进而阐明了我们党的奋斗目标是实现人民美好幸福生活。

其三，丰富和发展了马克思主义劳动幸福观。在马克思主义哲学视野中，劳动是幸福的源泉，幸福是劳动的目的。马克思批判异化劳动，强调人的劳动解放主旨在于人能进行自由自觉的劳动。在马克思那里，劳动才是人的真正自我存在形式和自我生活方式。劳动不仅是物质财富和精神财富的创造手段，而且是人生意义和人生价值的实现形式，更是美好生活和人的幸福的获得方式。马克思主义劳动思想认为，生命的乐趣在于劳动，幸福的源泉在于劳动。当然，在马克思看来，若想让劳动成为生命乐趣和幸福源泉，就要使劳动摆脱异化、复归本原，形成自由自觉的劳动。不难发现，在马克思的理论体系中，劳动不但属于一个经济学范畴，而且属于一个哲学范畴。更进一步讲，劳动实际上属于一个价值哲学范畴。即是说，马克思在劳动思想里表达了丰富的幸福科学内涵，显露了深刻的幸福思考印记。故此，从一定意义上讲，人的幸福显然蕴藏在马克思劳动思想之中，劳动幸福其实凸显了马克

---

① 《中国共产党第十九届中央委员会第六次全体会议文件汇编》，人民出版社，2021，第95页。

思劳动思想的主旨。马克思认为，幸福不是源于外界对象生活，而是源于人的能动实践。毕竟，外界对象只对于能动实践主体才有存在价值，他们对主体的价值仅限于为主体所感知到或为主体所意识到。然而，由于人的本质具有二重性，所以人的幸福也具有二重性，即客观性和主观性。在马克思那里，幸福是人作为主体能动地、现实地创造世界的心理感受，是人作为主体能动地、现实地实现自我的内心体验。可见，人的幸福总是在自我对象化过程中被感知。它既不是外界的赐予，也不是先验的存在，而是现实的创造。作为主体，人就是自身幸福的创造者和享有者。

新时代中国共产党继承和发扬马克思主义劳动幸福观，提出奋斗幸福思想。新时代党的奋斗幸福思想产生于中国伟大实践之中，是党和人民实践的宝贵经验，是党和人民实践的智慧结晶。换言之，没有劳动实践，就没有新时代党的人民幸福思想的诞生，劳动实践是新时代党的人民幸福思想的直接来源。正如习近平同志所讲的，幸福不是毛毛雨、不是免费午餐、不会从天而落，人世间的所有成就和所有幸福都源于劳动创造。他激励新时代人民崇尚劳动、尊重劳动。习近平同志强调："劳动是财富的源泉，也是幸福的源泉。人世间的美好梦想，只有通过诚实劳动才能实现；发展中的各种难题，只有通过诚实劳动才能破解；生命里的一切辉煌，只有通过诚实劳动才能铸就。劳动创造了中华民族，造就了中华民族的辉煌历史，也必将创造出中华民族的光明未来。'一勤天下无难事。'必须牢固树立劳动最光荣、劳动最崇高、劳动最伟大、劳动最美丽的观念，让全体人民进一步焕发劳动热情、释放创造潜能，通过劳动创造更加美好的生活。"[①] 毋庸置疑，在新时代，劳动创造依然是人民追求幸福和实现幸福的根本途径。因此，为了获得幸福，我们必须"撸起袖子加油干"，脚踏实地去劳动，坚持不懈去奋斗。事实上，新时代人民幸福蕴含这样两层新意：其一，奋斗就是劳动创造在新时代的具体表达，这形象阐明了幸福是依靠奋斗而得来的。其二，奋斗是人民幸福的直接表现，奋斗过程本身也是一种幸福。

---

① 习近平：《习近平谈治国理政》，外文出版社，2016，第46页。

二、为实现中国人民幸福提供科学指引

作为执政党,中国共产党以实现共产主义为奋斗目标,以实现中华民族伟大复兴为历史使命。新时代党的人民幸福思想集中反映了实现中华民族伟大复兴与实现社会主义和实现共产主义的有机结合。沿着中国特色社会主义道路,实现中华民族伟大复兴需要一代代共产党人团结和带领人民努力奋斗。可以说,新时代党的人民幸福思想为实现中华民族伟大复兴,践行中国共产党人的初心和使命提供了基本遵循。从根本意义上讲,新时代党的人民幸福思想为实现中国人民幸福提供了科学指引。

首先,凝聚力量,助力中华民族伟大复兴。中国共产党自成立之日起,便把领导中华民族复兴、实现中国人民幸福作为自己的历史使命和根本初心。他们自觉选择、主动担当,以民族独立、国家富强、人民幸福为己任,为实现中华民族伟大复兴倾注全部心血、贡献全部智慧。为此,中国共产党紧紧团结人民群众、带领人民群众、依靠人民群众,从中汲取推动历史前进的伟大力量。为了实现民族复兴,不管面对的敌人是强还是弱,不管是身处逆境还是顺境,我们党都矢志不渝、坚守初心,敢于攻坚克难、甘于牺牲奉献、勇于自我修正,团结和带领中国人民进行伟大革命、伟大建设、伟大改革,实现了中华民族从"站起来"到"富起来",再从"富起来"到"强起来"。现实充分表明,是中国共产党的领导使中华民族彻底摆脱任人奴役的局面,使中国人民彻底告别贫穷落后的状态。在当代中国,也唯有中国共产党才能领导中国人民实现中华民族伟大复兴。进入新时代,社会发展、民族复兴都迎来了空前的美好前景。不过,各种难题、各种矛盾、各种风险、各种考验接踵而至、层层叠加。正如习近平同志所指出的:"我们现在所处的,是一个船到中流浪更急、人到半山路更陡的时候,是一个愈进愈难、愈进愈险而又不进则退、非进不可的时候。"[①] 在这样关键的历史节点上,只有中国共产党才能发挥主心骨和思想引领作用,凝聚起整个中华民族和全体中国人民的磅礴力量,向着中华民族伟大复兴的奋斗目标继续前行。

---

① 习近平:《论坚持全面深化改革》,中央文献出版社,2018,第 524 页。

"实现中华民族伟大复兴是近代以来中华民族最伟大的梦想。"[1] 这一梦想有着丰厚的历史底蕴和深刻的思想内涵,凝聚着一代又一代中华儿女的美好心愿,体现着一代又一代中国人民的利益诉求。习近平同志指出:"实现中华民族伟大复兴的中国梦,就是要实现国家富强、民族振兴、人民幸福,既深深体现了今天中国人的理想,也深深反映了我们先人们不懈追求进步的光荣传统。"[2] 可以说,中国梦的最鲜明特征就是将国家追求、民族向往与人民期盼紧密结合在一起。就国家而言,中国梦即为"强国梦",就是要使国家彻底摆脱贫弱、不断富强起来。就民族而言,中国梦即为"振兴梦",就是要使民族彻底摆脱落后、更加进步兴盛。就人民而言,中国梦即为"富裕梦",就是要使人民彻底摆脱贫穷、更加美好幸福。概言之,中国梦既是国家梦,也是民族梦,还是人民梦。但说到底,中国梦是人民梦,人民幸福是中国梦的最深沉根基。作为实践主体,人民是中国梦的实现者与享有者,更是人民幸福的创造者与享受者。实现中国梦就是满足全体中国人民的共同追求,实现全体中国人民的幸福生活。习近平同志指出,所有致力于此项伟大事业的人民都能够大有可为,都应当"自觉把人生理想、家庭幸福融入国家富强、民族复兴的伟业之中,把个人梦与中国梦紧密联系在一起"[3]。事实上,每一个人都在编织中国梦,都是中国梦的建设者、创编者;每一个人都在奔向中国梦,都是中国梦的参与者、贡献者。全体人民都是实现中华民族伟大复兴中国梦的力量。凝聚中国各族人民力量,在中国共产党的领导下,团结一切可以团结的力量,调动一切可以调动的因素,充分发挥每一个人的积极性、主动性、创造性。人民群众作为主体力量,与其团结力量和奋斗力量便形成了中国力量。从根本意义上讲,中国力量就是14亿多中国人民齐心协力、万众一心的凝聚力量。广大人民群众中蕴藏着无限的奋斗力和创造力,他们向往美好生活、渴望出彩人生、追求梦想成真。全体中华儿女团结一心、努力向前,就

---

[1] 习近平:《习近平谈治国理政》第三卷,外文出版社,2020,第11页。
[2] 中共中央文献研究室:《十八大以来重要文献选编》(上),中央文献出版社,2014,第234页。
[3] 中共中央文献研究室:《习近平关于实现中华民族伟大复兴的中国梦论述摘编》,中央文献出版社,2013,第15~16页。

会有无比强大的实现梦想的力量，就会有无比广阔的实现梦想的空间，从而中国人民幸福的伟大梦想也就一定能够变为现实。

其次，矢志不渝，践行党的初心、党的使命。"中国共产党自一九二一年成立以来，始终把为中国人民谋幸福、为中华民族谋复兴作为自己的初心使命，始终坚持共产主义理想和社会主义信念，团结带领全国各族人民为争取民族独立、人民解放和实现国家富强、人民幸福而不懈奋斗，已经走过一百年光辉历程。"① 不难发现，为人民谋幸福是中国共产党始终不变的初心，为民族谋复兴是中国共产党始终不变的历史使命。习近平同志在党的十九大上郑重宣告："经过长期努力，中国特色社会主义进入了新时代，这是我国发展新的历史方位。"② "中国特色社会主义进入新时代，意味着近代以来久经磨难的中华民族迎来了从站起来、富起来到强起来的伟大飞跃，迎来了实现中华民族伟大复兴的光明前景。"③ 可以说，中华民族"从站起来、富起来到强起来"的奋斗史就是一部矢志不渝践行初心使命的发展史。在党的服务工作中，人民群众始终是所有工作的目的与归宿。新时代中国共产党人所面临的时代课题仍是矢志不渝地践行党的初心和使命，坚持为人民谋幸福、为民族谋复兴。

100年来，我们党以实际奋斗行动庄严诠释了自己的初心和使命。近代以来，中华民族饱受西方列强残暴侵略、封建社会腐朽统治的磨难。为了拯救民族、解放人民，中国共产党诞生了，并带领全国人民打败帝国主义、推翻国民党统治，取得新民主主义革命的胜利。新中国成立了，民族独立了，这为实现人民幸福生活提供了和平安稳的社会条件。新中国成立以后，中国共产党正确领导中国人民进行社会主义建设、确立社会主义制度。这使中华民族经历了有史以来最深刻、最广泛的社会变革，为实现人民幸福生活奠定了扎实稳固的制度基础。改革开放以来，我们党成功开辟了中国特色社会主义道路，形成了中国特色社会主义理论体系。这一时期，社会主义生产力水平

---

① 《中国共产党第十九届中央委员会第六次全体会议文件汇编》，人民出版社，2021，第19页。
② 习近平：《习近平谈治国理政》第三卷，外文出版社，2020，第8页。
③ 习近平：《习近平谈治国理政》第三卷，外文出版社，2020，第8页。

大幅提升，中国特色社会主义文化不断发展，广大人民群众的积极性、主动性和创造性得到充分调动。这使中国人民的主人翁意识增强，为实现人民幸福生活提供了坚实可靠的有利条件。党的十八大以来，在党和国家事业产生重大变革和取得重大成就的基础上，中国的发展站在了新起点、迈入了新阶段、开始了新征程。"坚持以人民为中心"的发展思想，就是新时代党中央对马克思主义群众史观的创造性运用。为此，习近平同志多次强调："不忘初心，牢记使命。"[①]在党的十九大报告中，习近平同志指出，"中国共产党人的初心和使命，就是为中国人民谋幸福，为中华民族谋复兴。……全党同志一定要永远与人民同呼吸、共命运、心连心，永远把人民对美好生活的向往作为奋斗目标，以永不懈怠的精神状态和一往无前的奋斗姿态，继续朝着实现中华民族伟大复兴的宏伟目标奋勇前进。"[②]这充分彰显了我们党始终不变的初心，彰显了我们党永远肩负的使命，彰显了我们党继续前行的目标，彰显了我们党心系人民的情怀。可以说，"坚持以人民为中心"就是中国共产党践行初心和使命的生动体现。在新时代，更好地处理党群关系，更好地发挥群众力量，更好地满足群众生活，既是我们实现中国梦的动力源泉，也是我们所有工作的目的归宿。

最后，与时俱进，丰富立党立国指导思想。"十八大以来，国内外形势变化和我国各项事业发展都给我们提出了一个重大时代课题，这就是必须从理论和实践结合上系统回答新时代坚持和发展什么样的中国特色社会主义、怎样坚持和发展中国特色社会主义。"[③]"围绕这个重大时代课题，我们党坚持以马克思列宁主义、毛泽东思想、邓小平理论、'三个代表'重要思想、科学发展观为指导，坚持解放思想、实事求是、与时俱进、求真务实，坚持辩证唯物主义和历史唯物主义，紧密结合新的时代条件和实践要求，以全新的视野深化对共产党执政规律、社会主义建设规律、人类社会发展规律的认识，进行艰辛理论探索，取得重大理论创新成果，形成了新时代中国特

[①] 习近平：《习近平谈治国理政》第三卷，外文出版社，2020，第1页。
[②] 习近平：《习近平谈治国理政》第三卷，外文出版社，2020，第1~2页。
[③] 习近平：《习近平谈治国理政》第三卷，外文出版社，2020，第4页。

色社会主义思想。"① 习近平新时代中国特色社会主义思想开辟了马克思主义新境界，是马克思主义中国化的最新理论成果，是当代中国马克思主义、21世纪马克思主义。中国共产党的十九大、十九届六中全会提出的"十个明确""十四个坚持""十三个方面成就"概括了习近平新时代中国特色社会主义思想的主要内容。

"时代是思想之母，实践是理论之源。"② 新时代党的人民幸福思想从党和国家的事业发展、从人民群众的向往追求、从社会主义的前途命运出发，深刻阐明了新时代中国共产党人具有怎样的初心、担当怎样的历史使命、实现怎样的奋斗目标等一系列重大根本问题。它再次向世界昭告，人民立场是中国特色社会主义的根本立场，这就为新时代中国的社会发展指明了方向。从总任务和总目标来看，"我国人民将享有更加幸福安康的生活"③ 已经作为建成社会主义现代化强国的衡量标准。从总体布局和战略布局来看，"统筹推进"和"协调推进"作为总体谋划与顶层设计都是为了"不断促进人的全面发展、全体人民共同富裕"④。从发展来看，发展理念是发展方向、发展思路、发展方式和发展动力的集中体现。"创新、协调、绿色、开放、共享"五大新发展理念，深刻阐明了中国在新时代"实现怎样发展、怎样实现发展"的问题。新时代的发展坚持以人为本的工作导向，坚守公平正义的活动原则，实现人民幸福的价值旨归。从外部条件来看，"中国梦既是中国人民追求幸福的梦，也同各国人民追求幸福的梦想相通。国家好、民族好，大家才会好。世界好，中国才会好"⑤。从政治保证来看，"中国共产党是领导我们事业的核心力量。中国人民和中华民族之所以能够扭转近代以后的历史命运、取得今天的伟大成就，最根本的是有中国共产党的坚强领导。历史和现实都证明，没有中国共产党，就没有新中国，就没有中华民族伟大复兴"⑥。此外，"中国共

---

① 习近平：《习近平谈治国理政》第三卷，外文出版社，2020，第5页。
② 习近平：《习近平谈治国理政》第三卷，外文出版社，2020，第21页。
③ 习近平：《习近平谈治国理政》第三卷，外文出版社，2020，第23页。
④ 习近平：《习近平谈治国理政》第三卷，外文出版社，2020，第15页。
⑤ 习近平：《习近平谈治国理政》，外文出版社，2016，第64页。
⑥ 《中国共产党第十九届中央委员会第六次全体会议文件汇编》，人民出版社，2021，第94页。

产党是为中国人民谋幸福的政党,也是为人类进步事业而奋斗的政党。中国共产党始终把为人类作出新的更大的贡献作为自己的使命"①。

三、为追求整个人类幸福贡献中国方案

为人类幸福、人类解放而努力奋斗,不仅是马克思主义幸福观的终极目标,而且是中国传统幸福思想的文化基因。所以,人类幸福和人类解放也处在新时代党的人民幸福思想的价值目标之首位。可以说,新时代党的人民幸福思想是整个人类幸福实现的阶梯。中国共产党作为马克思主义政党,不仅以为中国人民的幸福奋斗为己任,而且以为世界人民的幸福奋斗为己任。在全球治理中,"中国将继续发挥负责任大国作用,积极参与全球治理体系改革和建设,不断贡献中国智慧和力量"②。正如习近平同志所强调的:"世界命运握在各国人民手中,人类前途系于各国人民的抉择。中国人民愿同各国人民一道,推动人类命运共同体建设,共同创造人类的美好未来!"③

第一,倡导世界大同幸福思想。"大道之行,天下为公。"④新时代党的人民幸福思想蕴含着一种世界大同思想。"世界正处于大发展大变革大调整时期,和平与发展仍然是时代主题。世界多极化、经济全球化、社会信息化、文化多样化深入发展,全球治理体系和国际秩序变革加速推进,各国相互联系和依存日益加深,国际力量对比更趋平衡,和平发展大势不可逆转。同时,世界面临的不稳定性不确定性突出,世界经济增长动能不足,贫富分化日益严重,地区热点问题此起彼伏,恐怖主义、网络安全、重大传染性疾病、气候变化等非传统安全威胁持续蔓延,人类面临许多共同挑战。"⑤为此,习近平同志提出"构建人类命运共同体"的重大战略思想。这一战略思想充分展现了中国作为世界大国的责任担当与良好形象,为完善全球治理和建设

---

① 习近平:《习近平谈治国理政》第三卷,外文出版社,2020,第45页。
② 习近平:《习近平谈治国理政》第三卷,外文出版社,2020,第47页。
③ 习近平:《习近平谈治国理政》第三卷,外文出版社,2020,第47页。
④ 习近平:《习近平谈治国理政》第三卷,外文出版社,2020,第55页。
⑤ 习近平:《习近平谈治国理政》第三卷,外文出版社,2020,第45页。

美好世界提供了正确方向，为引领发展潮流和促进人类进步举出了鲜明旗帜。中国人民历来倡导世界大同，天下一家。自古以来，先哲圣人一直以"天下归仁"为原则、以"天下和合"为目标。无疑，如今"和"仍然是新时代党的人民幸福思想的核心。"构建人类命运共同体"思想的提出，不仅是对马克思共同体思想的继承与发展，而且是对中国"和合"智慧的凸显与发扬，更是对世界大同思想的传承与创新。

"人类命运共同体"理念生动阐释了"你中有我、我中有你"的人类共同幸福愿景。习近平同志深刻讲道："人类命运共同体，顾名思义，就是每个民族、每个国家的前途命运都紧紧联系在一起，应该风雨同舟，荣辱与共，努力把我们生于斯、长于斯的这个星球建成一个和睦的大家庭，把世界各国人民对美好生活的向往变成现实。"① 2019年以来，新冠肺炎疫情的爆发再次说明，人类是一家，是一个风雨同舟的命运共同体。习近平同志呼吁："国际社会必须树立人类命运共同体意识，守望相助，携手应对风险挑战，共建美好地球家园。"② 毕竟，"我们生活的世界充满希望，也充满挑战。我们不能因现实复杂而放弃梦想，不能因理想遥远而放弃追求。没有哪个国家能够独自应对人类面临的各种挑战，也没有哪个国家能够退回到自我封闭的孤岛"③。无疑，"人类命运共同体"思想为纷争不已、陷入迷茫的世界各国指明了发展路径和前进方向。"人类命运共同体"的思想内涵博大精深，其核心在于"建设持久和平、普遍安全、共同繁荣、开放包容、清洁美丽的世界"④。不言而喻，"构建人类命运共同体"为整个人类追求幸福贡献了中国方案。当然，人类命运共同体的构建是一个相当长的历史过程，既不可能一蹴而就，亦不可能顺风顺水。因此，我们需要锲而不舍、携手共进，为追求整个人类幸福而不懈奋斗。

第二，倡导开放共享幸福思想。新时代党的人民幸福思想是马克思主义幸福观在中国这片土地上的理论阐释和生动表达，具有鲜明的开放性和共享

---

① 习近平：《习近平谈治国理政》第三卷，外文出版社，2020，第433页。
② 习近平：《团结合作是国际社会战胜疫情最有力武器》，《求是》，2020年第8期。
③ 习近平：《习近平谈治国理政》第三卷，外文出版社，2020，第46页。
④ 习近平：《习近平谈治国理政》第三卷，外文出版社，2020，第46页。

性。一方面，我们所要建设的世界是远离封闭的、开放包容的。古人云："万物并育而不相害，道并行而不相悖。"（《礼记·中庸》）文明繁盛和人类进步都离不开交流互鉴、开放包容，历史召唤人类文明异彩纷呈，不同文明和谐共生。在新时代，我们应坚持建设多彩世界和多样文明的理念，让各种文明绚丽多姿、交相辉映、和谐共存。当然，"文明交流互鉴应该是对等的、平等的，应该是多元的、多向的，而不应该是强制的、强迫的，不应该是单一的、单向的"①。因此，世界各国都应"以海纳百川的宽广胸怀打破文化交往的壁垒，以兼收并蓄的态度汲取其他文明的养分"②。可以说，文明交流互鉴是促进国与国之间深厚友谊的桥梁，是推动国与国之间协调发展的纽带。不同文明在相互竞争中取长补短，在相互交流中共同发展。如此，世界各国人民才能享有更加丰富、更加充盈的精神生活，才能汇聚更加广泛、更加多元的文明智慧，从而开创更富选择、更有光明的美好未来。另一方面，我们所要建设的世界是共同繁荣、共在共享的。当前，"零和博弈""丛林法则"等冷战思维依然存在。习近平同志就是在这样的国际背景之下，坚持"共建""共在""共享"原则，以增进人民福祉为出发点和落脚点，以共建共享逻辑取代自私自利逻辑，探究中国人民幸福同整个人类幸福之间的关系，进而形成新时代党的人民幸福思想。这一思想是对西方幸福思想狭隘视野的超越，是具有整体性、全球性的共享幸福思想。正如习近平同志所强调的："如果奉行你输我赢、赢者通吃的老一套逻辑，如果采取尔虞我诈、以邻为壑的老一套办法，结果必然是封上了别人的门，也堵上了自己的路，侵蚀的是自己发展的根基，损害的是全人类的未来。我们应该坚持你好我好大家好的理念，推进开放、包容、普惠、平衡、共赢的经济全球化，创造全人类共同发展的良好条件，共同推动世界各国发展繁荣，共同消除许多国家民众依然面临的贫穷落后，共同为全球的孩子们营造衣食无忧的生活，让发展成果惠及世界各国，让人人享有富足安康。"③可见，经济发展为人类持续生存奠定了坚实的物质基础，繁荣富强为国家不断进步提供重要的发展基石。在中国的伟大实践中，

---

① 习近平：《习近平谈治国理政》第三卷，外文出版社，2020，第469～470页。
② 习近平：《习近平谈治国理政》第三卷，外文出版社，2020，第470页。
③ 习近平：《习近平谈治国理政》第三卷，外文出版社，2020，第434页。

脱贫事业已经取得重大发展成就。无疑，这不仅为全球减贫事业作出了巨大贡献，而且为人类发展进步作出了巨大贡献。从一定意义上讲，中国在减贫事业上获得的这一成就，就是中国共产党人为实现中国人民幸福、整个人类幸福而夺取的伟大胜利。此外，进入新时代，习近平同志还将中国发展与世界共同发展结合起来，提出"一带一路"倡议。可以说，"一带一路"倡议是中国对外开放的新格局，是世界共享发展的新平台，是国际合作的新模式，是人类共享幸福的新路径。

第三，倡导天人合一幸福思想。马克思认为，人的真正本质就是人的共同体，而人的共同体是以天人合一的形式存在的，它既可以表现为一种"类"关系，又可以表现为多种关系的集合。从根本意义上讲，这种共同体具体表现为三种"共生"，即人与自然和谐共生、人与他人和谐共生、人与自身和谐共生。同西方那种一味疯狂追逐生产力发展的幸福思想相比较而言，新时代党的人民幸福思想是一种寻求"类本质"存在的幸福思想。也就是说，新时代党的人民幸福思想就是追求"类本质"之真、"类利益"之善、"类文明"之美的"美美与共"幸福思想。新时代，习近平同志把人民幸福放在世界历史视域下去考量，这充分彰显了新时代中国共产党人的世界胸怀与人类情怀。习近平同志强调："每一种文明都是美的结晶，都彰显着创造之美。一切美好的事物都是相通的。人们对美好事物的向往，是任何力量都无法阻挡的！各种文明本没有冲突，只是要有欣赏所有文明之美的眼睛。我们既要让本国文明充满勃勃生机，又要为他国文明发展创造条件，让世界文明百花园群芳争艳。"[①]

天人合一的幸福思想是新时代党的人民幸福思想的重要组成部分。从人与自身的关系来看，人应当回归本我，成为一个身心健康的人。从人与他人的关系来看，人与社会、与他人应当相互依存。从人与自然的关系来看，人与自然应当和谐共生，因为"人与自然是生命共同体"[②]。综上而言，不难发现，人类其实是一个命运共同体、生态共同体。无疑，新时代"生态幸福"思想成为天人合一幸福思想的题中应有之义。值得注意的是，在这里，"生

---

① 习近平：《习近平谈治国理政》第三卷，外文出版社，2020，第469页。
② 习近平：《习近平谈治国理政》第三卷，外文出版社，2020，第360页。

态幸福"涉及经济领域、政治领域、文化领域、社会领域、生态文明领域等。当然,生态幸福离不开人的实践活动,人的实践活动是生态幸福的实现手段。因此,"从根本上讲,生态幸福是一种基于生态性客体、生态性主体与生态性实践基础上的整体性幸福"[①]。任何不以良好生态为基础的人的幸福都是空洞的,社会发展的终极目标就是使整个人类过上幸福安康的生活。进入新时代,习近平同志尤为重视生态文明建设。他指出:"现在,随着我国社会主要矛盾转化为人民日益增长的美好生活需要和不平衡不充分的发展之间的矛盾,人民群众对优美生态环境需要已经成为这一矛盾的重要方面,广大人民群众热切期盼加快提高生态环境质量。人民对美好生活的向往是我们党的奋斗目标,解决人民最关心最直接最现实的利益问题是执政党使命所在。人心是最大的政治。我们要积极回应人民群众所想、所盼、所急,大力推进生态文明建设,提供更多优质生态产品,不断满足人民日益增长的优美生态环境需要。"[②] 可以说,保护生态环境是整个人类所面临的共同问题、共同责任。归根到底,生态环境问题是社会发展方式与人的生活方式问题。要从根本上实现人的生态幸福,就必须"确保生态性存在,遵从生态幸福规律"[③]。为此,习近平同志指出:"要像保护眼睛一样保护生态环境,像对待生命一样对待生态环境。"[④] 也就是说,要实现整体幸福,人类就要按照客观自然规律、客观生态规律进行实践活动。同时,还必须"树立生态理性信念,构建生态幸福观"[⑤]。从一定意义上讲,生态幸福观是实现生态幸福的重要前提。所以,人们需要增强生态意识与生态理性。毕竟,"环境就是民生,青山就是美丽,蓝天也是幸福"[⑥]。很显然,生态幸福作为天人合一幸福思想的核心表达,需要依靠全体世界人民共同努力来实现。

[①] 曹凤珍:《试论生态幸福及其实现路径》,《中共福建省委党校学报》,2017年第1期。
[②] 习近平:《习近平谈治国理政》第三卷,外文出版社,2020,第359~360页。
[③] 曹凤珍:《试论生态幸福及其实现路径》,《中共福建省委党校学报》,2017年第1期。
[④] 习近平:《习近平谈治国理政》第三卷,外文出版社,2020,第361页。
[⑤] 曹凤珍:《试论生态幸福及其实现路径》,《中共福建省委党校学报》,2017年第1期。
[⑥] 习近平:《习近平谈治国理政》第三卷,外文出版社,2020,第362页。

参 考 文 献

（一）马克思主义经典著作

[1] 中共中央马克思恩格斯列宁斯大林著作编译局. 马克思恩格斯选集 [M]. 北京：人民出版社，1995.

[2] 中共中央马克思恩格斯列宁斯大林著作编译局. 马克思恩格斯文集 [M]. 北京：人民出版社，2009.

[3] 中共中央马克思恩格斯列宁斯大林著作编译局. 马克思恩格斯全集（第一卷）[M]. 北京：人民出版社，1956.

[4] 中共中央马克思恩格斯列宁斯大林著作编译局. 马克思恩格斯全集（第二卷）[M]. 北京：人民出版社，1957.

[5] 中共中央马克思恩格斯列宁斯大林著作编译局. 马克思恩格斯全集（第三卷）[M]. 北京：人民出版社，1960.

[6] 中共中央马克思恩格斯列宁斯大林著作编译局. 马克思恩格斯全集（第六卷）[M]. 北京：人民出版社，1961.

[7] 中共中央马克思恩格斯列宁斯大林著作编译局. 马克思恩格斯全集（第七卷）[M]. 北京：人民出版社，1959.

[8] 中共中央马克思恩格斯列宁斯大林著作编译局. 马克思恩格斯全集（第十六卷）[M]. 北京：人民出版社，1964.

[9] 中共中央马克思恩格斯列宁斯大林著作编译局. 马克思恩格斯全集（第十九卷）[M]. 北京：人民出版社，1963.

[10] 中共中央马克思恩格斯列宁斯大林著作编译局. 马克思恩格斯全集（第二十卷）[M]. 北京：人民出版社，1971.

[11] 中共中央马克思恩格斯列宁斯大林著作编译局. 马克思恩格斯全集（第二十三卷）[M]. 北京：人民出版社，1972.

[12] 中共中央马克思恩格斯列宁斯大林著作编译局. 马克思恩格斯全集（第二十五卷）[M]. 北京：人民出版社，1974.

[13] 中共中央马克思恩格斯列宁斯大林著作编译局. 马克思恩格斯全集（第二十六卷）[M]. 北京：人民出版社，1974.

[14] 中共中央马克思恩格斯列宁斯大林著作编译局. 马克思恩格斯全集（第四十卷）[M]. 北京：人民出版社，1982.

[15] 中共中央马克思恩格斯列宁斯大林著作编译局. 马克思恩格斯全集（第四十二卷）[M]. 北京：人民出版社，1979.

[16] 中共中央马克思恩格斯列宁斯大林著作编译局. 马克思恩格斯全集（第四十六卷上）[M]. 北京：人民出版社，1979.

[17] 中共中央马克思恩格斯列宁斯大林著作编译局. 马克思恩格斯全集（第四十六卷下）[M]. 北京：人民出版社，1980.

[18] 中共中央马克思恩格斯列宁斯大林著作编译局. 列宁选集 [M]. 北京：人民出版社，1995.

[19] 中共中央马克思恩格斯列宁斯大林著作编译局. 列宁全集（第五十五卷）[M]. 北京：人民出版社，2017.

[20] 中共中央马克思恩格斯列宁斯大林著作编译局. 列宁专题文集：论辩证唯物主义和历史唯物主义 [M]. 北京：人民出版社，2009.

[21] 中共中央马克思恩格斯列宁斯大林著作编译局. 列宁专题文集：论无产阶级政党 [M]. 北京：人民出版社，2009.

[22] 中共中央马克思恩格斯列宁斯大林著作编译局. 列宁专题文集：论马克思主义 [M]. 北京：人民出版社，2009.

[23] 中共中央马克思恩格斯列宁斯大林著作编译局. 列宁专题文集：论资本主义 [M]. 北京：人民出版社，2009.

[24] 中共中央马克思恩格斯列宁斯大林著作编译局. 列宁专题文集：论社会

主义 [M]. 北京：人民出版社，2009.

[25] 毛泽东. 毛泽东选集 [M]. 北京：人民出版社，1991.

[26] 中共中央文献研究室. 毛泽东文集 [M]. 北京：人民出版社，1999.

[27] 邓小平. 邓小平文选（第三卷）[M]. 北京：人民出版社，1993.

[28] 江泽民. 江泽民文选 [M]. 北京：人民出版社，2006.

[29] 胡锦涛. 胡锦涛文选 [M]. 北京：人民出版社，2016.

[30] 习近平. 之江新语 [M]. 杭州：浙江人民出版社，2007.

[31] 习近平. 习近平谈治国理政 [M]. 北京：外文出版社，2016.

[32] 习近平. 习近平谈治国理政（第二卷）[M]. 北京：外文出版社，2017.

[33] 习近平. 习近平谈治国理政（第三卷）[M]. 北京：外文出版社，2020.

[34] 习近平. 习近平谈治国理政（第四卷）[M]. 北京：外文出版社，2022.

[35] 习近平. 习近平著作选读（第一卷）[M]. 北京：人民出版社，2023.

[36] 习近平. 习近平著作选读（第二卷）[M]. 北京：人民出版社，2023.

[37] 习近平. 论坚持全面深化改革 [M]. 北京：中央文献出版社，2018.

[38] 习近平关于实现中华民族伟大复兴的中国梦论述摘编 [M]. 北京：中央文献出版社，2013.

[39] 中共中央文献研究室. 十八大以来重要文献选编（上）[M]. 北京：中央文献出版社，2014.

[40] 习近平关于社会主义社会建设论述摘编 [M]. 北京：中央文献出版社，2017.

[41] 中共中央党史和文献研究院，中央"不忘初心、牢记使命"主题教育领导小组办公室. 习近平关于"不忘初心、牢记使命"论述摘编 [M]. 北京：党建读物出版社，中央文献出版社，2019.

[42] 中共中央文献研究室. 中国共产党第十九届中央委员会第六次全体会议文件汇编 [M]. 北京：人民出版社，2021.

（二）国外著作

[1] 北京大学哲学系外国哲学史教研室. 西方哲学原著选读（上卷）[M]. 北京：商务印书馆，1981.

[2] 北京大学哲学系外国哲学史教研室. 西方哲学原著选读（下卷）[M]. 北京：商务印书馆，1981.

[3] 柏拉图. 理想国 [M]. 郭斌和，张竹明，译. 北京：商务印书馆，1986.

[4] 亚里士多德. 形而上学 [M]. 苗力田，译. 北京：中国人民大学出版社，2002.

[5] 亚里士多德. 政治学 [M]. 吴寿彭，译. 北京：商务印书馆，1983.

[6] 亚里士多德. 尼各马科伦理学 [M]. 苗力田，译. 北京：中国社会科学出版社，1990.

[7] 奥古斯丁. 忏悔录 [M]. 周士良，译. 北京：商务印书馆，1963.

[8] 斯宾诺莎. 伦理学 [M]. 贺麟，译 北京：商务印书馆，1983.

[9] 阿奎那. 阿奎那政治著作选 [M]. 马清槐，译. 北京：商务印书馆，1963.

[10] 莱布尼茨. 人类理智新论 [M]. 陈修斋，译. 北京：商务印书馆，1982.

[11] 休谟. 人性论 [M]. 关文运，译. 北京：商务印书馆，1980.

[12] 洛克. 人类理解论 [M]. 关文运，译. 北京：商务印书馆，1959.

[13] 卢梭. 爱弥儿 [M]. 李平沤，译. 北京：商务印书馆，2015.

[14] 边沁. 道德与立法原理导论 [M]. 时殷弘，译. 北京：商务印书馆，2006.

[15] 约翰·穆勒. 功利主义 [M]. 徐大建，译. 上海：上海人民出版社，2008.

[16] 约翰·罗尔斯. 正义论 [M]. 何怀宏，等译. 北京：中国社会科学出版社，1988.

[17] 拉蒙特. 作为哲学的人道主义 [M]. 北京：商务印书馆，1963.

[18] 亚当·斯密. 道德情操论 [M]. 蒋自强，等译. 北京：商务印书馆，1997.

[19] 康德. 判断力批判 [M]. 邓晓芒，译. 北京：人民出版社，2002.

[20] 康德. 实践理性批判 [M]. 关文运，译. 北京：商务印书馆，1960.

[21] 康德. 纯粹理性批判 [M]. 邓晓芒，译. 北京：人民出版社，2004.

[22] 康德. 道德形而上学原理 [M]. 苗力田，译. 上海：上海世纪出版社，2005.

[23] 黑格尔. 法哲学原理 [M]. 范扬，张企泰，译. 北京：商务印书馆，1961.

[24] 黑格尔. 美学 [M]. 朱光潜，译. 北京：商务印书馆，1982.

[25] 黑格尔. 小逻辑 [M]. 贺麟，译. 北京：商务印书馆，1980.

[26] 黑格尔. 逻辑学（上卷）[M]. 杨一之，译. 北京：商务印书馆，1966.

[27] 黑格尔.逻辑学（下卷）[M].杨一之,译.北京：商务印书馆,1976.

[28] 黑格尔.精神现象学（上卷）[M].贺麟,王玖兴,译.北京：商务印书馆,1979.

[29] 黑格尔.精神现象学（下卷）[M].贺麟,王玖兴,译.北京：商务印书馆,1979.

[30] 黑格尔.哲学史演讲录（第一卷）[M].贺麟,王太庆,译.北京：商务印书馆,1959.

[31] 黑格尔.哲学史演讲录（第二卷）[M].贺麟,王太庆,译.北京：商务印书馆,1960.

[32] 黑格尔.哲学史演讲录（第三卷）[M].贺麟,王太庆,译.北京：商务印书馆,1959.

[33] 黑格尔.哲学史演讲录（第四卷）[M].贺麟,王太庆,译.北京：商务印书馆,1978.

[34] 费尔巴哈.费尔巴哈哲学著作选集[M].荣震华,李金山,等译.北京：商务印书馆,1984.

[35] 叔本华.作为意志和表象的世界[M].石冲白,译.北京：商务印书馆,1982.

[36] 尼采.权力意志（上卷）[M].孙周兴,译.北京：商务印书馆,2007.

[37] 尼采.权力意志（下卷）[M].孙周兴,译.北京：商务印书馆,2007.

[38] 尼采.快乐的科学[M].黄明嘉,译.上海：华东师范大学出版社,2007.

[39] 尼采.上帝死了[M].戚仁,译.上海：上海三联书店,1997.

[40] 海德格尔.存在与时间[M].陈嘉映,王庆节,译.北京：生活·读书·新知三联书店,2006.

[41] 罗素.幸福之路[M].吴默朗,等译.北京：中央编译出版社,2009.

[42] 罗素.自由之路[M].北京：文化艺术出版社,2005.

[43] 罗素.罗素论幸福人生[M].杨玉成,崔人元,译.北京：世界知识出版社,2007.

[44] 约翰·格雷.人类幸福论[M].张草纫,译.北京：商务印书馆,1984.

[45] 弗格森.幸福的终结[M].徐志跃,译.北京：中国人民大学出版社,2003.

[46] 鲍吾刚. 中国人的幸福观 [M]. 严蓓雯, 韩临雪, 吴德祖, 译. 南京: 江苏人民出版社, 2009.

[47] 阿兰. 幸福散论 [M]. 施康强, 译. 北京: 中央编译出版社, 1999.

[48] 莫罗阿. 人生五大问题 [M]. 傅雷, 译. 北京: 生活·读书·新知三联书店, 2014.

[49] 弗洛姆. 为自己的人 [M]. 孙依依, 译. 北京: 生活·读书·新知三联书店, 1988.

[50] 弗洛姆. 占有还是生存 [M]. 关山, 译. 北京: 生活·读书·新知三联书店, 1989.

[51] 弗洛姆. 健全的社会 [M]. 孙恺祥, 译. 贵州: 贵州人民出版社, 1994.

[52] 马尔库塞. 单向度的人 [M]. 刘继, 译. 上海: 上海译文出版社, 2008.

[53] 尼古拉斯·怀特. 幸福简史 [M]. 杨百朋, 郭之思, 译. 北京: 中央编译出版社, 2011.

[54] 戴维·吕肯. 幸福的心理学 [M]. 黄敏儿, 等译. 北京: 北京大学出版社, 2008.

[55] 托马斯·古德尔, 杰弗瑞·戈比. 人类思想史中的休闲 [M]. 成素梅, 译. 昆明: 云南人民出版社, 2000.

[56] 马斯洛. 动机与人格 [M]. 许金声, 等译. 北京: 华夏出版社, 1987.

[57] 米哈伊·奇凯岑特米哈伊. 创造性: 发现和发明的心理学 [M]. 夏镇平, 译. 上海: 上海译文出版社, 2001.

[58] 米哈里·契克森米哈赖. 幸福的真意 [M]. 张定绮, 译. 北京: 中信出版社, 2009.

[59] 米哈里·契克森米哈赖. 生命的心流 [M]. 陈秀娟, 译. 北京: 中信出版社, 2009.

[60] 丸山敏雄. 幸福之路 [M]. 滕颖, 陈瑛, 译. 北京: 金城出版社, 2011.

[61] 斯特凡·克莱因. 幸福之源 [M]. 方霞, 译. 北京: 中信出版社, 2007.

[62] 鲁道夫·奥伊肯. 生活的意义与价值 [M]. 万以, 译. 上海: 上海译文出版社, 2005.

[63] 丹尼尔·列托. 追究幸福: 微笑中的科学 [M]. 胡燕萍, 译. 重庆: 重庆

出版社，2010.

[64] 理查·莱亚德. 不幸福的经济学 [M]. 陈佳伶，译. 北京：中国青年出版社，2009.

[65] 威廉·汤普逊. 最能促进人类幸福的财富分配原理的研究 [M]. 何慕李，译. 北京：商务印书馆，1997.

[66] 路易吉诺·布鲁尼，皮尔·路易吉·波尔塔. 经济学与幸福 [M]. 傅红春，译. 上海：上海人民出版社，2007.

[67] 布伦诺·S 弗雷，阿洛伊斯·斯塔特勒. 幸福与经济学：经济和制度对人类福祉的影响 [M]. 静也，译. 北京：北京大学出版社，2006.

[68] 尼尔斯·托马森. 不幸与幸福 [M]. 京不特，译. 北京：华夏出版社，2004.

（三）国内著作

[1] 苗力田. 古希腊哲学 [M]. 北京：中国人民大学出版社，1989.

[2] 北京大学哲学系外国哲学史教研室. 古希腊罗马哲学 [M]. 北京：商务印书馆，1961.

[3] 北京大学哲学系外国哲学史教研室. 十八世纪法国哲学 [M]. 北京：商务印书馆，1963.

[4] 周辅成. 西方伦理学名著选辑（上卷）[M]. 北京：商务印书馆，1964.

[5] 周辅成. 西方伦理学名著选辑（下卷）[M]. 北京：商务印书馆，1987.

[6] 罗国杰，宋希仁. 西方伦理思想史（上卷）[M]. 北京：中国人民大学出版社，1988.

[7] 罗国杰，宋希仁. 西方伦理思想史（下卷）[M]. 北京：中国人民大学出版社，1988.

[8] 宋希仁. 人生哲学导论 [M]. 太原：山西教育出版社，2003.

[9] 罗国杰. 中国传统道德 [M]. 北京：中国人民大学出版社，1995.

[10] 赵敦华. 现代西方哲学新编 [M]. 北京：北京大学出版社，2001.

[11] 高清海. 马克思主义哲学基础（上册）[M]. 北京：北京师范大学出版社，2012.

[12] 高清海. 马克思主义哲学基础（下册）[M]. 北京：北京师范大学出版社，2012.

[13] 高清海. 人就是"人"[M]. 沈阳：辽宁人民出版社，2001.

[14] 孙正聿. 属人的世界[M]. 长春：吉林人民出版社，2007.

[15] 贺来. 现实生活世界[M]. 长春：吉林教育出版社，1998.

[16] 李德顺. 新价值论[M]. 昆明：云南人民出版社，2004.

[17] 李德顺，孙伟平，赵剑英，等. 马克思主义哲学范畴研究[M]. 北京：中国社会科学出版社，2010.

[18] 刘福森. 社会发展问题的哲学探索[M]. 长春：吉林大学出版社，1994.

[19] 李连科. 哲学价值论[M]. 北京：中国人民大学出版社，1991.

[20] 李泽厚. 李泽厚哲学美学文选[M]. 长沙：湖南人民出版社，1985.

[21] 赵理文. 历史发展之谜与马克思主义的科学解答[M]. 南宁：广西人民出版社，1999.

[22] 郝永平，冯鹏志. 地球告急：挑战人类面临的25种危机[M]. 北京：当代世界出版社，1998.

[23] 黄楠森. 人学原理[M]. 南宁：广西人民出版社，2000.

[24] 郭湛. 主体性哲学——人的存在及其意义[M]. 昆明：云南人民出版社，2001.

[25] 杨春贵，张绪文，侯才. 马克思主义哲学教程[M]. 北京：中共中央党校出版社，2009.

[26] 王伟光. 马克思论人的本质[M]. 北京：中共中央党校出版社，1984.

[27] 安启念. 马克思恩格斯伦理思想研究[M]. 武汉：武汉大学出版社，2010.

[28] 韩庆祥. 马克思的人学理论[M]. 郑州：河南人民出版社，2011.

[29] 袁贵仁. 马克思主义人学理论研究[M]. 北京：北京师范大学出版社，2012.

[30] 聂锦芳. 批判与建构：《德意志意识形态》文本学研究[M]. 北京：人民出版社，2012.

[31] 吴晓明. 思入时代的深处——马克思哲学与当代世界[M]. 北京：北京师范大学出版社，2006.

[32] 吴晓明，邹诗鹏．全球化背景下的现代性问题 [M]．重庆：重庆出版社，2009．

[33] 李延明．马克思恩格斯的共产主义学说 [M]．北京：中国社会科学出版社，2010．

[34] 冯友兰．中国哲学简史 [M]．北京：北京大学出版社，1985．

[35] 冯友兰．三松堂学术文集 [M]．北京：北京大学出版社，1984．

[36] 冯友兰．人生哲学 [M]．桂林：广西桂林师范大学出版社，2005．

[37] 张岱年．中国哲学大纲 [M]．北京：中国社会科学出版社，1982．

[38] 张岱年．中国文化概论 [M]．北京：北京师范大学出版社，2004．

[39] 曹明德．生态法原理 [M]．北京：人民出版社，2002．

[40] 陈根法，吴仁杰．幸福论 [M]．上海：上海人民出版社，1988．

[41] 陈瑛．人生幸福论 [M]．北京：中国青年出版社，1996．

[42] 王世朝．幸福论：关于人·人生·人性的哲学笔记 [M]．合肥：安徽人民出版社，1998．

[43] 孙英．幸福论 [M]．北京：人民出版社，2004．

[44] 王海明．人性论 [M]．北京：商务印书馆，2005．

[45] 欧阳康．社会认识论：人类社会自我认识之谜的哲学探索 [M]．昆明：云南人民出版社，2002．

[46] 欧阳康．社会认识论导论 [M]．北京：中国社会科学出版社，2010．

[47] 高兆明．幸福论 [M]．北京：中国青年出版社，2001．

[48] 高兆明．制度公正论：变革时期道德失范研究 [M]．上海：上海文艺出版社，2001．

[49] 高兆明．存在与自由：伦理学引论 [M]．南京：南京师范大学出版社，2004．

[50] 冯俊科．西方幸福论——从梭伦到费尔巴哈 [M]．北京：中华书局，2011．

[51] 江畅，戴茂堂．西方价值观念与当代中国 [M]．武汉：湖北人民出版社，1997．

[52] 江畅．幸福之路：伦理学启示录 [M]．武汉：湖北人民出版社，1999．

[53] 江畅．走向优雅生存 [M]．北京：中国社会科学出版社，2004．

[54] 江畅．幸福之路 [M]．北京：人民出版社，2005．

[55] 江畅，周鸿雁. 幸福与优雅 [M]. 北京：人民出版社，2006.

[56] 赵汀阳. 论可能生活（修订版）[M]. 北京：中国人民大学出版社，2004.

[57] 董耀会. 幸福悖论 [M]. 北京：中国经济出版社，2004.

[58] 济群. 幸福人生的原理 [M]. 兰州：甘肃民族出版社，2007.

[59] 刘次林. 幸福教育论 [M]. 北京：北京人民教育出版社，2003.

[60] 奚恺元. 撬动幸福 [M]. 北京：中信出版社，2008.

[61] 高恒天. 道德与人的幸福 [M]. 北京：中国社会科学出版社，2004.

[62] 冒君刚. 道德和幸福 [M]. 西安：陕西人民教育出版社，1987.

[63] 孙金钰. 幸福新论 [M]. 郑州：河南人民出版社，2006.

[64] 叶泽雄. 社会理想论 [M]. 武汉：武汉大学出版社，1998.

[65] 陈惠雄. 快乐论 [M]. 成都：西南财经大学出版社，1988.

[66] 陈惠雄. 人本经济学原理 [M]. 上海：上海财经大学出版社，1999.

[67] 陈惠雄. 快乐原则——人类经济行为的分析 [M]. 北京：经济科学出版社，2003.

[68] 陈惠雄. 经济社会发展与国民幸福 [M]. 杭州：浙江大学出版社，2008.

[69] 傅治平. 和谐社会导论 [M]. 北京：人民出版社，2005.

[70] 刘宗超. 生态文明与中国可持续发展走向 [M]. 北京：中国科学技术出版社，1997.

[71] 任春晓. 环境哲学新论 [M]. 南昌：江西人民出版社，2003.

[72] 王正平. 环境哲学——环境伦理的跨学科研究 [M]. 上海：上海人民出版社，2004.

[73] 张应杭. 人生美学 [M]. 杭州：浙江大学出版社，2004.

[74] 马惠娣. 休闲：人类美丽的精神家园 [M]. 北京：中国经济出版社，2004.

[75] 耿莉萍. 生存与消费：消费、增长与可持续发展问题研究 [M]. 北京：经济管理出版社，2004.

[76] 孙希有. 面向幸福的经济社会发展导论 [M]. 北京：中国金融出版社，2005.

[77] 李文成. 追寻精神的家园：人类精神生产活动研究 [M]. 北京：北京师范大学出版社，2007.

[78] 张天宝. 走向交往实践的主体性教育 [M]. 北京：教育科学出版社，2005.

[79] 孙凤. 和谐社会与主观幸福感 [M]. 北京：科学出版社，2008.

[80] 方纲. 和谐社会视野下的城乡居民主观幸福差异研究 [M]. 成都：西南交通大学出版社，2011.

[81] 李维. 风险社会与主观幸福：主观幸福社会心理学研究 [M]. 上海：上海社会科学院出版社，2005.

[82] 郑雪，严标宾，邱林，等. 幸福心理学 [M]. 广州：暨南大学出版社，2004.

[83] 邢占军. 测量幸福——主观幸福感测量研究 [M]. 北京：人民出版社，2005.

[84] 邢占军，刘相，等. 城市幸福感 [M]. 北京：社会科学文献出版社，2008.

[85] 毕昌萍. 中国传统文化的幸福思想及当代价值 [M]. 杭州：浙江大学出版社，2013.

[86] 王艺. 幸福转型论 [M]. 北京：中国社会科学出版社，2012.

[87] 邓先奇. 社会幸福论 [M]. 北京：中国社会科学出版社，2014.

[88] 彭代彦. 通向幸福之路 [M]. 北京：中国社会科学出版社，2011.

[89] 杨洪兴. 归属幸福论 [M]. 长春：吉林大学出版社，2014.

[90] 丁心镜. 幸福学概论 [M]. 郑州：郑州大学出版社，2010.

[91] 孔刃非. 幸福学 [M]. 成都：电子科技大学出版社，2014.

[92] 龙运杰. 幸福论 [M]. 长沙：湖南大学出版社，2015.

[93] 颜军. 马克思幸福思想研究 [M]. 北京：中国社会科学出版社，2020.

[94] 中共中央党校（国家行政学院）. 习近平新时代中国特色社会主义思想基本问题 [M]. 北京：人民出版社、中共中央党校出版社，2020.

[95] 黄明哲. 幸福都是奋斗出来的 [M]. 北京：红旗出版社，2018.

[96] 张明聪. 幸福都是奋斗出来的党员干部读本 [M]. 北京：东方出版社，2018.

[97] 顾保国. 幸福论：中国共产党人始终不变的初心和使命 [M]. 北京：中共中央党校出版社，2019.

[98] 黄有光. 经济与快乐 [M]. 大连：东北财经大学出版社，2000.

[99] 黄有光. 福祉经济学：一个趋于更全面分析的尝试 [M]. 大连：东北财经大学出版社，2005.

（四）中文期刊

[1] 习近平. 在党的十九届一中全会上的讲话 [J]. 求是，2018（1）：3.

[2] 习近平. 习近平在同全国劳动模范代表座谈会时的讲话 [N]. 人民日报，2013-04-29（1）.

[3] 习近平. 在中央全国依法治国委员会第一次会议上的讲话 [N]. 人民日报，2018-08-25（1）.

[4] 习近平. 团结合作是国际社会战胜疫情最有力武器 [J]. 求是，2020(8)：4-20.

[5] 贺来. 有尊严的幸福生活何以可能 [J]. 哲学研究，2011（7）：16-22.

[6] 罗敏. 幸福三论 [J]. 哲学研究，2001（2）：32-36.

[7] 林剑. 幸福论七题——兼与罗敏同志商榷 [J]. 哲学研究，2002（4）：48-54.

[8] 贺家红. 幸福观研究概述 [J]. 哲学动态，1998（2）：14-16.

[9] 陈根法. 幸福在于追求 [J]. 道德与文明，1995（1）：26-27.

[10] 张方玉. 生活何以更加幸福：儒家传统幸福观及其现代启示 [J]. 道德与文明，2010（5）：74-79.

[11] 江畅. 关于道德与幸福问题的思考 [J]. 湖北大学学报（哲学社会科学版），1999（3）：105-109.

[12] 江畅. 幸福：当代社会价值体系的核心理念 [J]. 湖北大学学报（哲学社会科学版），2011（5）：10-15.

[13] 高延春. "以人为本"的幸福维度 [J]. 江汉论坛，2009（12）：54-57.

[14] 高延春. 马克思幸福观的人民向度 [J]. 延安大学学报（社会科学版），2014（6）：12-15.

[15] 徐宗良. 幸福问题的伦理思考 [J]. 道德与文明，2008（4）：9-13.

[16] 罗文建. 民生幸福与制度选择的哲学探索 [J]. 哲学动态，2010（1）：91-95.

[17] 万俊人. 什么是幸福 [J]. 道德与文明，2011（3）：32-35.

[18] 王艺.试论幸福的本质 [J].青海社会科学，2012（6）：52-60.

[19] 王艺.论幸福转型——解决"幸福悖论"的一种新思路[J].甘肃社会科学，2012（5）：44-48.

[20] 陈湘舸，张修红.论幸福悖论的成因与启示 [J].经济经纬，2008（3）：1-4.

[21] 陈湘舸，杜敏.幸福文化及其价值定位 [J].甘肃社会科学，2008（6）：61-66.

[22] 陈湘舸，王艺.论经济学的"幸福革命"[J].经济理论与经济管理，2009（11）：32-36.

[23] 陈湘舸，姚月红.论幸福学在社会科学中的"母学"地位 [J].甘肃社会科学，2009（4）：1-5.

[24] 李荣梅，陈湘舸.论马克思主义的幸福本质与幸福构建 [J].马克思主义研究，2012（1）：104-113.

[25] 吴斌，陈湘舸.幸福视界中的"中国梦"[J].毛泽东思想研究，2014（4）：13-17.

[26] 李贵成.幸福指数：发展价值观的新境界 [J].求实，2008（2）：48-51.

[27] 张兴国.民生幸福：社会发展的价值旨归 [J].学术研究，2008（8）：63-67.

[28] 章建明，巢传宣.幸福的本质——马克思人的幸福本质的阐述 [J].求实，2013（10）：37-41.

[29] 袁凌新.幸福与国民幸福指数 [J].中共福建省委党校学报，2007（6）：64-67.

[30] 高文静.社会系统论与和谐社会的构建 [J].哲学研究，2006（4）：27-33.

[31] 范燕宁.当前中国社会转型问题研究综述 [J].哲学动态，1997（1）：18-20.

[32] 陶美珍.可支配住房用户比对国民幸福的影响分析 [J].南京社会科学，2007（11）：23-27.

[33] 皮家胜.论幸福是人生的终极目的 [J].江汉论坛，2003（8）：34-37.

[34] 邱吉.论社会主义幸福观 [J].苏州大学学报（哲学社会科学版),2001(3)：36-39.

[35] 孙英. 论幸福本性 [J]. 思想战线，2002（2）：26-29.

[36] 孙英. 论幸福的实现 [J]. 学习与探索，2003（3）：27-30.

[37] 孙英. 幸福是什么 [J]. 伦理学研究，2003（3）：1-6.

[38] 孙英. 幸福规律论 [J]. 海南大学学报（社会科学版），1996（4）：61-65.

[39] 孙英. 几个幸福难题之我见 [J]. 吉首大学学报（社会科学版），2009（3）：15-20.

[40] 田广兰. 古典功利主义的幸福目的论批判 [J]. 北方论丛，2007（2）：110-113.

[41] 俞吾金. 幸福三论 [J]. 上海师范大学学报（哲学社会科学版），2013（3）：5-14.

[42] 王刚. 对先秦道家幸福观的多维度探析 [J]. 学术交流，2007（11）：33-36.

[43] 王建. 论人生观的历史类型及其对幸福的理解——兼论马克思主义幸福观 [J]. 道德与文明，1997（2）：23-27.

[44] 朱进有. 儒家思想的内在特质 [J]. 孔子研究，2006（2）：37-41.

[45] 赵甲明. 怎样的人生才是幸福的？——对幸福的哲学思考 [J]. 清华大学学报（哲学社会科学版），1994（2）：37-41.

[46] 朱院利. 试论建设资源节约型、环境友好型社会的幸福学意义 [J]. 福建论坛，2009（4）：71-73.

[47] 张静. 中西幸福观之比较 [J]. 山东社会科学，2008（3）：64-68.

[48] 杨秀香. 论康德幸福观的嬗变 [J]. 哲学研究，2011（2）：85-92.

[49] 王景全. 论幸福的休闲维度 [J]. 中州学刊，2008（4）：114-118.

[50] 杨国荣. 作为伦理问题的幸福 [J]. 南通师范学院学报，2002（1）：1-8.

[51] 杨雪峰. 幸福经济学研究述评 [J]. 江汉论坛，2008（7）：52-56.

[52] 王琴. "幸福悖论"之我见 [J]. 重庆科技学院学报（社会科学版），2009（8）：74-75.

[53] 田国强，杨立岩. 对"幸福——收入之谜"的一个解答：理论与实证 [J]. 经济研究，2006（11）：4-15.

[54] 陈惠雄. "快乐"的概念演绎与度量理论 [J]. 哲学研究，2005（9）：81-87.

[55] 马惠娣. 休闲——文化哲学层面的透视 [J]. 自然辩证法研究, 1999（1）: 59-64.

[56] 奚恺元. 幸福的学问——经济学发展的新方向 [J]. 管理与财富, 2006(11): 8-11.

[57] 康君. 幸福涵义与度量要素 [J]. 中国统计, 2006（9）: 18-20.

[58] 邢占军, 黄立清. 西方哲学史上的两种主要幸福观与当代主观幸福感研究 [J]. 理论探讨, 2004（1）: 32-35.

[59] 邢占军. 国民幸福: 执政理念与评价指标 [J]. 中共杭州市委党校学报, 2007（3）: 4-6.

[60] 张天地. 从马克思的"异化劳动"谈实践的幸福维度 [J]. 牡丹江教育学院学报, 2008（6）: 22-23.

[61] 王南湜. 决定论、自由与规范——价值论的历史唯物主义视域 [J]. 哲学研究, 2013（4）: 3-12.

[62] 刘燕. 马克思"类本质"思想的自然维度 [J]. 中共中央党校学报, 2014(2): 14-18.

[63] 陈立新, 徐惠茹. "现实的人"与人的问题之阐释方向 [J]. 哲学动态, 2006（8）: 7-10.

[64] 潘天强. 马克思人性观的现代解读 [J]. 马克思主义与现实, 2004（3）: 20-25.

[65] 于晓权. 马克思幸福思想的理论意蕴 [J]. 东北师范大学学报, 2006（6）: 63-66.

[66] 于晓权. 论马克思幸福思想的伦理旨趣 [J]. 吉林省教育学院学报, 2006(7): 70-71.

[67] 于晓权. 马克思幸福思想的理论意蕴及现代启示 [J]. 佳木斯大学社会科学学报, 2007（7）: 11-13.

[68] 罗建文. 民生幸福是社会进步的价值目标 [J]. 中南大学学报（社会科学版）, 2008（12）: 752-755.

[69] 苏华. 快乐幸福是经济社会发展的最高目标 [J]. 理论学习与探索, 2007(5): 77-80.

[70] 傅红春. 科学发展观与国民幸福度 [J]. 生产力研究，2008（1）：15-17.

[71] 赵理文. 论历史发展的合主体性 [J]. 中共中央党校学报，2004（2）：10-15.

[72] 王晓红.《1844 年经济学哲学手稿》的实践观新探 [J]. 东岳论丛，2006（7）：32-37.

[73] 徐水华，冯丽娟. 生态·实践·历史：透视人与自然关系的三维视角 [J]. 求实，2009（2）：23-26.

[74] 李文成. 马克思《1844 年经济学哲学手稿》中的"和谐社会"思想探析 [J]. 郑州大学学报（哲学社会科学版），2009（1）：5-11.

[75] 叶南客，陈如，饶红，等. 幸福感、幸福取向：和谐社会的主体动力、终极目标与深层战略——以南京为例 [J]. 南京社会科学，2008（1）：87-95.

[76] 于传岗. 幸福度量学与我国农民幸福问题的度量 [J]. 江汉论坛，2009（7）：19-21.

[77] 崔文奎. 人的满足最终在于创造性的生产劳动——生态学马克思主义者·阿格尔的一个重要思想 [J]. 山西大学学报（哲学社会科学版），2008（1）：27-32.

[78] 郑湘萍. 生态学马克思主义的幸福观与幸福中国建设 [J]. 前沿，2012（17）：41-44.

[79] 苗元江. 幸福感：社会心理的"晴雨表" [J]. 社会，2002（8）：40-43.

[80] 陈永. 中西方幸福观之比较 [J]. 黄淮学刊（社会科学版），1995（1）：16-19.

[81] 钟永豪，林洪，任晓阳. 国民幸福指标体系设计 [J]. 统计与预测，2001（6）：26-27.

[82] 李彩霞. 提高国民幸福指数与构建和谐社会 [J]. 中共云南省委党校学报，2009（6）：52-55.

[83] 唐建兵. "不丹模式"对国民幸福构建的借鉴与启示 [J]. 理论探讨，2011（6）：34-37.

[84] 程国栋，徐中民，徐进祥. 建立中国国民幸福生活核算体系的构想 [J]. 地理学报，2005（11）：883-893.

[85] 林洪，孙求华. 中国国民幸福统计研究十年简史 [J]. 统计研究，2013（1）：37-43.

[86] 李跃华. 论民生幸福的伦理真蕴及其确证方式 [J]. 前沿，2012（3）：59-62.

[87] 王忠武，许静. 民生幸福影响机制与社会管理体系创新 [J]. 山东大学学报（哲学社会科学版），2012（5）：86-92.

[88] 孙美平，姚晓军，张明军，等. 国内外幸福问题研究进展梳理 [J]. 生产力研究，2012（9）：9-11.

[89] 王旭丽. 促进人的全面发展与人的幸福的现实路径 [J]. 党的领导与中国特色社会主义，2009（上）：422-428.

[90] 徐春林. 中国文化传统中幸福追求的四种模式 [J]. 江西师范大学学报，2012（3）：43-46.

[91] 邓先奇. 从马克思的人性论解读人的幸福 [J]. 江汉论坛，2010（7）：62-65.

[92] 孔祥润. 从希腊哲学的"幸福"概念看马克思幸福观的现实性 [J]. 东岳论丛，2013（10）：138-141.

[93] 马进. 马克思与幸福观 [J]. 甘肃社会科学，2012（1）：6.

[94] 葛宇宁. 论马克思的现实幸福观何以可能 [J]. 广西社会科学，2013（3）：47-50.

[95] 杨楹. 马克思哲学的最高价值诉求："人民的现实幸福" [J]. 哲学研究，2012（2）：9-12.

[96] 陈跃，张莉. 人民幸福与中国梦的核心价值 [J]. 人民论坛，2014（5）：178-180.

[97] 康来云. 获得感：人民幸福的核心坐标 [J]. 学习论坛，2016（12）：68-71.

[98] 陈云. 习近平幸福观的历史唯物主义维度 [J]. 学习论坛，2017（1）：64-68.

[99] 肖贵清. 中国共产党人的初心和使命 [J]. 思想理论教育导刊，2017（11）：4-7.

[100] 江畅. 人民幸福与中国社会发展 [J]. 当代中国价值研究，2017（4）：24-37.

[101] 张荣华，陶磊．人民幸福：五大发展理念的价值追求 [J]．思想理论教育导刊，2017（4）：50-54．

[102] 俞光华，黄瑞雄．论新时代人民幸福思想的内在逻辑 [J]．中国特色社会主义研究，2018（3）：95-102．

[103] 高延春．习近平幸福观的人学透视 [J]．湖南社会科学，2020（4）：15-21．

[104] 吴文莉．习近平新时代美好生活思想探析 [J]．南方论刊，2020（1）：4-6．

[105] 闫顺利，曹凤珍．幸福观念检思——试论一种合理的幸福观 [J]．山西高等学校社会科学学报，2011（8）：46-49．

[106] 曹凤珍．马克思主义哲学实践视野的三重维度 [J]．中共四川省委党校学报，2015（4）：26-28．

[107] 曹凤珍．对西方幸福观的哲学检思 [J]．新乡学院学报，2016（5）：1-4．

[108] 曹凤珍．古希腊罗马幸福思想的理论意蕴及现代启示 [J]．燕山大学学报（哲学社会科学版），2016（2）：79-84．

[109] 曹凤珍．幸福异化：一种研究幸福问题的新视角 [J]．理论导刊，2016（7）：51-53．

[110] 曹凤珍．哲学视野中的法治与幸福 [J]．商丘师范学院学报，2016（11）：38-41．

[111] 曹凤珍．论生态幸福及其实现路径 [J]．中共福建省委党校学报，2017（1）：30-34．

[112] 曹凤珍．"新时代"的本质内涵 [N]．秦皇岛日报，2017-11-13（6）．

[113] 曹凤珍．新时代人民幸福的基本内涵及实践路径探析 [J]．兰州文理学院学报，2021（5）：48-52．

[114] 李素霞，曹凤珍．在"两个结合"中继续推进马克思主义中国化 [N]．经济日报（理论版），2021-07-26（11）．

[115] 窦孟朔，张瑞．论习近平的民生幸福观 [J]．科学社会主义，2015（5）：54-59．

[116] 张荣华，郭曰铎．论习近平同志关于人民幸福重要论述的时代价值 [J]．青岛科技大学学报（社会科学版），2018（4）：76-81．

[117] 张荣华, 郭曰铎. 论人民幸福的内涵、价值和实现路径 [J]. 江西师范大学学报（哲学社会科学版），2019（6）：3-10.

[118] 颜军. 马克思财富思想的人学意蕴：幸福·发展·生活 [J]. 中共中央党校学报，2013（3）：20-24.

[119] 颜军. 马克思幸福社会图景的异化批判逻辑及其价值意蕴 [J]. 东岳论丛，2017（11）：47-52.

[120] 颜军. 马克思恩格斯共享发展思想及其当代价值——以《共产党宣言》为研究中心 [J]. 理论学刊，2020（1）：132-140.

[121] 颜军. 马克思幸福思想斗争意涵的生成理路及其价值旨归 [J]. 理论学刊，2020（1）：36-41.

[122] 颜军. 对习近平关于人民美好生活重要论述的深入思考 [J]. 科学社会主义，2020（2）：56-64.

[123] 颜军. 历史唯物主义：马克思幸福思想的理论出场 [J]. 江苏大学学报（社会科学版）：2020（3）：1-11.

[124] 丰子义. 人学视域中的"美好生活需要" [J]. 学术界，2021（11）：5-14.

（五）学位论文

[1] 高恒天. 道德与人的幸福 [D]. 上海：复旦大学，2003.

[2] 王刚. 中国传统幸福观的历史嬗变及其现代价值 [D]. 哈尔滨：黑龙江大学，2008.

[3] 于晓权. 马克思主义幸福观的哲学意蕴 [D]. 长春：吉林大学，2008.

[4] 万庆. 马克思幸福思想研究 [D]. 北京：中共中央党校，2013.

[5] 衣永红. 追求人的现实幸福——"共在论"视野中的马克思幸福观研究 [D]. 长春：吉林大学，2015.

[6] 曹大宇. 我国居民收入与幸福感关系的研究 [D]. 武汉：华中科技大学，2009.

[7] 娄伶俐. 主观幸福感的经济学理论与实证研究 [D]. 上海：复旦大学，2009.

[8] 郭曰铎. 习近平人民幸福思想研究 [D]. 青岛：中国石油大学，2018.

（六）外文文献

[1] DARRIN M MCMAHON. Happiness: a history[M]. New York: Atlantic Monthly Press, 2006.

[2] NEL NODDINGS. Happiness and education[M]. Cambridge: Cambridge University Press, 2004.

[3] SAMUEL S FRANKLIN. The psychology of happiness[M]. Cambridge: Cambridge University Press, 2009.

[4] BERTRAND RUSSELL. The conquest of happiness[M]. London: George Allen and Unwin LTD, 2009.

[5] JULIA ANNAS. The morality of happiness[M]. New York: Oxford University Press, 1993.

[6] RICHARD RORTY. Achieving our country[M]. Boston: Harvard University Press, 1998.

[7] Russell Daniel C. Plato on pleasure and the good life[M]. New York: Oxford University Press, 2005.

[8] LUIGINO BRUNI, PIER LUIGI PORTA. Economics and happiness: framing the analysis[M]. New York: Oxford University Press, 2005.

[9] BRICKMAN P, CAMPBELL D T. "Hedonic relativism and planning the good society", adaptation level theory: a symposium[M]. New York: Academic Press, 1971.

[10] WILLIAM LEISS. The limits to satisfaction[M]. Toronto: University of Toronto Press, 1976.

[11] E DIENER, R E LUCAS. Explaining differences in societal levels of happiness: relative standards need fulfillment, culture and evaluation theory[J]. Journal of happiness studies, 2000(1): 41-78.

[12] BROCKMAN H, DELHEY J, WELZEL C, et al. The china puzzle: falling happiness in a rising economy[J]. Journal of happiness studies, 2009(10): 387-405.

[13] ARTHAUD-DAY M L, NEAR J P. The wealth of nations and the happiness of nations: why "accounting" matters[J]. Social indicators research, 2005, 74(3): 511-548.

[14] VEENHOVEN R. Is happiness a trait? [J]. Social indicators research, 1994, 32(2): 101-160.

[15] VEENHOVEN R. Rising happiness in nations 1946-2004: A reply to easterlin[J]. Social indicators research, 2006(79): 421-436.

[16] VEENHOVEN R. Ancient chinese philosophical advice: can it help us find happiness today?[J]. Journal of happiness studies, 2008(9): 425-443.

[17] BRICKMAN P, COATES D, JANOFF-BULMAN R. Lottery winners and accident victims: is happiness relative? [J]. Journal of personality and social psychology, 1978,36(8): 917-927.

[18] EASTERLIN R A. Income and happiness: towards a unified theory[J]. Economic journal, 2001,111(473): 465-484.

[19] FAHEY T. How do we feel? economic boom and happiness[J]. Quality of life in ireland, 2007: 11-26.

后　　记

本书是在我的博士论文基础上修改扩充而成的。回想在中央党校读博以来，我几乎每时每刻都在思考着与幸福有关的话题。博士论文充盈着我与导师赵理文教授深厚的师生之情。入学不到半年，我就在导师的指引和肯定下，决定将幸福作为博士毕业论文的选题。由于这个课题颇为复杂、难以厘清，我也曾经有过动摇。幸得导师多次鼓舞与耐心指导，我才能够坚持不懈，并对此问题逐步有了更为深刻的认识，最终完成了博士论文。我每每看着回复邮件上的细心批注，对导师无比感激之余，内心还存在一丝内疚。在三年的学习中，我常由于生活琐事延迟正常的学习计划。为了让我能够更好地领悟哲学真谛，导师与我经常就马克思主义基本理论和前沿问题进行研讨交流。导师治学严谨的师者风范，是我终生受用不尽的宝贵财富。还有，导师平易近人的博大胸怀，更是我终生享用不尽的珍贵精华。导师在百忙之中为本书作序，更是对我学术研究的莫大鼓励。

本书的完成还要感谢开题小组和答辩委员会的各位老师，他们是中央党校的边立新教授、杨信礼教授、李海青教授、靳凤林教授，中国社科院的金民卿教授，中国人民银行党校的巴发中教授。这些专家学者为本书的撰写和修改提出了十分宝贵的意见和建议，在本书即将出版之际，我再次向几位学术前辈表示崇高敬意！

感谢我的博士后合作导师河北师范大学李素霞教授，她为我的学术生涯提供了重要规划与科学指导。回想2019年的秋天，一次偶然的机会，我结识了李老师，并有幸师从她做博士后。从入站开始，李老师就手把手地教我学术写作与课题研究。正是得益于李老师的悉心指导，我才逐步走上了更高一层的独立科研道路，新时代党的人民幸福思想成为博士后期间的研究主题。

感谢硕士期间燕山大学的闫顺利教授、石敦国教授、何强教授、刘邦凡教授等，他们是我的哲学启蒙老师和求学引路之人。还要感谢在我读博士期间的师兄师姐以及同学：赵玉洁师姐、洪巧英师姐、唐忠宝师兄、谢平振师兄、袁沙同学等，感谢他们给予我的帮助。

感谢河北科技师范学院马克思主义学院的党胜利书记、王玉芬院长和王炳义副院长对我工作和学术上的关心、指导和帮助。

特别要感谢我的亲人，是他们为我攻读博士营造了良好的学习环境。为了能够使我在异地安心学习，我的父母日夜不辞为我照看孩子。从孩子"百天"时去北京，到孩子九个半月带回老家照看，再到后来全身心地陪伴……近些年来，父母过度操心和劳累，却依然惦念我的学业。为了能够圆我去读博、博士后的梦想，我的爱人崔成哲也一直大力支持我。最后，我想将这本书献给我的宝贝儿子崔钰博小朋友，希望这是他即将到来的九周岁生日的最好礼物，更希望他能够健康快乐、平安幸福地茁壮成长！

最后，还要特别感谢燕山大学出版社的张蕊编辑，没有她的热情帮助与辛苦付出，就没有本书的顺利出版。本书的出版还得到了河北省高等学校人文社会科学重点研究基地"河北师范大学马克思主义理论与立德树人研究中心"的资助，在此一并表示衷心感谢。

本书是我关于幸福哲学的初步探索，尽管在研究中投入了大量时间和精力，但是由于本人才疏学浅，书中难免存在诸多缺点与不足。恳请各位专家、学者批评指正，提出宝贵意见。

曹凤珍

2023 年 4 月 18 日